BUSINESS COMMUNICATION AND NEGOTIATION

智·慧·商·业·创新型人才培养系列教材

陈彤 —— 主编

张琴 —— 副主编

商务沟通与谈判

第2版 微课版

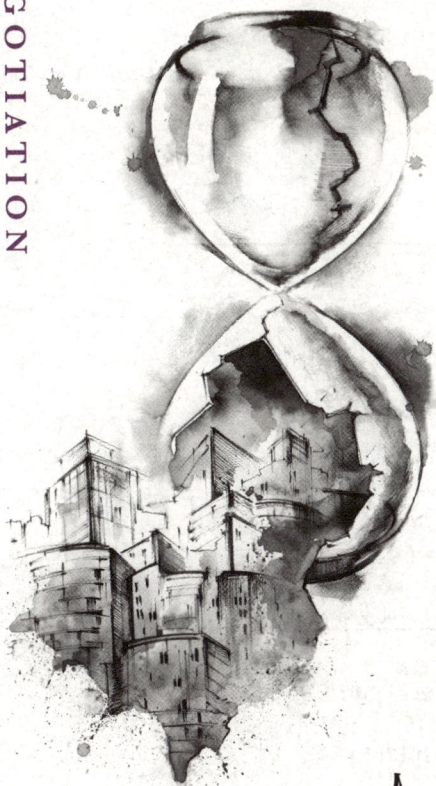

人民邮电出版社

北京

图书在版编目（CIP）数据

商务沟通与谈判：微课版 / 陈彤主编. -- 2版. --
北京：人民邮电出版社，2023.11
智慧商业创新型人才培养系列教材
ISBN 978-7-115-62464-2

Ⅰ. ①商… Ⅱ. ①陈… Ⅲ. ①商务谈判－高等职业教
育－教材 Ⅳ. ①F715.4

中国国家版本馆CIP数据核字(2023)第149577号

内 容 提 要

本书结合管理学中的基本沟通原则与方法，把商务沟通与谈判结合起来，分别介绍了初识商务谈判、组建商务谈判小组、商务谈判准备与策划、商务谈判沟通方式、商务谈判礼仪、商务谈判开局、商务谈判报价与磋商、商务谈判成交、商务谈判签约及商务谈判沟通技巧等内容。

本书为每个模块设置了"实战演练"和"综合练习"栏目，可操作性强。全书通俗易懂，通过实际案例直观表达理论知识和技巧策略，方便读者学习与理解。

本书可作为应用型本科院校、高等职业院校相关专业商务沟通与谈判课程的教材，也可作为企事业单位相关人员的培训或自学用书。

◆ 主　　编　陈　彤

　　副主编　张　琴

　　责任编辑　崔　伟

　　责任印制　王　郁　彭志环

◆ 人民邮电出版社出版发行　　北京市丰台区成寿寺路 11 号

　　邮编　100164　电子邮件　315@ptpress.com.cn

　　网址　https://www.ptpress.com.cn

　　北京鑫丰华彩印有限公司印刷

◆ 开本：787×1092　1/16

　　印张：11.75　　　　　　　　2023 年 11 月第 2 版

　　字数：295 千字　　　　　　2023 年 11 月北京第 1 次印刷

定价：49.80 元

读者服务热线：(010)81055256　印装质量热线：(010)81055316
反盗版热线：(010)81055315
广告经营许可证：京东市监广登字 20170147 号

党的二十大报告指出，"坚持合作共赢，推动建设一个共同繁荣的世界；坚持交流互鉴，推动建设一个开放包容的世界"。随着我国经济的蓬勃发展，企业之间的沟通、交易越来越频繁，商务谈判越来越受到企业的重视。无论是个体与企业之间的谈判，还是企业与企业之间的谈判，都需要良好的沟通与谈判能力作为支撑。

本书第1版上市多年，获得了众多读者的好评。为了帮助读者更好地培养商务沟通与谈判的能力，理解相关知识与技巧，编者对教材第1版内容进行了修订。

【修订要点】

- **重新组织全书内容架构**。本书重新梳理了商务谈判的基本流程，并将谈判过程中要用到的沟通知识与技能进行融合，从而有效地将商务沟通与谈判结合起来；同时，本书以一家企业的谈判情景作为线索，全面讲解了组建商务谈判小组、商务谈判准备与策划、商务谈判开局、商务谈判报价与磋商、商务谈判成交、商务谈判签约等环节的专业知识，条理更清晰、实践性更强。

- **内容更为全面、实用**。本书以商务谈判为主线，将沟通部分作为谈判方式与技巧融入，并增加了商务谈判准备、商务谈判过程等新内容，还新增了商务谈判签约的相关知识，使内容讲解更为全面、实用性更强。

- **更新案例**。本书删去了部分陈旧案例，重新选择了贴近商务沟通与谈判实务的案例，且案例更加生动、形象，富有代表性。

- **增加"实战演练"栏目**。每个模块讲解完理论知识后，都会安排一个"实战演练"。该栏目内容设计了具体的谈判任务，并给出演练的思路或参考情景，可以帮助读者真正"上手"进行谈判，指导性更强。

- **增加"素养小课堂"栏目**。该栏目融入了商务谈判基本素养与职业道德、法律法规等内容，有助于提升读者的个人素养。

【本书特色】

- **语言通俗易懂**。本书以通俗易懂的语言讲解了商务沟通与谈判的理论知识，尽可能少地使用专业性的描述，以便读者阅读和理解。

- **理论与实践相结合**。本书以模块任务式的结构展开讲述，将理论知识和真实情景、案例融合，以企业谈判情景作为"任务导入"引入理论知识点，并在介绍理论知识时插入相关的案例，便于读者更加轻松、直观和深刻地掌握这些知识。此外，本书在每个模块中都安排了"实战演练"和"综合练习"栏目，前者模拟了真实的谈判与沟通情景，方便读者进行实操；后者让读者在学习完理论知识后能及时巩固，提高其对知识的掌握程度。

- **配套资源丰富**。本书在附录中提供了大学生商务谈判大赛案例，在正文中提供了与知识点相关的案例视频（扫描二维码即可观看）。此外，本书还提供了综合练习的答案、教学大纲与教案、PPT 课件和商务谈判案例视频等资源，读者可以访问人邮教育社区（www.ryjiaoyu.com）获取配套资源。

本书由陈彤担任主编，张琴担任副主编。由于编者水平有限，书中难免存在欠妥之处，恳请专家、读者批评指正。

编　者
2023 年 8 月

CONTENTS 目 录

模块一

打好"地基"：
初识商务谈判

1

学习目标

【知识目标】

- 掌握商务谈判的定义、特征、构成要素和评判标准
- 掌握商务谈判的原则和方法
- 掌握商务谈判的类型和流程

【能力目标】

- 能够根据不同的情况选择商务谈判方法
- 能够根据具体谈判情形判断其所处的商务谈判阶段

【素养目标】

- 领会商务谈判的互惠共利原则，培养合作精神
- 加深对求同存异原则的理解，学会宽容与包容
- 理解人事有别原则，在遇到争执时，做到"对事不对人"

任务导入

　　佰辰峰家具厂（以下简称"家具厂"）是广东一家生产家具的公司，旗下的产品包括实木床、实木餐桌、布艺沙发、茶几、餐边柜等，产品款式简约大方、质量过硬，受到很多消费者的喜爱。家具厂的总经理是一个白手起家的商人，多年来辛勤工作，使家具厂以较快的速度发展。目前，家具厂的市场主要集中在华南地区。未来，家具厂总经理希望家具厂能够进一步发展壮大，并且争取进入国外市场。

　　然而，多年来与众多客户、经销商、供应商谈判的经历让家具厂总经理意识到自己欠缺商务沟通与谈判方面的知识，这使得他在面对比自己厉害的谈判对手时有点力不从心，甚至错失订单与机会，这不利于家具厂未来的经营发展。因此他报了一个培训班，首先学习了商务谈判的基础知识，包括3部分的内容，具体如图1-1所示。

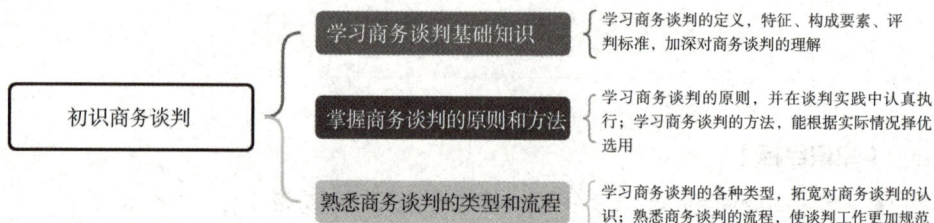

```
                              ┌─ 学习商务谈判基础知识 ─┤ 学习商务谈判的定义、特征、构成要素、评
                              │                        判标准，加深对商务谈判的理解
                              │
初识商务谈判 ─┤                掌握商务谈判的原则和方法 ─┤ 学习商务谈判的原则，并在谈判实践中认真执
                              │                        行；学习商务谈判的方法，能根据实际情况择优
                              │                        选用
                              │
                              └─ 熟悉商务谈判的类型和流程 ─┤ 学习商务谈判的各种类型，拓宽对商务谈判的认
                                                          识；熟悉商务谈判的流程，使谈判工作更加规范
```

图1-1　商务谈判的基础知识

任务一　走进商务谈判世界

微课1-1

　　培训老师告诉家具厂总经理，生活中到处都能看到谈判，不论是购物时的讨价还价、求职时的面试，还是孩子们分配零食时的商量，都属于谈判；而商务谈判是为开展商务活动进行的谈判，它是人类交际活动的重要形式之一，是一种常见的社会现象。

（一）商务谈判的定义

　　商务谈判是指谈判各方为了自身的经济利益和满足对方的需要，通过沟通、协商、妥协、合作等方式，争取达成协议的行为过程。谈判各方在利益上是既相互依存又相互对立的关系。商务谈判的实质在于相互调整，减少分歧，并最终确立共同利益。

　　理解商务谈判，应着重把握以下内涵。

- 商务谈判的主体是相互独立的利益主体。
- 商务谈判的基本目的是获取经济利益。
- 商务谈判的核心是价格。
- 商务谈判的主要评价指标是经济利益。

（二）商务谈判的特征

　　商务谈判实质上是谈判各方相互说服的沟通活动。作为一类特殊的谈判活动，商务谈判具有多种特征。

1．多样性

商务谈判的多样性不仅指谈判内容的多样性，也指谈判当事人是多种多样的。商务谈判既有企业与个体之间的，也有企业与其他经济组织之间的。就商品的买卖而言，买家可以货比三家，同商品质量好、价格合理的卖家建立谈判关系和买卖关系；同样，卖家可以面向若干买家，同结算方式简便、信用良好的买家建立协作关系。

2．妥协性

商务谈判是一个妥协的过程。谈判既是"不平等"的，又是"公平的"，这是由谈判各方在地位、实力与技巧等方面的差异决定的。这就导致谈判结果难以达到完全公平，各方取得的利益也不完全相同，需要一方或几方的妥协。只要参与谈判的各方对谈判的结果都能接受，那么该谈判就是公平的。

3．"合作"与"冲突"的对立与统一

商务谈判包括"合作"与"冲突"两种成分。参与谈判的各方为达成协议，会具备一定程度的合作性，但为了使自身的利益最大化，又势必处于利益冲突的对抗状态。这时谈判各方会通过协商寻找一个解决方案，以解决冲突。

4．以获取经济利益为谈判基本目的

商务谈判的目的十分明确，谈判各方以获取经济利益为基本目的，在满足经济利益的前提下才涉及其他非经济利益。虽然在商务谈判过程中，谈判各方可以调动和运用各种因素，而各种非经济利益的因素也会影响商务谈判的结果，但其最终目的仍是获取经济利益。

5．以价格为谈判核心

商务谈判涉及的因素众多。谈判各方的需求和利益表现在多方面，价格则几乎是所有商务谈判的核心内容，谈判各方经过谈判达成的利益划分，可直接通过价格表现出来。谈判各方在其他利益因素上的得与失、拥有的多与少，也可折算为一定的价格。因此，在商务谈判中，谈判人员一方面要以价格为中心，坚持自己的利益；另一方面不能局限于价格的考量，可以拓展思路，从其他因素上争取利益。

6．科学性与艺术性的结合

一方面，商务谈判是为了协调谈判各方的利益关系，人们必须理性分析商务谈判中涉及的问题，并根据一定的规律、规则制定谈判方式和策略。整个商务谈判活动涉及贸易、金融、市场营销等专业知识，同时又涉及社会学、心理学、语言学等领域，这就是商务谈判的科学性。另一方面，商务谈判是人们的一种直接交流活动，更是谈判各方心理博弈的过程，其中会涉及一些谈判策略，如肢体动作、"表演艺术"的综合运用，这为商务谈判增添了艺术性。

案例1-1

案例视频为《与全世界做生意》片段，视频介绍了渝新欧铁路国际协调人与各个铁路节点的协调谈判工作。

【点评】谈判是现代社会中无处不在、随时发生的活动。人们之间要相互交往、改善关系、协商问题，就要进行谈判。案例视频中的铁路国际协调人所做的工作就是与各个铁路节点协商，从某种意义而言他们也是谈判人。

案例视频：渝新欧铁路协调谈判工作

> 谈判学是一门综合性较强的应用性交叉学科，有关谈判的研究是建立在诸多相关学科的基础上的。谈判学被认为是行为科学、社会科学、经济学、法学和技术科学的交叉产物。从另一个角度来讲，对谈判活动的科学性或规律的分析可以借鉴许多学科的研究成果。谈判既是一门复杂的艺术，又是一种复杂的、需要运用多种技能与方法的专项活动。
>
> 优秀的谈判人员需要具备良好的心理素质，包括意志力、自制力、应变力、感受力、信念和诚意等。铁路国际协调人正是具备了良好的心理素质，才能承担起打通渝新欧铁路各个节点的工作。

（三）商务谈判的构成要素

商务谈判的要素是构成商务谈判活动的必要因素。一般来说，商务谈判由谈判主体、谈判客体、谈判行为和谈判环境构成。

1．谈判主体

谈判主体就是谈判的当事人，是指主持谈判、参与谈判以及与交易利益相关的人员。谈判主体可以是个人或团队，也可以是一个组织。在商务谈判中，谈判主体占有至关重要的位置，在很大程度上影响谈判的局势。

2．谈判客体

商务谈判活动要有谈判的标的和议题，即谈判客体。谈判标的是指谈判的事物，任何可以买卖的有形、无形产品都可以作为谈判标的，如商品、资金或技术等。谈判议题是指谈判的具体内容或交易条件，如价格、数量、质量、付款方式等。

3．谈判行为

谈判行为主要指围绕谈判事项进行的信息交流和观点磋商。如果只有谈判主体和谈判客体，而没有谈判行为，那么商务谈判就只是构想。商务谈判活动就是通过双方的谈判行为进行的。

4．谈判环境

商务谈判是在特定的环境下进行的，一般包括外部环境和内部环境。外部环境如国家政策及经济、文化、市场环境等，内部环境如时间、地点、场所、交往空间等。谈判环境不同，商务谈判的最终结果也将受到影响。

（四）商务谈判的评判标准

在商务谈判的实践中，很多人往往仅注重谈判策略的运用，而忽视对商务谈判结果的评判，主观、片面地以本方得利的多少来评价谈判的成败。然而，商务谈判是双方的，其成败不能以其中一方的"感受"来评判。因此，有必要明确商务谈判的评判标准，这对谈判目标的确定和谈判策略的运用都很有帮助。

1．谈判既定目标的实现程度

商务谈判是一种目的性很强的活动，如在买卖谈判中，卖方的主要目标是以理想的价格和收款条件销售商品，而买方的主要目标是以较低的价格和有利的支付条件购买商品。要评判商务谈判的成败，就要看是否实现了这些最基本的目标。成功的商务谈判应该是既达成了协议，又尽可能接近本方所追求的谈判目标。谈判的最终结果在多大程度上符合既定目标的要求，是衡量商务谈判是否成功的首要标准。

2. 谈判效率的高低

谈判效率是指谈判人员通过谈判取得的收益与付出的成本之间的对比关系。商务谈判的成本包括以下3项。

- **基本成本**：为达成交易所做出的让步，即预期谈判收益与实际获得收益间的差距。
- **直接成本**：参与谈判活动所发生的时间、人力、物力、财力等方面的成本。
- **机会成本**：为参加此次谈判，而失去的其他有利的机会可能带来的收益。例如企业与某一特定谈判对手合作，可能就失去了与其他企业合作的机会，而与其他企业合作可能会为企业带来更多的收益。

如果谈判成本很低，而收益却很高，那么该谈判就是高效率的；反之，如果谈判成本很高，而收益却很低，那么该谈判是低效率的。

3. 谈判双方的关系

商务谈判是人们之间进行合作，共同解决问题的过程，是人与人、组织与组织之间的一种沟通活动，商务谈判的结果不仅体现在利益的分配及与此相关的各项交换条件上，还体现在谈判双方的关系上。有时在商务谈判中，谈判人员可能会放弃某些利益，以维护双方的长期合作关系，谋取长远的利益。因此，在评判商务谈判的成败时，要看谈判是促进或加强了谈判双方的合作关系，还是削弱甚至破坏了谈判双方的合作关系。

综合以上3条评判标准，一场成功的商务谈判应该是谈判双方的需求都得到了满足，双方的互惠合作关系得到稳固并进一步发展。从每一方的角度来讲，如果谈判的实际获益都远远高于谈判的成本，那么这场商务谈判就是高效率的。

⏰ 素养小课堂

一位谈判专家曾说过："商务谈判不是一场棋赛，不要求决出胜负；商务谈判也不是一场战争，要将对方消灭或置于死地。相反，商务谈判是一项互惠的合作事业。"

任务二 解读商务谈判的原则和方法

微课1-2

在了解到谈判双方的关系是评判商务谈判是否成功的标准之一后，家具厂总经理想起自己早年的一次谈判经历，当时谈判双方都很强硬，不肯让步，对方还将问题上升到人品上，导致最后双方相互指责，不仅谈判没有成功，双方还结下了"梁子"。老师评价说，这样的谈判方法过于强硬，其实商务谈判不能只顾输赢，还要讲究原则和方法。

（一）商务谈判的原则

商务谈判的原则是指谈判过程中谈判各方需要遵守的基本准则或规范。事实上，商务谈判是原则性很强的活动，谈判各方了解商务谈判的原则，可以有效规范谈判行为，从而正确引导商务谈判活动的开展。

1．互惠互利的原则

互惠互利是指商务谈判达成的协议对谈判各方都是有利的，即商务谈判应该使各方的需要都得到满足，以达到"双赢"。杰勒德·尼尔伦伯格提出："一场成功的谈判，每一方都是胜者。"

商务谈判不同于竞技比赛，并不是非要分出胜负。商务谈判如果只利于一方，不利方可以选择退出谈判，这将会导致谈判破裂。同时，商务谈判中所耗费的劳动也就成为无效劳动，谈判各方都将成为失败者。可见，互惠互利是商务谈判的原则。谈判各方只有在追求自身利益的同时也尊重对方的利益追求，立足于互补合作，才能互谅互让，争取互惠"双赢"，实现各自的利益目标，获得谈判的成功。

互惠互利并不是指各方从商务谈判中获取的利益必须是等量的。在商务谈判过程中，任何一方都有权要求他方做出让步，同时也需对他方提出的要求做出反应。让步对于确立各方利益而言是必需的，但让步的幅度在不同的商务谈判中可以是不相等的。一个出色的谈判人员应该善于合理地运用合作和冲突，在平等互利的基础上努力为己方争取最大的利益。在实践中，商务谈判的结果有4种可能，即你赢我输、你输我赢、你输我输、你赢我赢。前两种结果实际上是一方侵占了另一方的利益；第三种结果表明双方由于相互争夺，导致双方利益都受损；第四种结果表明双方达成了互利互惠，这是商务谈判中双方应当争取的结果。

2．求同存异的原则

商务谈判必须坚持"求大同存小异"的原则，即面对利益分歧，多找共同点，使分歧最小化，从大局着眼，努力寻求共同利益。在商务谈判过程中，谈判人员要把谈判对象当作合作伙伴，而不只视为谈判对手，要从大局出发，着眼于自身发展的整体利益和长远利益，灵活运用各种谈判策略。

求同存异，是谈判智慧的表现，也是谈判成功的关键。分歧是谈判各方的"想法"不同引起的，而谈判人员要解决各方"想法"不同的问题，就需要设身处地地站在他方的位置考虑问题，并适当调整自身的"想法"。这有利于缩小冲突范围，消除各方的分歧，获得他方的理解。如果谈判各方都把精力放在情绪对立上，问题就无法得到解决，谈判容易陷入僵局，甚至破裂。针对情绪问题，谈判人员可采取不同的方法。

- 商务谈判中若出现情绪激动、心烦意乱的迹象，应及时分析原因并加以控制。
- 当对立情绪表现出来时，应坦诚地与对方展开讨论，以消除谈判阻力。谈判各方只有从对立情绪中解脱出来，才能建立起和谐的谈判氛围，使商务谈判走向成功。
- 在商务谈判中，应当容许他方发泄和表达不满。我们只需静闻其言，不必出口反击；善于倾听有助于消除他方的不满情绪。

3．坚持客观标准的原则

"没有分歧就没有谈判。"商务谈判的任务就是消除或调和彼此的分歧，达成协议。实现的方法有很多种，一般是通过双方的让步或妥协完成的。坚持客观标准能够克服主观让步可能产生的弊端，有利于谈判各方达成明智而公正的协议。

客观标准是指独立于各方意志之外的合乎情理且切实可用的标准，它既可能是一些惯例、通则，也可能是职业标准、道德标准、科学标准等。

坚持客观标准，就是坚持协议中必须反映不受任何一方立场左右的公正标准。坚持客观标准并不是固执地坚持自己的立场，它可以避免出现一方向另一方屈服的情景，使各方都服从于公正的解决办法。可用作协议基础的客观标准是多种多样的，如市场价格、专业标准、道德准则、价格指数等。同时，选择的客观标准应该是为各方所认可和接受的。如果各方认为每个问题都需要通过共同努力寻求客观标准，在对待最能反映客观标准的问题上就都应理智从事。如果要修改某些标准，各方必须在提出了更好的建议后再做考虑。

4．人事有别的原则

商务谈判的谈判内容是有关各方利益的事物，参加商务谈判的人员只是事物的载体，谈判桌上发生冲突是为了事物本身。因此，谈判人员对事应当坚持原则、当仁不让，对人则应当友好、和善。

在商务谈判中遵循人事有别的原则，需要将谈判时各方的态度和讨论问题时各方的态度区分开，就事论事，不能因人误事，具体要做到以下几点。

- 在商务谈判中，当一方提出建议和方案时，另一方要站在对方的角度考虑提议的可行性，理解对方的观点或看法。
- 双方都参与提议与协商，阐述利害关系，注重交流沟通。
- 谈判是为了解决问题，在谈判中要维护好各方的良好关系。

5．立场服从于利益的原则

立场服从于利益是指商务谈判中各方的立场需随利益的变化进行调整。利益在多数情况下是根据谈判情况随时调整的，而一方的立场则由自己决定，并常常通过其言谈举止显现出来。人们持有某种立场为的是争取他所期望的利益，立场的对立无疑源于利益的冲突。如果某一方的利益追求在谈判一开始就得以实现，那他就没有必要继续坚持他的立场，双方很快就可以达成一致。而如果某一方所持的立场无益于他对利益的追求，他就应当重新审视这一立场，进行适当的修改和调整，甚至放弃这一立场。

商务谈判中的立场是灵活多变的，需要服从于利益。如果只注重立场，态度强硬，坚持立场不变，就会对谈判造成不好的影响，甚至阻碍谈判的顺利进行。例如，己方一开始就某商品的议定价格作为立场，如果对方不能接受这个价格，那么己方可以根据情况在合理的利益范围内适当调整价格，以促使谈判顺利开展。

案例1-2

王某与某公司签订了一份一年内该公司应支付1000万元的合同。12个月后，王某还未收到合同上约定的款项。王某找到该公司，公司高管表示账上没有现金，但有许多不动产。王某一开始不听对方的解释，坚持只要现金。结果原先的合作关系变成了互相不满的对立关系，双方都通过律师进行交涉。最后，双方意识到这样争斗下去，无益于解决问题。于是他们又恢复了合作关系，使纠纷得到解决。合同改为：该公司每年支付王某50万元，持续20年。这样该公司解决了资金周转困难的问题，王某也要回了款项，与企业相关的税费也在法律允许的范围内有所降低。

【点评】案例中，王某做到了立场服从于利益，并与对方实现了"互利互惠"。由此可见，当双方就某个问题或事件产生分歧、僵持不下时，遵循互惠互利的原则才能更好地解决问题，使双方都能从中获益。

（二）商务谈判的方法

在商务谈判中，不同的谈判人员在不同的情形下可能会有不同的态度，这分别对应着不同的谈判方法，包括软式谈判法、硬式谈判法和原则谈判法。下面以双方商务谈判[①]为例分别进行介绍。

1. 软式谈判法

软式谈判法又叫让步型谈判，是指谈判人员侧重于维护双方的合作关系，以争取达成协议为行为准则。采用软式谈判法时，谈判人员试图避免冲突，而且为了达成协议会随时准备让步；谈判人员把对方看成朋友而非敌人，其目的是达成协议而非取得胜利。因此，在软式谈判法下，谈判人员将建立和维护双方的合作关系放在首位，而将获取经济利益放在次要位置。在软式谈判法中，常用的谈判方法是提议、信任、保持友善，以及为了避免冲突而向对方妥协、让步。

需要注意的是，软式谈判法通常只适用于谈判双方有良好合作关系和长期业务往来的情况，而且双方所持的态度和谈判的方针必须一致。

2. 硬式谈判法

硬式谈判法又称立场型谈判，是指谈判人员只关心己方利益，注重维护己方立场，不轻易向对方做出让步。使用硬式谈判法的谈判人员多秉持强硬的态度，将谈判看作一场意志力的竞赛和搏斗，以谋求更大的收获。

在硬式谈判法中，谈判人员的注意力集中在维护己方立场、否定对方立场上。谈判人员通常只关心己方的需求和利益，而无视对方的需要和利益，因此通常只会看到谈判中存在的冲突，总是利用甚至创造各种冲突向对方施加压力，而不去寻找实现双赢的途径。

使用硬式谈判法时，谈判人员往往会在谈判一开始就表明立场，并始终维护这一立场，只会在迫不得已时做较小的让步。谈判双方如果都采取这样的态度，很容易使谈判陷入僵局，耗费大量的成本却无法取得成果，导致谈判效率较低。即使其中一方被迫让步并签订了协议，也会因为需要未得到满足而感到不满，后续可能有意消极地对待协议的履行。

3. 原则谈判法

原则谈判法是指谈判人员兼顾关系维护和利益争取，态度介于软式谈判法与硬式谈判法之间。在原则谈判法中，谈判人员会将对方当作与自己合作的同事而不是敌人。他们既注重维护与对方的关系，但又不像采用软式谈判法那样忽视利益的获取。使用原则谈判法时，谈判人员协调的是双方的利益而不是坚定各自的立场，会积极寻求双方在利益上的共同点。在发生利益冲突时，谈判人员会坚持在公平的基础上进行协调，以获取共赢的结果。

知识点拨

原则谈判法强调的是谈判双方虽有冲突，但又存在共同利益，只要双方立足于共同利益，以合作的姿态调和冲突，就可能找到解决冲突、实现共赢的途径。原则谈判法注重的是通过谈判取得的"价值"（包括经济价值和人际关系价值），因此又被称为价值型谈判。原则谈判法是一种既理性又富于人情味的谈判方法，在现实的商务谈判中十分常用。

上述3种商务谈判方法各具特点，适用于不同的谈判情况，在选择时需要考虑以下因素。

---

① 按谈判参与方数量划分，商务谈判可分为双方商务谈判和多方商务谈判（有3个或3个以上参与方）。除特别说明外，本书均以双方商务谈判为例展开相关介绍。

1．与他方继续保持合作关系的可能性

如果己方希望与他方保持长期的合作关系，并且具有这种可能性，就不能采用硬式谈判法，而应采取原则谈判法和软式谈判法；如果与对方仅有偶然的、一次性的业务往来，则可考虑使用硬式谈判法。

2．谈判双方的实力对比

如果双方实力接近，可以采用原则谈判法；如果己方实力远强于对方实力，则可以考虑使用硬式谈判法。

3．交易的重要性

如果该项交易对于己方来说非常重要，可以考虑运用原则谈判法。

4．谈判的资源条件

如果谈判的成本较高，己方在人力、财力和物力等方面的支出又受较大的制约，一旦谈判时间过长，成本必然难以承受，可以考虑采用软式谈判法或原则谈判法。

5．谈判人员的个性与谈判风格

一些谈判人员好胜心强，在谈判中总想成为胜利者，因此很可能会采用硬式谈判法；而一些谈判人员性格随和，谈判风格以互谅互让为主，则倾向于使用原则谈判法。

任务三 掌握商务谈判的类型和流程

微课1-3

家具厂总经理回顾了自己经历过的各种商务谈判，发现既有在自己办公室与客户就产品购销展开的谈判，又有在外地与金融机构就商业贷款展开的谈判。但他只有经验，缺少理论上的总结，于是老师带着他梳理商务谈判的类型和流程。

（一）商务谈判的类型

商务谈判按照谈判的范围、地点、方式、性质等因素可以划分为不同的类型。

1．按谈判范围划分

按谈判范围划分，商务谈判可分为国内商务谈判和国际商务谈判。

（1）国内商务谈判

国内商务谈判是指国内的各种经济组织或个人之间进行的商务谈判，因为谈判各方文化差异不大，所以主要问题在于怎样协调双方的不同利益，寻找更多的共同点。

（2）国际商务谈判

国际商务谈判也称进出口贸易谈判或涉外谈判，是指不同国家或地区间的利益主体为了达成某项交易，就交易的各项条件进行协商的商务谈判。因为谈判双方的社会环境、语言、价值观念等不同，所以国际商务谈判更加复杂。

2．按谈判地点划分

按谈判地点划分，商务谈判可分为主场商务谈判、客场商务谈判和中立地商务谈判。

（1）主场商务谈判

主场商务谈判是在己方所在地进行的商务谈判，会给己方带来诸多便利和优势。

- 谈判人员在熟悉的环境中没有心理障碍，容易在心理上形成一种安全感和优越感。
- 没有旅途疲劳带来的不利影响。

- 在通信、联络、信息等方面占据优势。
- 拥有东道主身份所带来的谈判空间环境选择主动权，便于主动掌握谈判进程。

（2）客场商务谈判

客场商务谈判是在谈判对手所在地进行的商务谈判。客场商务谈判有"远征"的感觉，是一种难度较大的商务谈判。因为身处异地，客观上的困难会较多，如语言、人力、通信、生活习惯等方面均可能会产生问题，容易分散精力，增加工作量。但客场商务谈判更有利于谈判人员在授权范围内发挥主观能动性，并且谈判人员在客场可以全身心地投入谈判，不受主场接待等其他事宜的影响。

进行客场商务谈判时，必须注意以下几点。

- **客随主便，争取主动。**己方由于身处异地，容易与对方形成一道认知屏障，所以在谈判初始阶段往往采用"客随主便"的策略，以观察对方的虚实；与此同时，要积极进行调查研究，以免贸然行事而使自己陷入被动。随着商务谈判的逐步展开，己方对环境及对方情况的了解逐步加深后，要争取谈判的主动权。
- **审时度势，灵活应对。**常见的审时度势的方法有分析市场、分析对方谈判代表及其他谈判成员的地位、心理变化等。灵活应对则表现在谈判态度的灵活转换上，有成功希望则坚持立场，无成功希望则要果断结束谈判；对方有签约诚意则灵活调整可提供的让步条件，无签约诚意则不必随便降低己方提出的条件。

（3）中立地商务谈判

中立地商务谈判也称第三方所在地的商务谈判，是指将谈判地点设在谈判双方所在地之外的其他地点。中立地商务谈判通常为关系不融洽、信任程度不高的谈判双方选用，不利于双方实地考察、了解对方。

3．按谈判方式划分

按谈判方式划分，商务谈判可分为纵向商务谈判和横向商务谈判。

（1）纵向商务谈判

纵向商务谈判是指在确定商务谈判的主要问题后，逐个讨论每一问题和条款，逐个解决问题，一直到谈判结束。这种商务谈判的优点是谈判程序化，可以将复杂的问题简单化，使单个问题得到彻底讨论和解决，从而有效避免多头牵制、议而不决。但是，这种谈判的缺点在于议程太死板，不利于双方沟通；谈判人员也不能充分发挥想象力和创造力，不能灵活地处理商务谈判的问题。

（2）横向商务谈判

横向商务谈判是指在确定商务谈判涉及的主要问题后，灵活、周而复始地谈论所有相关的问题。横向商务谈判的优点是灵活性更强，让谈判人员能够全面、多维地思考问题，更大限度发挥想象力和创造力。它的缺点在于易使谈判人员在枝节问题上纠缠而忽略了主要问题。

4．按谈判性质划分

按谈判性质划分，商务谈判可分为实质性商务谈判和非实质性商务谈判。

（1）实质性商务谈判

实质性商务谈判是指谈判内容与谈判目标直接相关的商务谈判，谈判氛围较严肃，如双方就贸易、技术、资本等商务活动的相关事宜进行实质性的磋商。一般来说，双方通过实质性商务谈判达成一致意见后，签订的协议具有法律效力，受法律约束。

（2）**非实质性商务谈判**

非实质性商务谈判是指为推进实质性商务谈判而进行的事务性谈判，如双方就贸易、技术、资本等商务活动的相关事宜进行广泛的意见交流。非实质性商务谈判有更强的随意性，双方可以谈论任何话题，如公司内部的规章制度或生活中的某件事情。

5．按谈判参与人数划分

按谈判参与人数划分，商务谈判可分为一对一商务谈判和小组商务谈判。

（1）**一对一商务谈判**

一对一商务谈判是指谈判双方分别派一位代表出面谈判，谈判人员能够全权处理相关事宜。这种谈判方式灵活性强，同时利于谈判事宜的保密。

（2）**小组商务谈判**

小组商务谈判是指谈判双方都派两位或两位以上的人员参与协商的商务谈判。小组商务谈判能够充分发挥集体的智慧，协作性更强。

6．按谈判内容透明度划分

按谈判内容透明度划分，商务谈判可分为公开商务谈判和秘密商务谈判。公开商务谈判是指向外界公开谈判的人员、议题、时间和地点等的商务谈判，秘密商务谈判则是指不向外界公开谈判的人员、议题、时间和地点等的商务谈判。

秘密商务谈判不是指谈判人员之间有秘密，而是在时机不成熟时，为了避免环境等因素对谈判产生影响而秘密进行的谈判。秘密商务谈判与公开商务谈判有时轮流进行，如前期进行秘密商务谈判以解决关键问题，待时机成熟后向外界公开谈判的相关事宜，再进行公开商务谈判。

7．按谈判内容划分

按谈判内容划分，商务谈判可分为商品交易商务谈判、资金商务谈判、工程项目商务谈判等多种类型。

（1）**商品交易商务谈判**

商品交易商务谈判即一般商品的买卖商务谈判，这类谈判在贸易谈判中占很大比例，也是商务谈判中很常见的一种类型。商品交易商务谈判的内容包括商品的价格、质量、规格和型号、预付款和最终付款、原材料和生产工艺、包装和运输方式、保险、交货日期等。

（2）**资金商务谈判**

资金商务谈判包括资金借贷商务谈判和投资项目商务谈判两大类。资金借贷商务谈判的主要内容包括货币类型、利率、贷款期限、保证条件、宽限期、违约责任等。投资项目商务谈判是指谈判双方（多方）就共同出资开发、建设、经营和管理的某个项目，针对项目涉及的投资方向、投资形式、投资内容与条件，以及双方在项目中的权利、义务、责任和相互之间的关系所进行的商务谈判。

（3）**工程项目商务谈判**

工程项目商务谈判中，买方是工程的使用单位，卖方是工程的承建单位，购买的商品是承建工程。工程项目商务谈判是一类非常复杂的商务谈判，因为其谈判内容涉及广泛，并且常常是多方谈判，如使用方、设计方、承包方，而承包方往往又分为分包商、施工单位等。工程项目商务谈判的主要内容包括人工成本、材料成本、保险范围和责任范围、进度报告及承包方的服务范围等。

（4）技术贸易商务谈判

技术贸易是指有偿的技术转让，即技术的买卖行为。技术贸易不同于一般的商品贸易，其贸易内容以知识的形态存在，不可计量，无法直接检验质量。技术贸易商务谈判的关键点是技术的预期收益。技术贸易过程是一个复杂的过程，从谈判签约到转让技术再到投产取得收益，往往要持续较长的一段时间。

技术贸易商务谈判的主要内容包括技术转让的范围、相关的技术数据和技术资料、转让技术的所有权问题、技术服务、培训问题、安装和考核验收问题、合同有效期、技术的改进和发展问题、价格与支付问题、销售问题、不可抗力问题等。

（5）劳务合作商务谈判

劳务合作商务谈判是指劳务关系双方就劳务提供的形式、内容、时间，劳务的价格、计算方法及劳务费的支付方式等有关买卖双方的权利、责任和义务进行的商务谈判。由于劳务本身不是某种物质商品，而是通过人的劳动满足企业需求的过程，因此，劳务合作商务谈判与一般商品的买卖商务谈判有本质上的区别。

（6）索赔商务谈判

索赔商务谈判是指合同义务不能履行或不完全履行时，合同当事人所开展的商务谈判。索赔商务谈判是针锋相对的，焦点是赔偿的处理方式，主要证据是合同。索赔商务谈判的主要内容包括违约行为、违约责任、赔偿金额、赔偿期限等。

案例1-3

案例视频为宁夏电视台《今晚播报》新闻片段，该视频讲述了职工与企业通过集体协商的方式将工资冲突变成了工资谈判，实现了职工与企业的"双赢"。

【点评】本案例涉及的是职工与企业之间的工资问题，这是双方磋商的核心问题，所以这明显属于劳务合作商务谈判。

此外，本案例中的劳务合作商务谈判属于公开商务谈判，即有关谈判的全部内容都不对外保密。

案例视频：工资"谈判"实现"双赢"

（二）商务谈判的流程

在实践中，谈判的形式五花八门，没有一套固定不变的流程，但较为正式的商务谈判的流程通常分为准备阶段、开局阶段、报价与磋商阶段、成交阶段、签约阶段。

1．准备阶段

商务谈判的准备阶段是指谈判正式开始前的阶段，其主要任务是收集相关信息、制定谈判方案、做好谈判的物质准备、模拟谈判、组建谈判小组等。做好充分的谈判准备能显著增强谈判人员的谈判信心和实力，为谈判的成功打下良好的基础。

2．开局阶段

商务谈判的开局阶段是指一场谈判开始时谈判双方寒暄表态，以及对对方的底细进行试探的阶段；或者谈判双方会面后，在讨论具体、实质性的内容前进行相互介绍、相互了解的阶段。它是商务谈判的前奏和铺垫。商务谈判开局阶段的特点表现为以下几个方面。

- 开局阶段是谈判双方阐明各自立场的阶段，谈判双方可对双方的谈判目标有初步的了解，以便在正式谈判时作为参考。

- 一般情况下，在开局阶段就可确定谈判的基调。
- 在这一阶段，谈判双方团队成员的地位及所承担的角色完全暴露出来，有助于谈判人员为下一步谈判制定有针对性的策略。
- 在这一阶段，谈判人员的精力最充沛，注意力也最集中。

3. 报价与磋商阶段

报价阶段是整个商务谈判过程中的关键环节，事关双方的切身利益。在商务谈判中，报价是指谈判的某一方首次向另一方提出交易条件。这里的"价"是一个广泛的指代，它并非单指价格，而是指包括价格在内的诸如商品的数量、质量、包装、装运、保险、支付、检验、索赔、仲裁等交易条件，但价格具有最重要的地位。报价是确立双方交易条件的前提，它表明了谈判人员对有关交易条件的具体要求，集中反映了谈判人员的需求和利益，并且买方通过卖方的报价可以进一步分析与把握对方的意愿和目标。

磋商阶段是指一方报价以后至成交之前的阶段，是商务谈判的核心阶段，通常也是商务谈判中最花时间、最艰难的阶段，将直接决定商务谈判的结果。它包括讨价还价、处理僵局、让步等诸多环节。

4. 成交阶段

成交阶段是指在双方就主要交易条件基本达成共识后到形成协议之间的阶段。需要注意的是，成交阶段开始并不意味着双方已解决所有问题，而意味着提出成交的时机已到。实际上，在成交阶段，谈判人员需要把握好成交时机，必要时还需要采用各种方法促成成交。

5. 签约阶段

签约阶段是指谈判双方经过磋商达成共识后起草合同并签字生效的阶段。为了不让商务谈判成果落空，同时为确定双方的权利和义务，谈判双方达成共识后都需要签订合同。签订合同标志着商务谈判的最后成功。签约阶段的环节包括起草合同、审核合同及签约。

实战演练 搜集商务谈判案例并分析

1. 实训背景

在日常生活里，人们每天都在为某些事情进行谈判，如在菜市场为买菜与老板讨价还价；请家政人员上门服务，与其商量服务项目和费用；在网络平台出售二手物品，与买家协商价格和交货方式等。谈判在人们的生活中无所不在，生活中的每一个人都是谈判的参与者。

2. 实训要求

请同学们搜集发生在自己或亲朋好友身上的商务谈判案例，分析谈判的主体、客体和体现的原则。

3. 实训步骤

（1）搜集案例。注意案例中的谈判须属于商务谈判的范畴，即谈判是为了获取经济利益，谈判的主体是相互独立的利益主体，核心议题是价格，如下所示。

买家：这个铜盘子要多少钱？

卖家：这个盘子做工很精致，材质也很好，得要750元。

买家：这么贵！我觉得不值。它的边缘有些扁，不好看，我只能出150元。

卖家：是吗？你要是诚心买，我可以考虑降价，但150元绝对不行。

买家：好吧，我最多出200元。成交了吧，你要是大早上就开张，一整天生意都会好。

卖家：你可真会讨价还价，500元不能再少了。

买家：250元。

卖家：这个价格比进货价还低，我卖不了。

买家：350元，我关注这个盘子好多天了，看它一直没卖出去，说明不好卖。

卖家：小弟这你就说错了，好东西不愁卖。你看到盘子上精细的雕刻了吗？入手了明年还会涨价。

买家：这样，大哥，我们双方再各让一步，我出400元，不卖就算了。（做出往外走的动作）

卖家：好吧好吧，不挣你钱，就算交个朋友，成交。

（2）分析案例。分析事例中谈判的主体、客体和体现的原则，其中主体是参与谈判的人员，客体是谈判的标的和议题，如下所示。

谈判主体：买家和卖家。

谈判客体：铜盘子（标的）和铜盘子的价格（议题）。

体现的原则：①互惠互利的原则（买家以相对低的价格买到产品，卖家实现销售）；②求同存异的原则（双方在价格上存在分歧，但都想成交，于是各自在价格上让步，以促成成交）；③人事有别的原则（双方没有将争执发展到对对方本人的攻击，互相依然保持和善）。

综合练习

一、单项选择题

1. 商务谈判的谈判核心是（　　）。

    A. 经济利益   B. 价格

    C. 措施   D. 职员

2. 商务谈判的主要评价指标是（　　）。

    A. 价格   B. 经济利益

    C. 态度   D. 冲突

3. 在第三方所在地进行的商务谈判属于（　　）。

    A. 主场商务谈判   B. 客场商务谈判

    C. 中立地商务谈判   D. 硬式商务谈判

4. 将谈判时对方的态度和讨论问题时对方的态度区分开，就事论事，属于（　　）原则。

    A. 人事有别   B. 互惠互利

    C. 求同存异   D. 坚持客观标准

5. 商务谈判中必须坚持（　　）原则，面对利益分歧，多找共同点，使分歧最小化，从大局着眼，努力寻求共同利益。

    A. 求同存异   B. 共赢

    C. 软硬兼施   D. 互惠互利

二、多项选择题

1. 商务谈判的特征有（ 　　）。

　　A. 多样性　　　　　　　　　　　　B. 以经济利益为谈判目的

　　C. 妥协性　　　　　　　　　　　　D. 以价格为谈判核心

2. 按谈判透明度划分，商务谈判主要分为（ 　　）。

　　A. 公开商务谈判　　　　　　　　　B. 秘密商务谈判

　　C. 正式商务谈判　　　　　　　　　D. 非正式商务谈判

3. 商务谈判主要通过（ 　　）进行评判。

　　A. 谈判既定目标的实现程度　　　　B. 谈判效率的高低

　　C. 谈判双方的关系　　　　　　　　D. 利益分配

4. 商务谈判的构成要素有（ 　　）。

　　A. 谈判主体　　　　　　　　　　　B. 谈判客体

　　C. 谈判行为　　　　　　　　　　　D. 谈判环境

三、简答题

1. 人事有别的原则是什么？

2. 根据谈判地点划分，商务谈判可分为哪几种类型？

3. 根据谈判内容划分，商务谈判可分为哪几种类型？

4. 商务谈判的原则有哪些？

四、案例分析题

1. 阅读以下案例并回答问题。

王老板曾经经历过这样一个谈判。有一段时间，他每个季度会租用一家酒店的舞厅10天，用来举办系列讲座。后来，在某个季度开始时，他突然收到一封这家酒店提出涨租金的信，酒店将租金涨到原来的2倍，而他最多能接受租金提高到1.5倍。王老板当然不愿意支付涨的那部分租金。但当时举办讲座的票都已印好并发出去了，换场地已经来不及了。几天后，他去见酒店经理。他说："收到你们的信，我有些震惊。但是我一点也不埋怨你们，如果我处在你们的位置，可能也会写一封类似的信。作为酒店经理，你的责任是尽可能多地为酒店谋取利益。如果不这样，你就可能被解雇，但涨租金不一定能给你想要的结果。让我们拿一张纸来写下涨租金将给你带来的好处和坏处。"接着，他在纸中间画了一条线，线左边写"利"，右边写"弊"，在"利"的一边写下了"舞厅供租用"。然后他说："如果舞厅空置，那么可以出租供举办舞会或会议使用，这是非常有利的，因为这些活动给你带来的利润远比举办讲座带来的利润多。如果我在一个季度中连续10天租用你的舞厅，意味着你将失去一些非常有利可图的生意。现在让我们考虑一下'弊'。首先，你并不能从我这里获得更多的收入，实际上你会连这笔收入也拿不到，因为我付不起你要求的租金，我只能被迫改在其他地方举办讲座。其次，对你来说还有一'弊'。这个讲座会吸引很多有知识、有文化的人来你的酒店，这对你来说是个很好的广告。实际上，你花5 000元在报上登个广告也吸引不了更多的人来酒店。这对于酒店来说是很有价值的。如果我不在这里举办讲座，相当于附加的广告效果就没有了。"

王老板把两项"弊"写了下来，然后交给经理说："我希望你能仔细考虑，权衡一下利弊，然后告诉我你的决定。"第二天，王老板收到一封信，酒店通知他租金只涨到原来的1.5倍，而不是2倍。

思考:（1）此次谈判的核心是什么？（2）该案例能够给你带来什么启示？

2.　阅读以下案例并回答问题。

某化肥公司准备建新产品线，因此与银行洽谈融资事宜。双方代表已接触过几次，这次在化肥公司的会议室进行最后的洽谈。

化肥公司代表说："为了引进设备，我们以公司大厦作为抵押，要求以5%的利息贷款1亿元，3年后一次性清偿本息。"

"根据我方估价，这座大厦不足以抵押贷款1亿元。"银行代表提出。

"我公司是你们的老客户，一向信誉好，前几次贷款不都如期偿还了吗？"化肥公司代表解释说，"这一次是因为要引进设备，资金不足，还请你能给予照顾。"

银行代表说："只是这次贷款利率太低、时间太长，能否每年还1次，分3次还清，利率按7%计算？"

化肥公司代表说："就按3次偿还，但是利率折中，按6%计算，好吗？"

又经过了一番讨论，双方基本达成协议。

思考:该案例体现了商务谈判的哪些特征？

模块二

召集人马：组建
商务谈判小组

学习目标

【知识目标】

- 掌握谈判人员的素质要求
- 掌握商务谈判小组的组建原则、规模、人员构成
- 掌握商务谈判小组成员的配合

【能力目标】

- 能够组建商务谈判小组

【素养目标】

- 提升自身的思想意识水平和心理素质，培养团队协作精神
- 积极学习商务谈判所需的各种知识，加强知识储备
- 提升决策能力，避免优柔寡断，在商务谈判中果断做出决策

此前，家具厂总经理总是单独一人参与商务谈判。随着生意规模扩大，他感觉自己的知识、精力都不够用，有时很难应对复杂的局面，导致在商务谈判中陷入被动，甚至遭受严重损失。因此他决定组建一个有战斗力的团队，选拔几位知识丰富、能力强、善于协作的成员。他特意了解了谈判人员的素质要求，以此为标准组建了一个商务谈判小组，具体如图2-1所示，希望组内成员在未来的商务谈判中能够默契配合、团结协作。

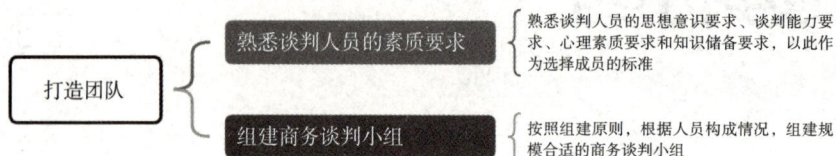

图2-1 打造团队

任务一 熟悉谈判人员的素质要求

家具厂总经理深知谈判人员是商务谈判的主体，其素质会直接对谈判结果产生十分重大的影响。因此他首先查阅了相关资料，请教了谈判经验丰富的前辈，同时结合自己多年的经验，详细罗列了谈判人员应满足的素质要求，包括思想意识要求、谈判能力要求、心理素质要求和知识储备要求等，为人员选拔做准备。

（一）思想意识要求

称职的谈判人员应该思想品行端正，这也是谈判人员必须具备的基本条件。每个谈判人员在谈判过程中都必须忠于职守，遵守国家的法律法规，自觉维护国家和企业的利益与荣誉。

1. 具有良好的政治思想素质

良好的政治思想素质是谈判人员必须具备的首要条件，也是谈判成功的必要条件。首先，它表现为谈判人员必须遵纪守法，廉洁奉公，忠于国家、组织和职守。其次，谈判人员需要具有强烈的事业心、进取心和责任感。在商务谈判中，谈判人员必须思想过硬，不应考虑个人的荣誉得失，要以国家、企业的利益为重，始终把握"失去集体利益就是失职，赢得集体利益就是尽职、就是成功"的原则，发扬献身精神，使外在的压力变成内在的动力。

案例2-1

上海某公司是国家重点扶持的高新技术企业，其研发的信息通信技术对我国有重要的战略意义。某年，该公司与一家外商谈判。谈判进行得很艰难，因为外商开价很低，几个回合下来双方的分歧仍然很大。在谈判过程中，外商代表观察到中方翻译人员在谈判中发挥了重要作用。于是外商代表心生一计，在谈判休息时主动接近中方翻译人员，表示愿意给其一笔数额不小的金钱，条件是中方翻译人员必须把中方公司的技术图纸给他。面对这样的诱惑，中方翻译人员不为所动，坚决拒绝了为了私利出卖公司、国家的利益，并将此事及时汇报给自己的领导。中方公司知晓了外商的小动作，认为外商不诚信，终止了与外商的谈判。

【点评】在本案例中，中方翻译人员的政治思想素质很好，面对对方的诱惑不为所动，将公司、国家的利益置于个人利益之上，没有出卖公司的商业机密，也维护了国家的利益。

2．具备团队意识

很多时候，商务谈判需要由谈判小组进行。商务谈判过程中十分忌讳的一点就是让对方看到己方谈判小组成员之间存在意见分歧，对方很可能会抓住机会扩大分歧，影响己方的判断和决策，从而给己方带来损失。要避免出现这样的情况，谈判人员必须具备团队意识，自觉遵守组织纪律，维护组织利益；严守组织机密，不能自作主张、毫无防范、口无遮拦；要一致对外，积极主动。不具备团队意识的谈判人员，是不会为集体的需要据理力争的。

素养小课堂

谈判人员在领会团队意识的时候可以参考雁群的例子。雁群在迁徙过程中会形成"人"字形队列，并大声鸣叫以相互激励；中途休息时，它们各自分工完成觅食、照顾老幼、放哨等任务；若发现有受伤的同伴，两只大雁会自发地脱离队伍为其提供帮助；当领头雁疲倦时，会自动退到队伍中，另一只大雁会马上顶替领头雁的位置。

3．富有事业心和责任感

富有事业心和责任感是指谈判人员要以极大的热情和全部的精力投入商务谈判活动中，以对工作高度负责的态度，抱着必胜的信念进行谈判。只有这样，谈判人员才能在谈判过程中充分施谋用智，做到勇猛果敢、百折不挠，取得最终的成功。没有事业心和责任感的谈判人员不会全力以赴积极争取集体利益；只有富有事业心和责任感的谈判人员，才会以科学严谨、认真负责、求实创新的态度，本着对自己负责、对别人负责、对集体负责的原则，克服一切困难，顺利完成谈判任务。

（二）谈判能力要求

在历史中，苏秦、张仪合纵连横，晏子使楚，蔺相如完璧归赵等事件无不展示出谈判人员令人赞叹的谈判能力。在现代商务谈判中，一名优秀的谈判人员同样应具备较强的谈判能力，它通常涉及多个方面，如下所示。

1．洞察能力

洞察能力是指人们通过表面现象精确判断事物本质的能力。在商务谈判中，谈判对手为了实现目标，很可能会隐藏自己的真实意图。谈判人员只有具备良好的洞察能力，才能准确把握谈判对手的心理，判断对方提供的信息和己方搜集的信息的真实可靠性，并及时、敏锐地发现谈判形势的微小变化，捕捉更多有价值的信息，从而调整谈判策略，为己方争取更多的主动权。例如，观察对方的表情后发现对方嘴唇紧闭、瞪大眼睛盯着自己，可以判断出对方充满敌意并且极具攻击性，此时可以考虑采取一些方法缓和谈判气氛。

2．统筹能力

谈判人员要具备一定的统筹能力，能合理地安排谈判进程、谈判策略。例如，谈判人员应精准把握谈判进程，明确知道应该在什么时候、什么情况下由开局阶段进入报价与磋商阶段，进而进入成交阶段；掌控不同阶段的谈判重点，能够根据实际谈判情况灵活地采取不同的谈判策略。

3．社交和表达能力

一名优秀的谈判人员需要具备良好的社交和表达能力。商务谈判是谈判双方进行意见交换、利益博弈的交流过程，需要谈判人员拥有良好的口语和文字表达能力，熟知各种公关礼仪等；同时还需要谈判人员善于与各类性格的人交流与相处。谈判人员还应适当运用委婉、幽默的语言，使商务谈判在轻松的氛围中顺利和谐地进行。

4．逻辑思维能力

商务谈判往往会涉及大量的陈述和争论，需要谈判人员理清对方的思路，推测对方的真实意图。因此，谈判人员需要具备较强的逻辑思维能力，这样才能及时准确地对对方的谈判策略做出反应，进而获得好的谈判结果。

5．应变能力

应变能力是指人对突然发生的情况或未料到的情况的适应、应对能力。随着商务谈判的进展和双方实力的变化，商务谈判过程中可能出现较大的变数。如果谈判人员墨守成规，那么谈判容易陷入僵局，甚至破裂。优秀的谈判人员要善于因时、因地、因事而变。当前的局面与预想的情况有较大出入时，谈判人员要能够快速分析出形势变化的原因并及时调整谈判策略，同时提出各种有效应对方案。此外，当对方提出意料之外的方案时，谈判人员也能冷静地思考、权衡利弊，采取灵活多变的谈判策略。

案例2-2

一家较大的贸易公司看中了某厂家生产的砂轮机，在查看了样品后便派谈判小组与对方谈判。可令贸易公司费解的是，厂家不接受己方开具商业承兑汇票的付款方式，一定要己方开具不可撤销的即期信用证，理由是双方为初次合作。贸易公司主动让步，提出开具银行承兑汇票，同时解释银行承兑汇票比商业承兑汇票信用高很多，十分有保障，并出示了他们的银行信用报告及客户名单。可厂家还是坚持贸易公司开具不可撤销的即期信用证，但又说不出合理的理由，只是一味强调自己向来的惯例不可改变。这让贸易公司感觉厂家似乎缺乏诚意，使谈判气氛变得愈加紧张，最后谈判以失败告终。

【点评】在本案例中，双方在付款方式上产生了分歧，贸易公司主动让步，提出开具更有保障的银行承兑汇票，还出示了相关资料以增强说服力，而厂家则固执地坚持既有的惯例，进而导致谈判失败。

6．决策能力

在商务谈判过程中，很多事项都需要现场做出决策，这就需要谈判人员具备良好的决策能力。良好的决策能力表现在谈判人员能够通过观察和分析，洞察事物的本质；能够根据商务谈判的实际情况，在正确的时机果断做出正确的反应和选择，如是否答应对方的让步要求、是否签订合同等；能够及时发现问题，准确地预判形势发展的方向和结果。

知识点拨

谈判人员可以通过以下途径培养和提升自己的决策能力：克服从众心理，不人云亦云；勇于探索，发现别人不能发现的问题；增强自信心，培养迎难而上的勇气，提升自身的责任感和正义感；懂得从大局出发思考问题；不追求十全十美，懂得如何权衡利弊。

7．协调能力

在商务谈判中，协调能力是指谈判人员在谈判过程中联合己方与对方共同解决各种矛盾和问题的能力。协调能力是社交能力、表达能力、问题分析能力等的综合体现，需要多种知识和才能。具体来说，商务谈判中谈判人员的协调能力表现在两个方面：一是协调己方谈判人员解决分歧、统一思想、一致对外；二是通过一定的策略协调己方与对方解决分歧，促使双方达成共识。

8．想象力和创造力

一名优秀的谈判人员要有丰富的想象力和创造力，能够开拓商务谈判的新思路、新模式，创造性地提出新的解决方案，排除各种谈判障碍，打破谈判僵局。

（三）心理素质要求

商务谈判过程中谈判双方都要面对方方面面的压力，特别是在面对长期谈判、大型谈判或延期谈判时，谈判人员更需要具备良好的心理素质，如具有更强的心理承受能力，能够应对突发状况，或在谈判不顺利时调控自己的焦躁情绪。

1．百折不挠

商务谈判过程往往是复杂、困难、艰苦的，双方为利益彼此博弈，而谈判人员在遇到困难时很容易产生挫折感。这时谈判人员如果轻言放弃，就会使己方的利益遭受损失。谈判人员应该具备坚强的意志、百折不挠的精神和坚定的决心，不管面对什么样的困难和压力，都要显示出奋战到底的决心和勇气。

2．胜不骄，败不馁

商务谈判是一个双方博弈的长期过程，在各阶段可能会呈现不同的形势。"胜不骄，败不馁"是指无论暂时的形势如何，自己的心态都不受影响。具体而言，当己方处于优势地位时，谈判人员不得沾沾自喜、放松警惕，避免给对方反攻的机会；而当己方处于劣势时，谈判人员也不能心灰意冷、意志消沉，避免给对方进一步扩大战果的机会。

3．喜怒不形于色

商务谈判过程中难免会因为形势的变化而形成和谐、僵持或争执等局面，谈判人员也不可避免地会产生一些心理变化，包括兴奋、激动、紧张、沮丧或生气等。如果谈判人员自控力差，表现出过度的情绪波动，就会造成举止失态、表达不当。

此外，情绪的波动一旦表露出来就容易被对方察觉，让对方获得有用的信息，并利用这种情绪变化对谈判进程施加影响，甚至使己方陷入被动。因此，谈判人员要具有较强的情绪控制力，能够控制自己的情绪不外泄。

4．敢于决策

商务谈判是需要不断做出决策的过程，做出决策的过程往往蕴含风险，有时谈判人员需要承担决策带来的后果，但如果谈判人员优柔寡断，则很可能使己方错失良机、陷入被动。因此，谈判人员要具有敢于做出决策的勇气和魄力，能在考虑全面的前提下果断做出决策，同时敢于承担相应的责任和后果。

5．处变不惊

商务谈判十分复杂，其过程难免会出现突发状况，如对方突然否认之前的承诺等。此时，一名优秀的谈判人员必须做到处变不惊，从容不迫地应对各种突发状况，尤其不能紧张慌乱，因为这样不仅会使自己失去方向，还可能将紧张情绪传染给己方其他成员，而对手很容易抓住可乘之机，谋取更多利益。

案例2-3

小艺是一名初出茅庐的商务谈判人员。一天，公司领导安排他代表公司就一批货物的进货问题与供应商谈判，并告诫他公司很需要这批货物，但要控制成本，每件价格不能超过100元。在谈判中，小艺首先报价90元，没想到对方斩钉截铁地回答："低于300元不卖。"这个价格显然出乎小艺的意料。看到对方坚决的态度和双方悬殊的报价，小艺顿时感到较大的心理压力，一方面十分想谈成这笔生意，让领导对自己刮目相看；另一方面又觉得今天的谈判任务非常艰巨。在这种复杂的心理下，小艺不自觉地脸色发白，沉默了半天后支支吾吾地要求对方降价。对方一看小艺意志消沉、缺少底气，自然不愿意让步，而这进一步加剧了小艺的挫折感，他认为自己没有能力要求对方让步，甚至产生了想要放弃此次谈判的念头。最终，小艺以自己做不了主为由提出暂停谈判，并请求领导安排其他同事完成此次谈判。

【点评】在本案例中，小艺的心理素质较差，在面对较大的心理压力时无法自我调节，反而将情绪波动表露出来，让对方有了不让步的底气。面对对方的高报价时，小艺感到十分意外，无法从容不迫地应对；而在谈判中处于劣势时，他又很轻易地变得心灰意冷，甚至自我否定。总之，小艺的心理素质是导致他在谈判中陷入被动的重要因素。

素养小课堂

党的二十大报告指出："培养造就大批德才兼备的高素质人才，是国家和民族长远发展大计。"同学们应该抓住新时代的机遇，努力提升自身素质，争取为国家、社会贡献自己的力量。

（四）知识储备要求

商务谈判作为一门边缘性学科和一种经营活动，是多种学科与知识的综合。谈判人员必须掌握各种相关的基本知识，才能在商务谈判过程中快速找到解决棘手问题的方法。一般来说，一名优秀的谈判人员应该具备以下几方面的知识。

1．商务谈判知识

谈判人员应具备专业的商务谈判知识，了解商务谈判的程序、方法，能够根据具体的情况采取合适的谈判策略。

2．与谈判事项相关的法律法规和贸易惯例

谈判人员要熟悉与谈判事项相关的法律法规和贸易惯例。

● 与买卖相关的法律法规：《中华人民共和国民法典》《中华人民共和国公司法》《中华人民

共和国合伙企业法》《中华人民共和国企业破产法》《联合国国际货物销售合同公约》及国际贸易方面的法律法规等。

- 与付款方式相关的法律法规和贸易惯例：《中华人民共和国票据法》《中华人民共和国证券法》《跟单信用证统一惯例》及国际商会托收统一规则等。
- 与运输相关的法律法规和贸易惯例：《中华人民共和国海商法》《国际货物运输公约》《联合运输单证统一规则》等。
- 与保险相关的法律法规和贸易惯例：《中华人民共和国保险法》、海上保险法、协会货物条款等。
- 与检验检疫相关的法律法规：《中华人民共和国进出口商品检验法》《中华人民共和国进出境动植物检疫法》等。
- 与报关相关的法律法规：《中华人民共和国进出口关税条例》《中华人民共和国反倾销条例》等。
- 与知识产权相关的法律法规：《中华人民共和国专利法》《中华人民共和国商标法》等。
- 与经济合作相关的法律法规和贸易惯例：技术合作条例、投资合作条例、各种税法等。
- 与消费者保护相关的法律法规和贸易惯例：《中华人民共和国消费者权益保护法》《中华人民共和国产品质量法》及各种包装标志条例等。
- 与外汇及贸易管理相关的法律法规：《中华人民共和国外汇管理条例》《中华人民共和国对外贸易法》等。

3．商品、服务、技术本身的业务知识

商务谈判通常都是以商品、服务、技术为谈判对象的，因此谈判人员必须充分掌握商品的原理、结构、材料、功能、用途等及与技术和服务有关的知识。

4．商务活动业务知识

商务活动是指商品流通过程中的批发、零售、仓储、运输、检验、保险、财务、金融往来结算等一系列活动。谈判人员要熟悉商务活动各个环节的业务流程，以及各环节涉及的问题和对策，从而从容地在谈判中提出解决问题的可行方案。

5．经济学和企业经营管理知识

谈判人员应该具备一定的经济头脑，因此需要了解基本的经济学知识。此外，谈判人员还需要掌握一定的企业经营管理知识，让商务谈判更好地成为企业经营管理的有机组成部分，并为企业经营管理服务。

6．各国（地区）的风俗和法律知识

当前国际贸易十分普遍，谈判人员要掌握世界各国（地区）的风土人情、社会状况、社交礼仪、法律知识等，以适应国际商务谈判的需要。

7．心理学和行为科学知识

商务谈判在一定程度上是心理战，因此谈判人员需要具备心理学、行为科学等方面的知识，能够分析对方的各种需要、动机和行为，并适时调整自己的心态，争取占据主动地位。

知识点拨

商务谈判是一种具有实践性、应用性的艺术。要做到在商务谈判过程中游刃有余，谈判人员不仅要拥有理论知识，还应具备一定的实践经验，在实践中运用和检验理论知识。

任务二 商务谈判小组的组建

家具厂总经理考虑到谈判需要商务、财务、法律、翻译等方面的人才，就从自己的员工中选择4位对应的且性格互补的专业人士作为商务谈判小组成员（后续如果遇到大型谈判再补充人手），以辅助自己谈判。就此，家具厂商务谈判小组正式成立，家具厂总经理是小组的核心和主要领导，其他成员起辅助作用。在这个过程中，家具厂总经理始终在思考几个问题：组建商务谈判小组要遵循什么原则？商务谈判小组的规模需要多大？商务谈判小组需要哪几类成员？成员间如何配合？

（一）商务谈判小组的组建原则

要组建优秀的商务谈判小组，谈判人员的选择很关键。一般情况下，企业可以根据商务谈判内容和谈判对手的特点选择合适的谈判人员。具体来说，组建商务谈判小组时应遵循以下原则。

1．根据谈判类型确定规模

不同的商务谈判需要不同规模的商务谈判小组，一般的商品交易谈判只需3~4人，复杂一点的不应超过8人。一些重要的国际贸易商务谈判，涉及的知识面广，所需人数较多，谈判小组可能会超过10人。因此，商务谈判小组的规模不是固定的，要根据实际的谈判情况和谈判需要灵活调整。

2．组建商务谈判小组时要贯彻节约原则

一个商务谈判小组在参加谈判的过程中必然需要一定费用，这些费用通常由企业负担，费用越多，企业负担越重。因此，在组建商务谈判小组时要贯彻节约原则，减少谈判费用支出，如外出谈判时考虑成员性别问题，方便分配旅馆的标间。

3．赋予谈判人员法人代表资格

商务谈判的整个过程都需要依据一定的法定程序进行，因此谈判人员应被赋予法人代表的资格，拥有法定代表人所具有的权利能力和行为能力，有权处理一切与商务谈判活动相关的事务。例如，企业的法定代表人无法亲自参加谈判，授权企业的销售经理作为自己的代理人参加谈判，该销售经理只要持有委托书（要注明代理人所负经济法律责任的内容、目的、要求和期限），就拥有法人代表的资格，有权处理谈判事务。当然，该销售经理的权力是有范围的，一旦越权，本人将承担全部责任。

知识点拨

法人是具有民事权利能力和民事行为能力，依法独立享有民事权利和承担民事义务的组织。法定代表人是指依照法律或法人章程规定代表法人行使职权的负责人（无须额外授权）。而法人代表是法人的授权代表，其授权范围内的行为被视为法人的行为。

4．分工明确，主次分明

商务谈判小组中的每一个成员都要有明确的分工，扮演不同的角色，要为一个共同的目标通力合作、协同作战。此外，商务谈判小组要有一位拥有拒绝权和最后决定权的主要负责人，即主谈人，其他成员配合主谈人的工作，听从主谈人的安排，这样才能保证商务谈判小组具有一定的组织凝聚力，不至于因各成员各执己见而难以形成一致意见。

5．知识互补，性格协调

商务谈判会涉及大量事务，需要商务谈判小组成员具备各方面的知识，其知识结构要互补，这样才能形成整体的优势。具体而言，商务谈判小组应由不同领域的专业人员组成，包括营销、财务、技术、法律等方面的专业人员。例如要筹备关于技术引进的商务谈判，在组建商务谈判小组时就可以选择业务人员、技术人员、法律工作者作为其成员。

除了知识结构，谈判人员的性格也会对谈判成果产生影响。通常而言，商务谈判小组成员的性格要互补，将不同性格的人的优势发挥出来，互相弥补不足，以最大限度地发挥整体的优势。性格开朗的人通常表达能力强、反应敏捷、行事果断，但性情可能比较急躁，难以全面地看待问题。而性格沉稳的人具有办事严谨细致、说话谨慎、原则性和理性思维能力较强的特点，但不善于表达自己、处理问题不够灵活、果断。在组建商务谈判小组时，可以将这两种性格的人组合在一起，让他们分别扮演不同的角色。例如运用"软硬兼施"策略（模块七中将详细介绍）时，由性格开朗的人扮演红脸角色，由性格沉稳的人扮演白脸角色，以发挥其性格优势，形成优势互补。

案例 2-4

华顺公司高管李总监在组建商务谈判小组时为自己挑选了一位助手小宋，然而他的选择却让人大跌眼镜。因为小宋不像大家所预期的那样勤恳谨慎、做事稳重，而是大大咧咧、性格张扬，说话声音很大，不仅无法为领导细心安排各种事务，反而经常出错。直到商务谈判结束后，众人才知道李总监为什么做出这样的选择。

原来，此次商务谈判的压力很大，双方争执非常激烈。李总监及其他小组成员的性格都属于沉稳型，又与对方有一定的交情，很难和对方讨价还价，正好小宋可以扮演与对方拍桌子、叫板的角色，负责开出较高的报价，拒绝对方不合理的要求。而当小宋与对方闹得气氛僵硬时，李总监会出来打圆场，适当做出让步，让对方感到满足。这样的配合取得了不错的效果，最终华顺公司以高于预期的价格与对方达成协议，而小宋在商务谈判中发挥的作用也得到了李总监的肯定。

【点评】案例中李总监在组建商务谈判小组时选择了不被他人看好的小宋，主要是出于性格协调的考虑。在商务谈判中，小宋大大咧咧的性格让他能够放开手与对方讨价还价；而当小宋表现得过于强硬时，李总监又可以采取措施缓和气氛，最终取得了不错的效果。

（二）商务谈判小组的规模

对于必须组成谈判小组的商务谈判来说，其商务谈判小组的规模要适当，依据实际情况而定，其应该遵循的基本原则是精干高效。一场商务谈判应配备多少人员才合适，应视谈判内容的烦琐程度、技术性的强弱、时间的长短、己方人员谈判能力的高低以及对方人员的多少具体确定。

如果谈判内容较简单（如续签合同的谈判，只需在合同个别地方进行调整）或双方彼此较熟悉且有长期的合作关系，交易的条款、内容也都比较明确时，商务谈判小组可以由一个人构成，此时该谈判人员可以独自做决断，避免己方产生分歧。

而很多商务谈判常常比较复杂，涉及多方面的专业知识，一个人不可能在各方面都成为专家，而且往往精力有限，无暇仔细观察对方或做记录，因此很多时候商务谈判小组都由多人组成。一般而言，在国内商务谈判中，谈判小组的最佳规模是 3 ~ 4 人，因为这样规模的商务谈判小组较容易取得一致意见，有利于发挥集体力量，也便于上级领导管理与控制。

对于内容比较复杂、较大型的商务谈判，由于涉及的内容广泛、专业性强、资料较多、组织协调工作量大，因此商务谈判小组的规模可以适当扩大至6～8人，有时甚至可达几十人。在大型国际商务谈判中，由于涉及面较广，需要各方面的专业人员，谈判人员可根据实际工作需要分成几个小组，如商务小组、技术小组、法律小组等，负责不同方面的谈判；也可以组织台前和台后两套班子，"台前班子"主要负责谈判，"台后班子"都是幕后人员，负责提供支持。

知识点拨

一些大型商务谈判会耗时较长，涉及许多方面的专业知识，如果安排所有相关专业人员从头到尾参加谈判，那么商务谈判小组的规模将过于庞大，增加谈判成本。其实，从商务谈判的全过程看，不同阶段需要具备不同专业知识的谈判人员，因此可以根据谈判进程安排谈判人员加入或退出商务谈判小组。例如，负责起草协议的律师可以在谈判后期加入，生产技术人员在协议签订阶段就可以退出了。

（三）商务谈判小组的人员构成

一般而言，一个商务谈判小组应包括以下人员。

1．负责人

负责人指对商务谈判担负领导责任的高层次谈判人员，是上级派在谈判一线的直接责任者。他负责整个谈判工作，领导谈判队伍，拥有领导权和决策权。他虽然不一定是谈判桌上的主要发言人，但具有发言权，并起到控制、引导的作用。负责人的主要职责包括监督谈判程序、决定谈判过程中的重要事项、代表企业签约、向上级汇报工作等。

2．主谈人

主谈人又称商务谈判小组的首席代表，是指在商务谈判中承担主要谈判任务或责任的人（有时主谈人与负责人是同一人），是己方的主要发言人，是关系到商务谈判能否达到预期目标的关键性人物。

（1）主谈人的职责

主谈人是商务谈判小组的核心，其主要职责如下。

- **组织制订谈判计划**：确定商务谈判各阶段的目标和策略，并根据谈判的实际情况进行实时调整。
- **掌握谈判进程**：在商务谈判过程中发挥核心作用，安排部署谈判策略的实施、调整，确保商务谈判小组合作顺畅；针对商务谈判过程中出现的各种问题，如报价的时机、让步的时机与幅度、僵局的处理等，及时做出决策和安排。
- **及时沟通信息**：负责商务谈判中信息的上传和下达，尤其是需要做出超出自身权限的决定时，应将事情的本来面貌如实向上级汇报，请示相关处理办法，并保证上级的意图能在谈判中实现。
- **协调内部关系**：判断与协调商务谈判小组成员的心理和精神状态，增强商务谈判小组的凝聚力，使各成员团结一致，实现谈判目标。

（2）主谈人应具备的条件

主谈人不仅需要具备丰富的阅历和知识，还要具备较强的综合能力。总体来说，主谈人需要具备如下条件。

- 深刻理解各项方针、政策和法律法规，具备本企业的专业技术知识和较广泛的相关知识，有较丰富的商务谈判经验。
- 思维敏捷，善于分析和决断，具备审时度势、随机应变及当机立断的能力。
- 具备较强的表达能力、学习能力及概括能力。
- 具备较强的管理能力，能带领商务谈判小组成员共同为实现谈判目标而努力，善于调动每位成员的积极性。

3．辅谈人

辅谈人在商务谈判中往往处于"配角"的地位，主要是各个领域的专业人员，他们是商务谈判小组的必要构成部分，能弥补主谈人在某些方面的不足。其主要职责是答复主谈人的咨询，提供相关的信息和参考意见，协助主谈人完成谈判任务。根据专业分工，辅谈人可以分为以下不同的类型。

（1）商务人员

商务人员必须由贸易专业人员担任，主要负责关于价格、交货方式、支付条件、风险划分、信用保证、资金筹措等商务性条款的谈判。商务人员应熟悉商业贸易知识、市场行情、价格形势以及财务信用事务，能够对谈判方案变动带来的收益变化做出正确的分析与计算。

（2）技术人员

技术人员由熟悉生产技术、产品标准和科技发展动态的工程师担任，负责关于生产技术、产品性能、质量标准、产品验收、技术服务等问题的谈判，也可担任商务谈判中价格决策时的技术顾问。

（3）财务人员

商务谈判所涉及的财务问题相当复杂，财务人员应由熟悉财务知识，具有较强的财务核算能力的财会人员担任。其主要职责是对谈判中的价格核算、支付条件、支付方式、结算货币等与财务相关的问题进行把关，协助主谈人制定财务相关的条款。

（4）法律人员

法律人员由精通经济贸易各种法律条款及法律执行事宜的专职律师、法律顾问或本企业熟悉法律的人员担任。其职责是对合同条款的合法性、完整性、严谨性进行把关，并负责涉及法律方面的谈判，从而保证合同形式和内容严密、合法，合同条款不损害己方合法权益。

（5）翻译人员

在进行国际商务谈判时，商务谈判小组还需要配置翻译人员。翻译人员由精通外语、熟悉业务的专职或兼职人员担任，主要负责口头与文字翻译工作，沟通双方意图，配合谈判运用语言策略。一个优秀的翻译人员不仅要充当双方沟通的桥梁，还要能洞察对方发言的实质，为主谈人提供重要信息。例如觉察主谈人的谈话内容不妥，翻译人员可提示主谈人重新考虑，但必须以主谈人的意见为最后意见，不能向对方表达个人意见。若对方有不正确言论，翻译人员要如实翻译并提醒主谈人考虑。

知识点拨

有时，主谈人某方面的能力可能会弱于辅谈人，此时辅谈人不能自视甚高，表现出对主谈人的不屑，因为这样会破坏团队的团结，给对方可乘之机；也不能自主充当发言人，更不能替代主谈人行使全部的职责。团队协作的关键是每个成员各司其职，完成自己的工作。

4．其他工作人员

其他工作人员不参与谈判，只是负责在谈判中为商务谈判小组提供服务，主要有记录员、打字员等。他们负责准确、完整地记录谈判内容，包括谈判的全过程和主要问题、双方提出的所有条件和建议、双方的主要争议和最终达成的协议，甚至双方谈判人员的用语、习惯、表情等。记录手段主要包括手写速记、计算机记录，在双方同意的前提下，还可以采用录音、录像等手段。

（四）商务谈判小组成员的配合

一个乐队，要想演奏出美妙的乐章，需要每位成员彼此间的默契配合，商务谈判也是如此。商务谈判小组成员要在语言、动作等方面相互协调、配合得当，才能达到预期的谈判目标。

1．主谈人与辅谈人的配合

在商务谈判中，己方一切重要的观点和意见都要由主谈人陈述。此时，辅谈人要配合主谈人，起到参谋和支持的作用。辅谈人的配合主要有以下几种形式。

（1）出示相关证据

在主谈人发言时，辅谈人可以及时出示相关证据佐证主谈人观点的正确性。例如，当主谈人报出己方的价格，并强调该价格已经十分优惠时，辅谈人（商务人员）随即拿出己方价格构成细目表，并与竞争者的价格相比较，以进一步说明己方所报的是优惠价格。

> **知识点拨**
>
> 要让对方对己方辅谈人的意见给予足够重视，就要尽可能加深对方对己方辅谈人的印象，让对方知道己方辅谈人也是有分量的角色，如在介绍己方财务人员时说："这是××先生，本公司的财务经理，负责本公司的资金管理与调度。虽然年轻，但已经有8年财务工作经验。"

（2）插进辅助话语

在商务谈判中，辅谈人还可以在适当的时机插进一些合适的辅助话语。例如，在买卖双方的谈判中，卖方主谈人说："2个月内交货不太现实，因为我们2个月以内的订单量很大。"这时卖方辅谈人插话说："别说2个月了，3个月都很难保证，我手上有一大把订单呢！"这句话可以起到强化和支持卖方主谈人观点的作用。

> **知识点拨**
>
> 需要注意的是，辅谈人绝不能随意发表个人观点或与主谈人不一致的结论。例如，买卖双方就价格问题进行谈判时，买方主谈人说："好吧，既然你们固执地坚持这个价格，我们只好不买了。"若买方辅谈人立马提醒道："那不行，公司正等着用呢！"这就大大削弱了主谈人的讲话效果，起了反作用。

（3）使用身体语言附和

在主谈人发言时，辅谈人要聚精会神地倾听，不时赞同地点点头，给对方留下良好的印象，并加强己方所阐述内容的分量；切不可表现得漫不经心，否则会影响主谈人的发言，削弱其讲话效果。

2．存在多个主谈人时的配合

在部分大型商务谈判中，涉及内容十分专业，因此不同阶段会由不同的专业人员担任主谈人，对应地会出现技术主谈人、商务主谈人、法律主谈人等。这种情况对商务谈判小组成员相互配合的要求更高。

- 洽谈技术条款时。此时，技术人员可以作为主谈人，商务人员与法律人员等都是辅谈人。技术主谈人除了要把主要的精力放在技术方面的问题上，还要站在宏观的角度考虑技术问题，要尽可能地为后面商务条款和法律条款的谈判创造有利的条件。而商务人员与法律人员的主要任务是从商务和法律的角度为技术主谈人做好参谋，适时佐证技术主谈人的意见和观点，并回答对方商务和法律方面的问题。
- 洽谈商务条款时。此时，商务人员作为主谈人，技术人员与法律人员等则处于辅谈人的地位，辅谈人要从专业角度给商务主谈人提供有力的支持。例如，在设备买卖谈判中，卖方的商务主谈人报出高价后，卖方的技术人员要以充分的证据证明该设备在技术上是先进的，进而证明报出高价是理所应当的。
- 洽谈专业性的法律条款时。此时，法律人员作为主谈人，对相关合同条款的合法性和完整性负主要责任。技术人员与商务人员等可以就有关问题，如价格、支付方式、包装、运输、服务、验收、罚款等提出自己的意见。

3．负责人与主谈人的配合

当商务谈判小组的负责人与主谈人不是同一人时，负责人要主动配合主谈人。在谈判中，负责人在原则上要表现得"超脱"一些，维护主谈人的权威，让主谈人最大限度地发挥其作用。

具体来说，负责人在谈判中应该以旁听者的身份出现，紧密跟踪谈判进程，适时地对主谈人加以指导，只有在谈判陷入僵局时，负责人才出面斡旋。而在礼宾场合，负责人应该作为主要角色出现，代表整个企业的形象。

4．"台前"人员和"台后"人员的配合

在部分商务谈判中，商务谈判小组可以有"台前"和"台后"两套班子。"台前"人员是直接面对对方的谈判人员。"台后"人员不直接参加谈判，主要负责指导与监督"台前"人员按既定目标和准则进行谈判，维护己方利益；向"台前"人员提供专业建议；向"台前"人员提供某些服务，如传递或反馈技术参数、复印资料、买票、办理护照与签证等。需要注意的是，"台后"人员不能过多，其行动以协助、支持"台前"人员为主，不能干扰"台前"人员的工作。

实战演练　组建引进收款机谈判小组

1．实训背景

某大型超市计划引进蓝容智能电子设备科技有限公司（以下简称"蓝容公司"）的智能收款机用于顾客结算，超市方计划派遣一个谈判小组完成此次谈判，由总经理亲自担任负责人，备选人员如表2-1所示。

表2-1　备选人员表

姓名	年龄/岁	性别	岗位工龄	职务	专长	所学专业
刘勤	29	女	7	营销经理	商务活动分析	经济管理
付晓	27	男	4	设备管理员	人工智能技术	信息技术
周常	34	男	11	会计	数据分析与计算	会计学
陈亮	30	男	5	法务	法律案例分析	法学
李顺娜	27	女	2	客服	英语口语与翻译	英语
刘畅	25	女	2	销售	人际沟通	市场营销
宋明涛	36	男	13	物流管理员	新兴物流技术	物流
张永丽	33	女	8	总经理助理	沟通表达、组织协调、团队管理	商业管理、财务管理

2．实训要求

假设你是超市总经理，请为谈判小组选择合适的成员，具体要求如下。

（1）确定主谈人的人选，并说明理由。

（2）确定需要的专业人员以及具体的人选，并说明理由。

3．实训步骤

（1）确定主谈人的人选。主谈人是己方的主要发言人，需要具备较强的综合能力，可以选择能力全面、语言表达能力强的人员，参考的选择情况如下。

主谈人：张永丽。理由：张永丽担任总经理助理多年，具备该职位要求的各种素养，如性格开朗、善于沟通等；知识面广，对商业、技术、财经、法律等方面均有涉猎；思维能力强，处事果断，能够随机应变；有较强的语言表达能力，经常在众人面前发言或者演讲，表达清晰连贯；有较强的组织能力和人际交往能力，有丰富的团队管理经验，善于与团队成员协作。

（2）确定专业人员的人选。此次谈判需要的专业人员包括商务人员、技术人员、财务人员、法律人员，专业人员需要在相应的领域拥有一定的知识储备，在性格上要与其他人互补。专业人员的选择情况如表2-2所示。

表2-2　专业人员选择

专业人员类别	人选	选择理由
商务人员	刘勤	担任营销经理多年，经过各种历练，性格大胆泼辣、敢于开拓；经济管理专业出身，在商贸方面有较强知识储备，擅长商务活动分析
技术人员	付晓	担任设备管理员多年，平时做事一丝不苟，具有钻研精神；信息技术专业出身，在人工智能技术方面有一定研究
财务人员	周常	多年的财务工作使其性格愈加沉稳、严谨，财务知识过硬
法律人员	陈亮	担任法务多年，性格严谨细致，有较强的责任感；法学专业出身，熟悉我国法律法规

综合练习

一、单项选择题

1. （　　）是指人们通过表面现象精确判断事物本质的能力。

   A. 洞察能力　　　　　　　　　　B. 社交表达能力

   C. 逻辑思维能力　　　　　　　　D. 资料收集能力

2. 下列不属于商务谈判小组组建原则的是（　　）。

   A. 知识互补　　　　　　　　　　B. 性格协调

   C. 等级分明　　　　　　　　　　D. 分工明确

3. （　　）的主要职责是对谈判中的价格核算、支付条件、支付方式、结算货币等与财务相关的问题进行把关，协助主谈人制定与财务相关的条款。

   A. 商务人员　　　　　　　　　　B. 财务人员

   C. 翻译人员　　　　　　　　　　D. 技术人员

4. 一般而言，在国内商务谈判中谈判小组的最佳规模是（　　）人，以保证较容易取得一致意见，也便于上级领导管理与控制。

   A. 3~4　　　　　　　　　　　　B. 2~3

   C. 5　　　　　　　　　　　　　D. 8~10

二、多项选择题

1. 谈判人员应具备的谈判能力有（　　）。

   A. 洞察能力　　　　　　　　　　B. 统筹能力

   C. 社交和表达能力　　　　　　　D. 应变能力

2. 谈判人员应具备的知识包括（　　）。

   A. 商务谈判知识　　　　　　　　B. 经济学和企业经营管理知识

   C. 各国（地区）的风俗和法律知识　D. 文学知识

3. 主谈人应具备的条件有（　　）。

   A. 深刻理解各项方针、政策和法律法规，具备本企业的专业技术知识和较广泛的相关知识，有较丰富的商务谈判经验

   B. 思维敏捷，善于分析和决断，具备审时度势、随机应变及当机立断的能力

   C. 能为下属争取福利

   D. 具备较强的管理能力，能带领商务谈判小组成员共同为实现谈判目标而努力，善于调动每位成员的积极性

4. 下列关于谈判人员要求的说法正确的有（　　）。

   A. 在商务谈判中，谈判人员必须思想过硬，不应考虑个人的荣誉得失，应以国家、企业的利益为重

   B. 谈判人员必须忠于职守和具有团队意识，自觉遵守组织纪律，严守组织机密，不能毫无防范，口无遮拦

   C. 谈判人员要以极大的热情和全部的精力投入商务谈判，以对自己工作高度负责的态度，抱着必胜的信念进行谈判

   D. 当本方处于优势地位时，谈判人员不得沾沾自喜，放松警惕，给对方反攻的机会

三、简答题

1. 谈判人员应具备哪些基本素质？

2. 商务谈判小组应配备哪些专业人员？

3. 什么是主谈人？其主要职责是什么？

4. 主谈人与辅谈人应该如何配合？

四、案例分析题

某中国公司的经理在与英国商人谈判时始终用中文，通过翻译人员与对方进行交流。他在谈判开始时用中文向对方介绍自己谈判小组的翻译人员："这位是王峰，负责翻译。他不仅精通中、英双语，还具有15年财务工作经验，有权审核1 000万英镑的贷款项目。"但在谈判结束后的庆祝会上，他却用英语和英国商人谈笑风生，令对方大吃一惊。

思考：（1）为什么这位经理在谈判时始终通过翻译人员与对方交流？（2）经理为何要如此介绍翻译人员？（3）经理与翻译人员应如何配合？

模块三

知己知彼：商务谈判准备与策划

学习目标

【知识目标】

- 掌握商务谈判信息的收集与整理
- 掌握商务谈判方案的制定
- 掌握商务谈判的物质准备
- 掌握商务谈判的模拟方法

【能力目标】

- 能够收集并整理商务谈判信息
- 能够根据具体的谈判情形制定商务谈判方案

【素养目标】

- 养成热情好客的习惯，热情接待谈判对手，做好食宿安排
- 领会"知己知彼，百战不殆"的道理，对包括商务谈判在内的各种事务都要积极做好准备

　　家具厂接到一家外商的电子邮件，外商在电子邮件中表示在一次展会上看到了家具厂的家具，有意与家具厂合作。家具厂总经理十分高兴，认为这是把家具厂的家具推向海外市场的有利机会，于是打算与外商就合作事项进行进一步的谈判。

　　由于家具厂此前没有与外商合作过，对外商的了解很有限，家具厂总经理对此次谈判十分没底，不知道对方的实力如何，也不知道应该如何与对方谈判，因此认真地做了一番准备，具体的准备工作如图3-1所示。

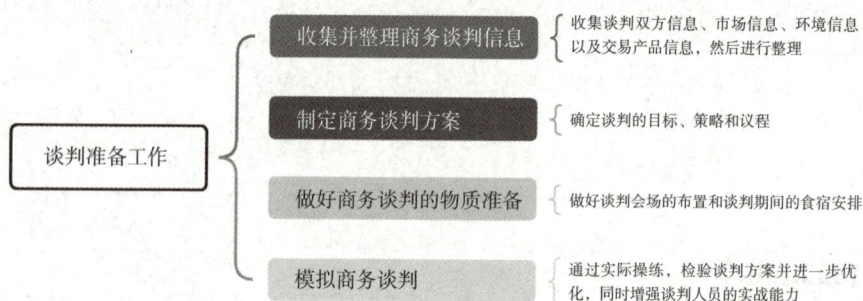

图3-1　谈判准备工作

任务一　收集并整理商务谈判信息

微课3-1

　　为了加深对外商的了解，家具厂总经理通过网络搜索了外商的信息，包括外商的规模、经营情况、商业信用、财务状况、所在国文化习俗等，以及家具市场信息。此外，家具厂总经理还通过非正式洽谈的形式探测了外商的态度和对此次谈判的意图。这些信息都属于商务谈判信息。

　　商务谈判信息是对与商务谈判活动有密切联系的各种情况及其属性的一种客观描述，具体指那些与参与商务谈判的双方相关的信息和直接或间接影响谈判过程的信息。收集并整理商务谈判信息对于了解对方意图、制定谈判方案、选择谈判方式等至关重要。

（一）需要收集的信息

　　商务谈判信息的收集是否充足、全面，对商务谈判有着重要影响。具体来说，在进行商务谈判准备时，需要收集的信息包括对方信息、己方信息、市场信息、环境信息及交易产品信息。

1. 对方信息

　　所谓"知己知彼，百战不殆"，这在商务谈判中同样适用。要使商务谈判成功，谈判前首先需要设法摸清对方的底细，收集有关对方谈判的情报资料，否则就无法对谈判形势形成正确的判断，在谈判的过程中容易陷入被动。

（1）资信信息

在开展商务谈判前，有必要对对方的资信情况进行调查。如果对方的主体资格不合法或不具备与合同要求相当的履约能力，那么双方签订的合同就是无效的，这也意味着所有努力都前功尽弃，并可能伴随着较大的经济损失。只有在谈判前充分掌握对方详细的资信信息，才能预估交易的可能规模及双方合作时间的长短，进而制定正确的谈判策略。具体来说，需要收集对方以下方面的资信信息。

① 合法资格证明。参加商务谈判的企业必须具备法人资格。在谈判前应要求对方提供有关证明资料，如营业执照等，详细掌握对方的企业名称、经营地址、成立时间、注册资本、经营范围、经营期限、法定代表人等信息。由于企业的组织性质不同，承担的法律责任不同，因此还需要弄清对方法人的组织性质是有限责任公司还是无限责任公司，是母公司还是子公司或分公司。在收到对方提供的证明资料后，需要通过正规的途径进行验证，如天眼查（见图3-2）等。

图3-2 天眼查首页

知识点拨

除了审查对方的法人资格，还应审查对方谈判代表资格；涉及担保人的，应对担保人进行调查，了解其是否具有担保资格；若对方委托第三方谈判，则应审查第三方是否具有相应资格和权利代表委托人参加谈判。

② 资金状况信息。对方的资金状况对于谈判、合同履行都十分重要，如对方资金紧张，己方在商务谈判中就应特别关注对方能否按时支付款项，必要时还可以要求对方做出担保或让步。因此，应该收集对方的资金状况信息，包括相关咨询机构出具的年度报告、银行及资信征询机构出具的证明文件等，以深入了解对方的固定资产、产品销售、流动资金运转和企业利润等情况。需要注意的是，不要只看对方的注册资本和规模，大企业也可能会出现经营状况不好、负债累累、资金周转困难等问题。

案例3-1

甲公司相中了乙公司的精密仪器，派出谈判小组与乙公司谈判。在谈判前，甲公司谈判小组通过收集对方信息，了解到对方虽然生产的产品质量好，但经营管理不善，导致产品滞销，并陷入财务困境。谈判开始后，甲公司与乙公司就价格问题难以达成共识，甲公司谈判代表见机说："我们来之前对贵司进行了调查，发现贵司已陷入财务危机。我们很诚心地与贵司合作，与其他公司相比，我们的报价并不低。贵司如果接到我们这一单，财务状况将大为好转，希望贵司认真考虑我们的诚意。"乙公司发现自己的情况已经被对方了解得非常清楚，当即就泄气了，最后不得不按甲公司的报价完成了交易。

【点评】甲公司谈判小组在谈判前了解到对方经营状况不佳，明白对方非常需要达成合作以摆脱困境，因此利用这一点说服对方接受自己的报价。这说明了谈判前收集对方信息的重要性。

③ 对方的商业信誉与履约能力信息。收集对方的商业信誉与履约能力信息，能有效降低己方的谈判风险。商业信誉与履约能力信息包括对方的经营历史、企业及产品的市场声誉以及对方在以往的商务活动中的商业信用情况等，己方可以通过相关行业主管部门、工商管理机构和对方的合作单位进行收集。

知识点拨

即使是合作已久的伙伴，也要定期收集其资信信息，特别是当对方突然下大订单或有异常举动时，更要加强警惕。

（2）对方的目的

进行商务谈判时，己方应尽可能摸清对方此次谈判希望实现的利益目标、可能接受的底线等情况，以便更有针对性地促使其成交。

（3）对方谈判人员的权限

对于商务谈判而言，与没有任何决策权的人谈判是浪费时间，因此己方应想办法了解对方谈判人员的身份与角色，明确对方谈判人员的权限等，包括以下内容。

- 对方谈判人员是否得到授权以及得到了哪些授权。
- 对方谈判人员能够在多大程度上独立作出决定。
- 对方谈判人员有没有让步的权力以及有多大的让步权力。

一般来说，对方谈判人员的权限越大，说明对方越重视谈判，己方可以据此确定合适级别的谈判人员。

2. 己方信息

古人云："欲胜人者，必先自胜；欲论人者，必先自论；欲知人者，必先自知。"这是说人们不对自身进行客观评估，就不会客观地认清他人。可见，收集己方信息也十分重要。这有助于客观地评价己方的谈判实力，分析己方在商务谈判中的优势和劣势，使己方谈判人员在商务谈判中能够目标明确、思路清晰。需收集的己方信息主要包括以下内容。

- **对己方实力的评价**：包括己方的产品市场定位、供应能力、财务状况、销售情况、资产价值、经营管理水平及决策成败记录等。
- **对己方谈判人员实力的评价**：包括己方谈判人员的知识结构、心理素质、彼此之间的配合默契程度、谈判经验、谈判能力、人际交往能力、以往参加各项谈判活动的状况等。
- **己方对各种相关资料的准备状况**：包括相关资料的齐全程度，以及己方谈判人员对资料的熟悉程度等。

3．市场信息

市场瞬息万变，谈判人员要密切关注市场变化，在商务谈判中注意对方的报价是否符合市场情况。与商务谈判有关的市场信息主要包括以下内容。

- 交易产品的市场需求量、供给量及发展前景。
- 交易产品的流通渠道和常规销售渠道。
- 交易产品市场的分布情况、地理位置、运输条件、政治经济条件等。
- 交易产品的价格、优惠措施及效果等。

4．环境信息

在商务谈判中，社会环境会对具体的谈判进程和结果产生相当重要的影响。因此，必须认真收集以下各类环境信息。

- **政治状况**：在谈判前务必要了解对方所在国（地区）的政治制度和政府的政策倾向、政治体制、政策稳定性以及社会稳定性。
- **法律制度**：包括双方所在国（地区）与商贸活动有关的法律法规，以及一些国际法律法规，如《联合国国际货物销售合同公约》《联合国国际贸易法委员会仲裁规则》等。
- **商业习惯**：各个国家（地区）都有自己的商业习惯，这会使谈判人员在语言、礼仪和效率及报价等方面存在较大差异。
- **社会文化**：主要包括对方所在国（地区）的文化教育、生活方式和社会习俗等。了解对方的社会文化，可以避免不必要的冲突和误会，有助于己方更好地理解对方的谈判行为。
- **财政金融**：包括各种主要货币的汇兑率及其变化趋势，双方所在国（地区）的财税金融政策，以及银行对各种收款方式的办理规定等。

5．交易产品信息

对于涉及产品交易的商务谈判而言，交易产品信息是谈判人员必须了解的，主要包括交易产品的名称、品质、数量、装运、保险、检验、价格和支付等方面的信息。

- **名称**：了解交易产品在国际上的通称和在各地的别称，以及世界各地的消费者对交易产品名称的喜好与忌讳，以免因名称不合适而引起麻烦。
- **品质**：了解世界各地对交易产品品质标准的最新规定，以便在合同中能明确规定交易产品的品质标准（以什么地方、何时颁布的规定为依据），以免日后发生分歧或争议。
- **数量**：了解世界各地不同计量单位的含义，以便在合同中做出明确的规定，以免日后因实际交货量和合同规定订货量有差异而发生争议。
- **装运**：了解世界各地主要运输方式、运输线路的收费情况（包括最新运费率、附加费用等）和相关规定，以便确定己方的报价；此外，还需要了解世界各地关于货物装运时间和交货时间的规定，以便确定合理的装运时间和交货时间，以免日后出现交货纠纷。

- **保险**：了解国际上同类产品在保险类别、投保方式、投保金额等方面的惯例，以及世界各地对交易产品在保险方面的特殊规定，以便在关于交易产品保险的谈判中做到胸有成竹。
- **检验**：了解世界各地主要检验机构的检验项目、信誉、检验设施、检验费用以及检验标准等情况，以便在谈判中选择较有利的交易产品检验机构。
- **价格和支付**：了解世界各主要市场同类产品的成交价、价格影响因素及价格变动情况，以便制定己方的价格策略；了解世界各地商家在报价、还价上的惯常做法，尤其是报价中的"水分"，以便有针对性地采取有效的讨价还价技巧；了解交易货款的主要支付方式及其相关规定，以便在谈判中确定合理的支付方式。

案例3-2

我国某冶金公司要从美国购买一套先进的自动化冶炼设备，派一位工程师与美商谈判。为了不负使命，这位工程师在谈判前做了充分的准备工作。他查找了大量相关资料，花了很多精力，将国际市场上自动化冶炼设备的行情及美商的历史和现状了解得一清二楚。

谈判开始，美商报价230万美元，经过讨价还价降到130万美元后，工程师仍然不同意，坚持出价100万美元。美商表示不愿继续谈下去了，把合同往工程师面前一扔，说："我们已经做了这么大的让步，贵公司仍不能合作，看来你们没有诚意，这笔生意就算了，明天我们就回国。"工程师闻言轻轻一笑，把手一伸，做了一个优雅的"请"的动作。美商真的走了，冶金公司的其他人有些着急，甚至埋怨工程师对报价不该如此坚持。工程师说："放心吧，他们会回来的。同样的设备，去年他们卖给法国公司只要95万美元，国际市场上这种设备卖100万美元是正常的。"

果然不出所料，一个星期后美商又回来继续谈判了。工程师向美商点明了他们与法国公司的成交价格，美商愣住了，没有想到眼前这位工程师如此精明，于是不敢再报虚价，只得说："现在物价上涨得厉害，没法同去年比。"工程师说："每年物价上涨指数没有超过6%。一年时间，你们算算，该涨多少？"美商被问得哑口无言，在事实面前，不得不让步，双方最终以101万美元达成了这笔交易。

【点评】冶金公司的工程师之所以对谈判胸有成竹，没有因为美商表示欲终止谈判就轻易让步，是因为他对交易产品信息十分熟悉，知道其市场价格及价格的变化趋势。

（二）收集信息的方法

实践证明，在商务谈判中，谁掌握的信息更加准确、全面，谁就将更加有利。为了全面、准确地收集信息，谈判人员可以综合采用以下多种方法。

1. 检索调研法

检索调研法是指根据现有的资料和数据进行调查、分类、比较、研究的信息收集方法。检索调研法投入少、见效快、简便易行，是收集信息时的首选。在使用该方法收集信息之前，谈判人员有必要制定调查方案，说明信息收集的目的、范围、途径及标准，以减少信息收集工作的盲目性。使用检索调研法时，主要的信息收集途径有以下几种。

- **官方统计资料**：主要包括我国、对方所在国（地区）及国际组织的各类统计月刊或统计年鉴等。

- **报纸杂志**：例如我国的《国际商务研究》等杂志。
- **各专门机构出具的报告**：如数据分析机构（艾媒咨询等）、咨询公司（麦肯锡等）等出具的报告，如图3-3所示。

图3-3 专门机构出具的报告

- **对方企业的资料**：企业为了扩大经营、提高市场竞争力，会通过各种途径进行宣传，因此企业的各类公开文件、广告宣传资料、产品说明和样品等，都能提供大量的信息。

2. 直接观察法

直接观察法是调查者直接到达调查现场，对被调查事物及被调查者的行为与特点进行观察，从而获得原始资料的方法。

到对方企业实地参观学习是一个非常直接有效的信息收集方法，也是非常常见、可靠的方法。通过对对方的生产状况、设备技术水平、企业管理状况、工人劳动技能等各方面的综合观察、分析，可以获得对方在生产、经营、管理等方面的第一手资料。

此外，还可以安排与对方的非正式洽谈，当面了解对方的态度，观察对方的意图，或者购买对方的产品并拆开进行检验，分析其结构、工艺等，进而确定其生产成本。

案例3-3

赵松是一个十分出色的谈判人员，然而他刚"出道"的时候，曾被对手以寒暄的方式探出了底细，因此在那次交易中大受损失。当时他去北京推销产品，在正式谈判前，批发商找他寒暄，友善地对他说："我们第一次打交道吧？以前我好像没见过你。"批发商想用寒暄的方式探查赵松究竟是生意场上的老手还是新手。赵松缺乏经验，恭敬地回答："我是第一次来北京，什么都不懂，请您多关照。"正是这番极为平常的寒暄却使批发商获得了重要的信息：原来赵松只是个新手。批发商问："你打算以什么价格卖出你的产品？"赵松又如实地告知对方："我的产品每件成本是20元，我准备卖25元。"批发商了解到赵松在北京人地两生，且又暴露出急于为产品打开销路的愿望，因此趁机杀价："你首次来北京做生意，刚开张应该卖得更便宜些。每件20元，如何？"结果没有经验的赵松在这次交易中吃了亏。

【点评】在此案例中，批发商通过相互寒暄时的应酬话来掌握赵松的背景信息，包括他的谈判底线、处事方式、谈判经验及作风等，进而使自己在谈判中占据有利地位。

3. 专题询问法

专题询问法是指以某一主题向被调查者征询意见，以收集信息的方法。其常见的方式是向对方的合作伙伴询问，包括对方的经销商、代理商、批发商、供应商等。例如，通过询问对方的二级经销商就可以了解对方出售产品的价格、市场支持力度、返点比例、市场销售量、销售网络、广告策略等重要信息。具体的询问方式有电话访谈、发放在线调查问卷等。

知识点拨

　　谈判人员在收集信息时应该遵循以下原则：确保信息的真实性、可靠性，要从多个可靠的渠道收集信息，让信息之间进行互相验证；确保信息的完整性、系统性；确保信息的时效性，避免被过时信息误导。

（三）整理信息

　　仅收集信息还不够，要想使收集到的信息充分发挥作用，还需要对信息进行整理，其一般包括信息筛选、信息审查、信息分类、信息评价4个步骤。

1．信息筛选

　　信息筛选是以信息的适用性为标准对所有信息进行去粗取精的加工过程，那些无用或作用较小的信息将被舍弃。信息筛选的方法有以下3种。

- **查重法**：用于剔除重复信息。
- **时序法**：将信息以时间先后顺序进行排序，保留时间较近的信息，使信息在时效上更有价值。
- **评估法**：根据自己对谈判业务或产品的熟悉程度，保留对己方有用的信息。

2．信息审查

　　信息审查是指对信息的真实性、合理性进行识别与审查，剔除其中不真实、没有足够证据支持、带有较多主观臆断的信息，保留较为可靠、可比性较强的信息，以免被错误的信息误导而形成错误的判断和决策。

案例3-4

　　某网站打算与一个运动品牌就广告合作进行谈判，在谈判前需要掌握对方的信息。网站谈判人员通过查阅新闻网站发现，该品牌在广告宣传上投入很大，各大综艺节目、体育赛事直播中都经常能看到该品牌的形象宣传广告，同时品牌的高管也表示品牌近来形势大好，将进一步增加店面数量。网站谈判人员没有进一步对该信息的可靠性进行审查，也没有收集该品牌的财务报表等进行验证，便由此断定该品牌实力雄厚、资金充足。

　　没想到就在谈判前3天，新闻曝出该品牌产品销量不佳，资金十分紧张，而且之前大力宣传支付的广告费并没有带来应有的收益。网站谈判人员这才警惕起来，开始对之前收集的信息进行审查，发现很多信息都属于主观臆断，缺少依据。好在新闻及时曝出对方的问题，网站及时取消了与对方的谈判，否则网站可能会遭受较大损失。

　　【点评】网站谈判人员没有仔细审查信息的可靠性，仅靠对方广告投入大和高管的发言就断定对方有实力，这是十分草率的。实际上，网站谈判人员应进一步向有关行业协会、政府机构、金融机构调查对方资产规模、财务状况、市场销售情况等方面的信息，以做出准确的判断。

3. 信息分类

信息分类是指将信息按照一定的标准进行分类，使其更有条理，能够更加清楚地反映问题。这是一个非常重要的步骤，如果没有做好信息分类，就不可能充分地利用信息。具体的分类标准包括信息的使用目的、内容类型等。例如，信息按使用目的可以分为价格谈判相关信息、保险费谈判相关信息、付款方式谈判相关信息等。

4. 信息评价

信息评价就是在以上步骤的基础上对信息进行认真的分析，力求透过表面现象看到实质，由此问题推理到彼问题，进而提出有重要意义的问题，然后根据已经掌握的资料，对提出的问题做出正确的判断，并对谈判决策提出有指导意义的意见。

任务二　制定商务谈判方案

微课3-2

在收集了各种信息后，家具厂总经理感到这次谈判牵涉面很广，己方对对方也不够熟悉，因此有必要认真制定一个谈判方案，以便明确此次谈判要争取以高于4 800元/套的价格卖出20 000套沙发。此外，还明确了谈判时间为7天后，地点为家具厂办公楼会议室。家具厂总经理之所以要制定谈判方案，是为了更有效地组织商务谈判活动，并灵活地控制复杂的谈判局势。

谈判方案是指在谈判开始前，谈判人员对谈判目标、谈判策略、谈判议程等所做的安排。谈判方案是谈判过程的总纲领，能为谈判人员的行动提供指导。谈判方案涉及内容较多，其中的谈判目标、谈判策略和谈判议程3个方面的内容尤为重要。

（一）谈判目标

有一句话是"选对了目标，你就成功了一半"，这句话说明了选择目标的重要性。对于一个人而言，树立了适合自己的人生目标，才能找到正确的发展方向，进而取得成就，商务谈判同样如此。在商务谈判中，谈判目标是指谈判双方就本次谈判内容在各种交易条件或协议条款上要达到的具体目标，它是检验谈判成果的重要依据，也是谈判策略具体化和数量化的体现。谈判目标一般包括交易价格、交易数量、支付方式、交货条件、运输期限与方式、商品质量标准、服务标准等方面的目标。

1. 谈判目标的要求

首先，谈判目标要合理，不能脱离实际。谈判人员要在综合分析收集到的信息的基础上，结合双方的实际情况，科学、客观地制定谈判目标。

其次，谈判目标不能太笼统、空洞，要尽量做到详细清楚、量化，这样可以使己方谈判人员心中更有数，更能把握好谈判的"度"，从而增加谈判成功的可能性。

最后，谈判目标应具备一定的弹性，需要包括多个层次，这样才能使谈判人员根据谈判的实际情况随机应变，灵活调整谈判目标。

2. 谈判目标的层次

谈判目标通常分为3个层次，即基本目标、可接受目标与期望目标。

- **基本目标**。基本目标也称临界目标，是己方在商务谈判中的最低目标，是必须达到的目标，可以理解为谈判的"底线"。基本目标是没有讨价还价的余地的，即使谈判破裂也不能妥协。

- **可接受目标**。可接受目标介于基本目标和期望目标之间，可理解为可能达到的目标。它是商务谈判中可以努力争取或可以做出让步的目标，具有较大的弹性，双方的讨价还价多在这一层次展开。经过双方的努力，可接受目标是可以实现的，而这通常意味着谈判的成功。当然，可接受目标在万不得已时可考虑放弃。
- **期望目标**。期望目标也称最高目标，是己方尽力追求的、理想的目标。如果期望目标能够实现，那么己方的利益将最大化。在商务谈判开始时，谈判人员可以将期望目标作为报价的起点，掩护可接受目标和基本目标，为讨价还价争取更多机会。期望目标在实践中是很难实现的，谈判人员应该努力追求，如果实在难以实现，在必要时可果断放弃。

知识点拨

　　己方的基本目标属于商业机密，要严格保密，绝对不可透露给谈判对手。否则，谈判对手能轻松探测到己方的底线，使己方陷于被动。

案例3-5

　　2023年2月，A公司通过对B公司的市场调查，收集到B公司的以下信息：B公司是深圳市最大的生产商，有26台生产设备，月总用原料量为50吨左右；B公司目前采用的是进口材料，单价为350元，月采购量为16吨左右；B公司领导希望能降低材料采购成本。根据B公司的情况，A公司认为有机会与之合作，于是制定了谈判方案，在方案中确定的谈判目标为：向对方销售材料，最低单价为250元，最高单价为300元。

　　【点评】A公司确定的谈判目标包括3个方面：一是基本目标，以250元的单价向对方销售材料；二是可接受目标，以高于250元低于300元的单价向对方销售材料；三是期望目标，以300元的单价向对方销售材料。

（二）谈判策略

　　谈判策略是己方实现谈判目标的途径与方法。在谈判过程中，各种意想不到的情况都有可能出现，而商务谈判又有时间限制，不可能无限期拖延。这就要求谈判人员在进行商务谈判前根据谈判过程中可能出现的情况做好充分准备，制定相应的策略，以解决各种问题。谈判策略有很多种，如开局策略、报价策略、让步策略、打破僵局策略、促成成交策略等。

　　谈判策略应建立在充分估量主客观情况的基础上，谈判人员在制定谈判策略时应考虑以下因素。

- 谈判本身的重要性和目的。
- 双方实力对比及优劣势分析。
- 谈判地点在己方场地、对方场地或第三方场地。
- 对方谈判人员的实力（级别与构成）和主谈人的性格特点。
- 双方以往的关系。
- 双方需求的共同点和差异点。
- 谈判的时间限制。
- 双方是否有建立长期合作关系的必要性。

（三）谈判议程

谈判议程是指对有关谈判事项的程序安排，是对有关谈判的议题和工作计划的预先编制。谈判议程对于商务谈判本身有重要影响，必须高度重视。通常情况下，谈判议程应由主方（即东道主）准备，也可事先由双方协商确定。谈判议程涉及时间、地点、议题等方面的安排。

1．时间安排

时间安排即确定谈判的开局时间、持续时间、各个阶段的时间分配等。对于商务活动来说，时间就是金钱，因此精心安排好谈判时间很有必要。

（1）确定开局时间、持续时间应考虑的因素

一般来说，在确定开局时间、持续时间时，要考虑以下几个方面的因素。

- **准备的充分程度。**俗话说"商场如战场"，没有充分的准备，是无法在商务谈判中取得成功的。因此，在安排谈判时间时要注意给谈判人员留有充分的准备时间，以免谈判人员仓促上阵，落入"丢盔弃甲"的境地。
- **谈判人员的身体状况。**商务谈判是一项精神高度集中、体力和脑力消耗都比较大的商务活动，如果谈判人员多为中老年人，要尽量避免长时间的谈判，可以将一项长时间谈判分割成几个较短时间的阶段谈判。
- **谈判的紧迫程度。**尽量不要在急于买进或卖出某种产品时开始谈判，在这种状态下，己方急于求成，容易乱了步伐。此外，如果所谈交易与市场形势密切相关，瞬息万变的市场形势不允许双方慢悠悠地谈判，那么谈判就要尽早、尽快，安排在较短时间内完成。
- **谈判议题的多少。**如果谈判议题较多、较复杂，可以给谈判安排长一点的时间；如果谈判议题较少、较简单，就可以把谈判时间安排得紧凑些。

案例3-6

广州一家公司，在接待完刚从国外抵达广州的谈判代表的第二天，便立即开始了双方的谈判。对于这个安排，广州公司的谈判代表十分从容不迫，而外商则因时差问题导致思维能力和判断能力严重下降。再加上有些资料准备得不充分，在匆忙上阵的情况下，外商难免心浮气躁，很难沉着冷静地在谈判中实施各种策略。

此外，谈判持续时间安排得很长，双方都耗费了大量的时间和精力，谈判的效率越来越低。随着时间的推移，市场价格变化很大，外商认为之前谈好的价格会使自己十分吃亏，提出应该重新谈判，广州公司不同意，最终双方不欢而散。

【点评】在本案例中，谈判时间的安排存在一些问题。首先是谈判开始时间的安排对于外商而言比较赶，没有给外商休息调整的时间，使其在谈判过程中状态不佳。而且谈判持续时间过长，双方不仅精力不够用，效率下降，而且因外部市场价格变化过大而产生分歧，对谈判产生了较大的负面影响。

（2）谈判过程中的时间安排策略

谈判各个阶段的时间安排相对更加复杂，不确定性更大，但可以参考以下策略。

- 对于主要的议题或很容易引起较大争议的问题，最好安排在总谈判时间的3/5处提出。此时双方已经经过一定程度的磋商，有了一定基础，同时也不会因拖得太晚而导致时间不足。
- 合理安排己方各谈判人员发言的顺序和时间，同时也要给对方预留出充足的时间来表达意

见和提出问题。

- 对于不太重要的议题或容易达成共识的议题，可以放在谈判的开始阶段或即将结束阶段，把主要时间用在关键问题的谈判上。

2．地点安排

谈判的地点不是随意选择的，不同的地点将影响谈判主动权的归属，谈判人员对此应充分利用。谈判地点通常分为3种情况：己方场地（主场）、对方场地（客场）、第三方地方（中立场）。选择这3种地点各有利弊。

（1）选择己方场地

谈判人员一般倾向于选择在己方场地进行谈判，这样可以占据天时、地利、人和。选择己方场地的优点如下。

- 谈判时可以自由方便地使用各种场所。
- 以逸待劳，无须分心去熟悉或适应新的空间环境和人际关系环境，可以集中精力应对谈判事务，心理优势明显。
- 可以充分利用手头资料，如果需要深入研究某个问题，还可随时收集和查询有关资料。
- 谈判遇到意外时，可以直接向上级请示，与上级、同事之间的沟通非常便捷。
- 可以节省差旅费和旅途时间，降低谈判成本，同时可以避免旅途疲劳对谈判产生不利影响。

选择己方场地的缺点如下。

- 由于是在企业所在地，谈判可能受到企业其他事务的干扰，影响谈判人员的注意力。
- 主方需要负责安排谈判中的各项事宜，还要承担烦琐的接待工作。
- 由于与上级沟通方便，谈判人员容易产生依赖心理，遇到一些不能解决的问题首先会想到请示上级，这可能会导致谈判人员错失良机，也容易让己方处于被动地位。

案例3-7

浙江义乌一家私营纽扣厂的经理，在上海的时装节上与某著名品牌时装公司的代表相遇，纽扣厂经理很想与时装公司合作，将自己的纽扣及饰品销售给时装公司。时装公司看了纽扣厂经理带来的样品后，邀请他3天后到位于上海的公司总部面谈。在高档气派的会客厅里，纽扣厂经理看到如此华丽的环境，不自觉地产生了一种自惭形秽之感。

其实，这正是时装公司的谈判策略：一方面，通过环境对比让纽扣厂经理意识到双方实力的差距，给纽扣厂经理制造心理上的压力；另一方面，时装公司摸准了纽扣厂经理担心在上海逗留过久而花费太大，因此希望在较短时间内达成交易的迫切心理，迫使其降低期望值，在产品报价上做出较大的让步。

【点评】在本案例中，时装公司成功地利用了谈判地点策略，借助己方场地的优势给对方施加压力，这样可以提高对方在谈判中让步的概率。

（2）选择对方场地

在对方场地谈判的优劣与在己方场地谈判的优劣是相对的。选择对方场地的优点如下。

- 己方可以全心全意投入谈判，不受或少受企业其他事务的干扰。
- 能现场观察对方的经营情况，易于取得第一手资料。

- 在授予的权限范围内，谈判人员更能发挥主观能动性，降低依赖性。

选择对方场地的缺点如下。

- 因为舟车劳顿导致精力不集中，同时还要适应新的空间环境和人际关系环境。
- 与企业距离较远，在谈判中遇到意外时和上级沟通比较困难，对信息的及时传递造成不利影响，让某些重大事宜得不到及时解决。
- 临时需要相关资料时不如主场方便获取，同时不容易做好保密工作。

（3）选择第三方场地

如果谈判双方利益对立尖锐、关系紧张，在主客场都不适宜的情况下，可以选择第三方场地进行谈判。

选择第三方场地的优点如下。

- 可以缓和双方的关系，消除双方的紧张心理，促使双方寻找共同点。
- 在第三方场地谈判充分体现了公平原则，能够最大限度地避免对一方的干扰。
- 在第三方场地谈判易使双方谈判人员在平静的心态下冷静思考，对谈判有积极的促进作用。

选择第三方场地的缺点如下。

- 双方均不能充分利用自己的有利因素与便捷条件。
- 双方对彼此的信任需经较长时间的努力方能建立。
- 某些时候，在第三方场地会让谈判双方产生未知感和陌生感，形成不利影响。
- 双方在信息收集、物资准备、信息沟通等方面都不便利。

3．议题安排

议题就是与本次谈判有关的，需要谈判双方讨论的问题。议题安排主要包括以下3项内容。

（1）明确议题的内容

谈判人员在明确议题的内容时需要明确以下内容。

- 双方要讨论哪些问题。
- 哪些是主要问题，哪些是次要问题，哪些是暂时可以忽略的问题。
- 哪些是己方必须全力以赴去解决的问题。
- 哪些是绝不能做出让步的问题，哪些是可以视具体情况做出让步的问题。
- 哪些是对方可能会提出的问题。

（2）安排议题的顺序

安排议题顺序的常用方法有以下3种，谈判人员可以根据具体情况进行选择。

- 先讨论原则性问题，待双方在这些问题上达成共识后，再以主带次，讨论其他细节问题。
- 不区分原则性问题和细节问题，而是先讨论容易解决、双方很可能达成共识的问题（有经验的谈判人员会预估哪些问题容易解决），以创造良好的谈判氛围，再讨论容易出现分歧的问题。
- 不分主次，把所有要讨论的问题都提出来讨论，在讨论一段时间后，再把讨论成果进行归纳，对已经解决的问题先明确统一的意见，然后对尚未解决的问题进行讨论，以取得一致意见。

知识点拨

谈判结束之前最好可以谈一两个双方矛盾不大的问题，以便在谈判结束时营造良好的气氛，给双方留下谈判圆满的感觉。

（3）确定议题的讨论时长

议题的讨论时长可以根据议题的重要程度、复杂程度和存在的分歧大小等确定。通常情况下，较重要、较复杂、存在较大分歧的议题应花费较多的时间，反之则只需较少的时间。

知识点拨

以上所讲的谈判议程属于通则议程，此外谈判议程还包括细则议程。细则议程是指己方对谈判事项的具体安排，只能由己方人员使用，应该严格保密。细则议程的内容有对外口径的统一，包括己方发言的观点、对文件资料的解释或说明等；谈判的提问与回答策略，如何时提问、由谁提问、向何人提问、谁做补充、由谁回答对方提问、由谁反驳对方、何时要求暂停谈判等；谈判人员的安排，如何时更换谈判人员等。

任务三　做好商务谈判的物质准备

微课3-3

家具厂与外商取得了联系，邀请其前来谈判。外商爽快地答应了。这样，家具厂除了准备谈判方案外，还需要扮演主方的角色，做好商务谈判的物质准备，主要包括谈判会场布置和谈判期间的食宿安排。

（一）谈判会场布置

对于商务谈判的双方来说，舒适的环境可以有效地减轻心理压力，而不舒适的环境则会对谈判造成阻碍。环境的不舒适性主要体现在环境嘈杂、令人不适的座位、房间的温度过高或过低、不时有外人搅扰、环境陌生而引起的心力交瘁感，以及没有与同事私下交谈的机会等。

1. 谈判场所的选择

商务谈判场所应根据以下几个方面进行选择。

- **光线**。场所可利用自然光源，也可使用人造光源。利用自然光源时，应备有窗纱，以防强光刺目；而使用人造光源时，要合理配置灯具，使光线尽量柔和。
- **声响**。室内应保持宁静，使谈判能顺利进行。房间不应临街，不在施工场地附近，门窗应能隔音，周围没有电话铃声、脚步声、人声等噪声干扰。
- **温度**。室内最好能使用空调和加湿器，使温度与湿度保持在适宜的水平。一般情况下，至少要保证空气的清新和流通。
- **色彩**。室内的家具、门窗、墙壁的色彩要力求和谐一致。
- **装饰**。用于谈判的场所应力显洁净、典雅、庄重、大方，应配有宽大整洁的桌子、简单舒适的座椅或沙发，墙上可挂几幅风格协调的书画，室内也可适当装饰工艺品、花卉、标志物，但不宜过多过杂，以求简洁实用。

2．谈判场所的布置

小规模谈判可在会客室进行；大型谈判可安排多个房间，一间作为主要谈判室（主谈室），另一间作为双方进行内部协商的密谈室，再配一间休息室。

（1）主谈室的布置

主谈室作为双方进行谈判的主要场地，应当宽敞、舒适、光线充足，并备齐应有的设备和接待用品。除非征得双方同意，否则主谈室不要安装录音、录像设备。此外，主谈室不宜安装电话，以免铃声干扰谈判进程。如果谈判中需要，要保证话筒、音响、投影仪、灯光、电源、计算机、空调等设备能够正常使用。

（2）密谈室的布置

密谈室是双方都可以使用的单独房间，它既可以作为某一方谈判小组内部协商的场所，又可供双方进行小范围讨论。密谈室尽量靠近主谈室，内部也要配备接待用品。密谈室内不允许安装微型录音、录像设备，隔音效果一定要好。

（3）休息室的布置

休息室的布置应本着舒适、轻松、明快的原则，可配备一定的茶水、水果等食品；若条件允许，也可以适当配置一些娱乐设施，使双方可以适当放松紧张的心情。

> **知识点拨**
>
> 不管对方是否自己准备，谈判主方都应该为每个谈判人员准备好至少两支笔、足够的纸张、计算器等文具。如果谈判中还涉及图表，也要准备画图工具。这些工作也可以在租赁会议室时交由酒店负责。

主谈室通常选用长方形谈判桌，也可使用圆形谈判桌和正方形谈判桌。常见的座位安排是谈判双方各居谈判桌一方，对向而坐，也可以随意就座。

- **对向而坐**。若以正门为准，主方应坐背门一侧，客方则面向正门而坐。主谈人或负责人居中而坐，再把翻译人员安排在主谈人或负责人的右侧，即第二个席位，其他人按礼宾顺序就座。图3-4所示为以正门为准主方背门入座的长方形谈判桌布局，图3-5所示为以正门为准主方背门入座的圆形谈判桌布局。若长方形或正方形谈判桌一端向前为正门，则以门方向为准，右为客方，左为主方。翻译人员同样安排在主谈人或负责人的右侧，即第二个席位，其他人按礼宾顺序就座。座位号以主谈人或负责人的右手边为偶数，左手边为奇数。图3-6所示为以入门方向为准、右为客方的长方形谈判桌布局，图3-7所示为以入门方向为准、右为客方的正方形谈判桌布局。对向而坐的排位法容易使谈判小组产生安全感和实力感，便于查阅一些不想让对方知道的资料；也可以就近和己方人员交换意见，但容易造成双方的冲突感和对立感。

- **随意就座**。随意就座能减少对立感，体现双方谋求一致的思想，利于形成轻松、合作、友好的气氛；但会使谈判人员内部的信息传递比较困难，不利于主谈人或负责人对己方人员的言行加以控制。如果事先没有这方面的心理准备，还会使谈判人员产生被分割、包围、孤立的感觉。

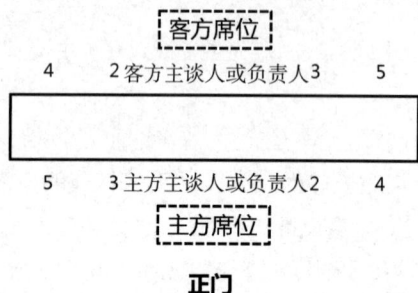

图3-4 长方形谈判桌横放布局

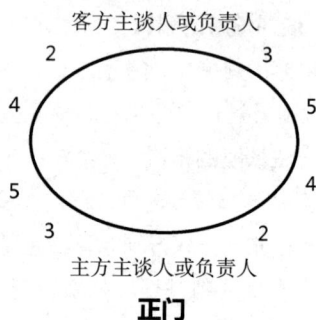

图3-5 圆形谈判桌布局

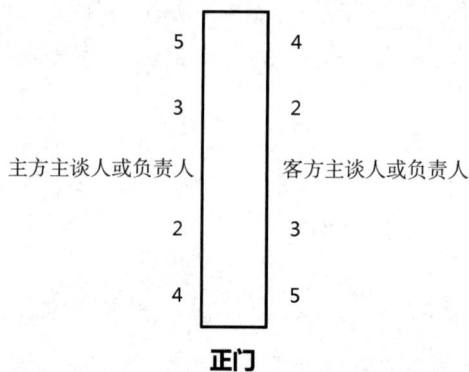

图3-6 长方形谈判桌竖放布局

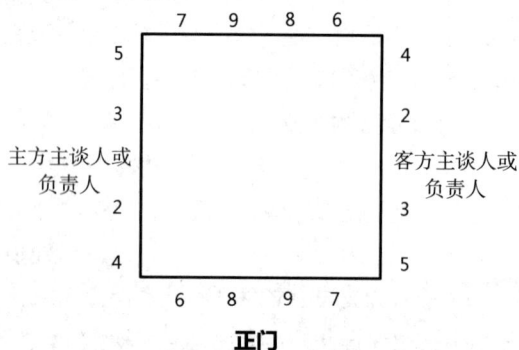

图3-7 正方形谈判桌布局

知识点拨

在实际的谈判中可以不设谈判桌，这种方式能为双方创造友善、轻松的氛围，但是不利于谈判小组内部的信息交流和意见传递，且不适合初次建立合作关系和谈判内容多且复杂的谈判。总之，谈判现场的布置及座位的安排，都应该为谈判的总目标服务，并且根据双方之间的关系、己方谈判人员的素质和谈判实力等因素而定。

（二）谈判期间的食宿安排

商务谈判是一种艰苦的、耗费体力和精力的交际活动，因此主方要做好用餐、住宿的安排。在某种程度上，餐饮和住宿场所也是增进双方友谊、融洽彼此关系的重要场所，甚至谈判桌上一些针锋相对的难题也能在这些场所以谈笑的方式轻松解决。

素养小课堂

在接待的过程中要把对方当作客人。好客是中华民族自古以来的传统，孔子曾说："有朋自远方来，不亦乐乎？"所谓好客，不仅要礼貌待客，还要使客人感到宾至如归。具体来说，好客就是要做到热情、坦诚、友好。

1．安排住宿需要注意的事项

住宿的好坏关系到对方能否得到充足的休息，因此主方需要加以重视，在安排时应注意以下事项。

- 食宿安排应该做到周到细致、方便舒适，并不是一定要豪华、阔气，按照当地或国内的标准条件招待即可。
- 酒店的交通要便利，不能离商业区和就餐地点太远，以方便对方消遣娱乐。
- 酒店的建筑风格和内部装修的文化品位，以及服务设施和服务质量要与对方的欣赏水准、地位相适应，与本次谈判的重要性相吻合。
- 为了尽地主之谊，可与酒店协商，在大门口显眼的位置挂出写有"热烈欢迎某某公司代表下榻本酒店"字样的横幅。

知识点拨

如果谈判的地点是在下榻的酒店，可在酒店内部从大堂到谈判会议室的通道上竖立显眼的指示牌，从对方所住楼层的电梯间到谈判会议室安放显眼的水牌，让对方不论是从外部进入酒店还是从房间出来，都能很方便地找到谈判会议室。

- 若是对方自费，应事先与对方确认下榻酒店的等级。若是主方负担酒店费用，应对酒店标准仔细斟酌，将其视为投资，考虑投入与回报的关系。

2．安排饮食需要注意的事项

主方应该根据对方的地位以及本次谈判的重要程度等确定饮食档次，需要注意以下问题。

- 应认真了解对方在饮食方面有无特殊要求，如由于文化习俗等产生的饮食禁忌、个人的饮食禁忌、因身体状况对饮食产生的特殊要求等。
- 需要了解对方主要人员的饮食习惯，如对某菜系的偏好、口味要求等。
- 尽量提供对方喜欢的当地特色菜肴。
- 要注意给对方预留一定的私下活动空间，不必每顿都宴请，也不必每次都请对方吃大餐。

知识点拨

如果时间允许，主方可以安排一些参观游览活动，地点包括与谈判标的有关的工厂、设备和产地，当地标志性的景观，当地特色文化和购物场所，对方感兴趣的其他名胜古迹等。

任务四 模拟商务谈判

准备好其他工作后，家具厂总经理考虑到谈判小组中有很多新手，于是安排了一场谈判"彩排"，将谈判小组分为两方，模拟谈判情景，让谈判小组的成员提前找找感觉，并找出谈判方案存在的问题并进行优化。

在实务中，对于一些重要的、难度较大的商务谈判，很多企业为了更直观地预见谈判前景，都会采取模拟谈判的方法来改进与完善谈判的策划工作。模拟谈判是通过特定的情景设计、角色扮演，进行谈判现场的模拟。企业通过模拟谈判，可以在"实战"中检验谈判方案中对有关事物的假设，并对根据假设制定的有关策略的实施效果进行评估，发现己方的弱点和可能忽略的问题，以便及时找到问题并修改和完善原定的谈判方案。此外，模拟谈判能使谈判人员进行一次操练，以达到磨合队伍、锻炼和提高己方协同作战能力的目的。谈判人员在模拟谈判中可以熟悉自己扮演的角色，使自己的应变能力得到提高，从而为临场发挥做好心理准备。

（一）模拟谈判的任务

模拟谈判不是简单地走形式，应当如正式谈判一样进行。模拟谈判需要完成如下几个方面的任务。

- 检验己方的各项谈判准备工作是否到位、妥当，谈判方案是否合理。
- 寻找被己方忽略的环节，发现己方的优势和劣势，从而提出加强和发挥优势、弥补或掩盖劣势的策略。
- 准备各种应对策略。在模拟谈判中须对各种可能发生的变化进行预测，并在此基础上制定各种相应的策略。
- 在以上工作的基础上，制定谈判小组合作的最佳组合及其策略等。

（二）拟定模拟谈判的假设

在模拟谈判的过程中，假设的拟定是实现模拟谈判效果的关键环节。拟定假设是指在前期信息收集工作的基础上，根据某些既定的事实或常识，承认某些事情为事实（不管这些事情在现在或将来是否发生），从而预测正式谈判中可能遇到的各类问题及其导致的结果。

1. 假设的类型

依照假设的内容，假设可以分为对客观事物的假设、对对方的假设和对己方的假设3个方面。

（1）对客观事物的假设

对客观事物的假设包括环境假设、时间假设和空间假设，是指根据环境、时间、空间等客观存在的条件，假设其与商务谈判的联系和影响的程度，做到知己知彼，从而找到相应的对策。

（2）对对方的假设

对对方的假设是指根据事实估计对方的谈判水平、心理素质、个人冒险程度、可能会采用的策略，以及面对己方策略时的应对策略等关键性问题。如果这些假设成立并且正确，将使己方在正式谈判中占据主导地位。

（3）对己方的假设

对己方的假设主要是指对己方谈判人员的心理素质、谈判能力、战略准备和策略运用等方面的评估，以及对己方企业的经济实力的考评等。建立准确的、接近事实的己方假设可以巩固己方在正式谈判中的地位。

2. 拟定假设的注意事项

应该指出，任何一种假设都有可能是错误的，所以不能把假设等同于事实，要对假设可能产生的意外结果有充分的心理准备。为了提高假设的精确度，使之更接近事实，在拟定假设时要注意以下几点。

- 让具有丰富谈判经验的人拟定假设，这些人身经百战，提出的假设可靠度更高、更客观。
- 假设必须以事实为基准，依据的事实越多、越全面，假设的准确度就越高。此外，应按照正确的逻辑思维进行推理，遵守思维的一般规律。
- 要正确区分事实与经验、事实与主观臆断，只有事实才是可靠的。

（三）模拟谈判的内容和人员

模拟谈判要想实现预期效果，除了科学、客观地拟定假设，还应该做好模拟谈判内容和人员的选择。

1．模拟谈判的内容

模拟谈判的内容应该是实际谈判中的内容，可根据谈判的类型进行取舍。如果己方谈判人员面对的是一些新问题，对对方谈判人员的风格特点并不了解，那么模拟谈判的内容应尽量全面。相反，如果是熟悉的谈判模式，己方谈判人员对对方了解甚多或者多次接触过对方，那么为了更好地发现问题，模拟谈判的内容往往应更具有针对性。

2．模拟谈判的人员

参加模拟谈判的人员应慎重挑选。参加模拟谈判的人员首先应该具备丰富的知识和谈判经验，而不是职位或地位较高但没有立场、遇事没有原则的人员。一般来说，模拟谈判应该包含3类人员，如表3-1所示。

表3-1　模拟谈判应包含的人员

类别	特点	发挥的作用
知识型人员	不仅具备谈判理论和实践知识，而且能灵活运用这些知识	能够使模拟谈判具有更强的理论性，并能从科学的角度研究谈判中的问题
求实型人员	善于从客观实际考虑问题，强调一切从实际出发，能全面、细致地考虑问题	能够对模拟谈判中的各种假设进行仔细求证，以确保假设的精确
预见型人员	善于根据事物的发展规律，结合自身经验，对事物的发展方向进行预测	能够敏锐地发现问题，为谈判提供独到的见解

此外，参加模拟谈判的人员应当具备较强的角色扮演能力，分工明确，有的扮演"红脸"角色，有的扮演"白脸"角色，尽可能地对己方人员提出的意见、观念进行辩驳，并据理力争，增加模拟谈判的真实感，从而提高正式谈判的成功率。在模拟谈判分组时，己方人员和对方人员可以相互接触，但是在模拟谈判准备期间尽可能不产生交集，以增加真实感。

（四）模拟谈判的方法

模拟谈判可以采用全景模拟法、讨论会模拟法或列表模拟法3种形式，它们的应用范围各有不同。

1．全景模拟法

全景模拟法是指在合理想象谈判全过程的前提下，企业有关人员扮演不同的谈判角色所进行的实战型演练。它最复杂、耗资最多，但往往最有效。全景模拟法一般适用于大型的、复杂的、关系到企业重大利益的商务谈判。在采用全景模拟法模拟谈判时，应掌握以下两点技巧。

- **合理想象谈判全过程。** 它要求谈判人员按照假设的谈判顺序展开充分的想象，不仅要想象可能的开局和结果，而且要想象谈判的全部过程，想象谈判过程中双方可能发生的一切情形，并依照想象的情况和条件，演绎双方交锋时可能出现的一切局面，如谈判的氛围、对方可能提出的问题、对方对于己方提出问题的答复，以及双方采用的谈判策略和应对技巧等。合理的想象有助于让谈判的准备更充分、更合理、更准确，是使用全景模拟法模拟谈判的基础。

- **尽可能扮演谈判中所有会出现的人物。** 它包含了两层含义：一是预估谈判中可能出现的所有人物，并指派合适的人员对这些人物的行为和作用进行模拟；二是主谈人应扮演谈判中的每个人物，包括己方与对方的商务人员、技术人员以及顾问等。这种对人物行为、决策、思考方法的模仿，能使己方对谈判中可能遇到的问题、人物有所了解。同时，站在对手的角度思考问题，有助于己方制定更完善的谈判方案。

2. 讨论会模拟法

讨论会模拟法类似于"头脑风暴法"，它分为以下两步。

第一步，企业组织谈判人员和一些其他相关人员召开讨论会，让所有参与人员根据自己的经验，对企业在本次谈判中谋求的利益、对方的基本目标、对方可能采取的策略、己方的对策等问题提出意见和观点。不管这些意见和观点如何标新立异，记录人员都要如实记录，再把会议情况上报上级领导，作为决策参考。

第二步，相关人员针对谈判中可能出现的情况，以及对方可能提出的问题等提出疑问，由谈判人员一一解答。这些疑问有助于己方重新审核拟订的谈判方案，从多种角度、用多重标准评价谈判方案的科学性和可行性，从而不断完善谈判方案，提高谈判成功的可能性。值得注意的是，讨论会中的反对意见需要引起足够的重视。

3. 列表模拟法

列表模拟法是最简单的模拟方法，一般用于小型、常规性的谈判。具体的实现方法是，通过对应表格分别列出己方的经济、科技实力，己方谈判人员的能力，己方的基本目标、可接受的目标和期望目标，己方所采用的策略和这些策略的优缺点；再分别列出对方的经济、科技实力，对方谈判人员的能力，对方的谈判目标，对方对己方所采用的策略会有哪些反应，以及针对这些反应对方可能采用哪些策略来应对。

列表模拟法的最大缺陷在于它实际上取决于谈判人员的主观判断，只是尽可能地搜寻问题并列出对策。对于这些问题是否真的会在谈判中发生，这些对策是否能发挥预期的作用，由于没有通过实践的检验，不能百分之百地保证。

（五）模拟谈判的总结

模拟谈判的目的是发现问题、弥补不足，进而完善谈判方案，因此认真总结模拟谈判很有必要。模拟谈判的总结应包括以下内容。

- 双方谈判的期望目标与基本目标。
- 对方的观点、谈判风格。
- 对方的反对意见及解决办法。
- 双方的谈判优势及运用状况。
- 己方的不足及改进措施。
- 谈判所需信息是否完善。
- 双方各自的妥协条件及共同接受的条件。
- 谈判破裂与否的界限。

实战演练　制定计算机采购谈判方案

1. 实训背景

王雷等人是市场营销专业刚毕业的大学生，他们注意到计算机已经成为大学生必不可少的工具，但很多大学生受经济实力的限制，以及对计算机知识不了解，难以购买到合适的计算机。王雷等人看到了商业机会，同时也想为大学生群体做一点有意义的实事，于是果断成立了一家计算机销售公司——学华公司，与计算机代理商合作，向大学生销售性价比高的计算机和相关配件。学华公司位于商业街闹市区，办公室临街，略有些吵闹，且该公司目前资金充足。

距离开学还有一个半月，学华公司考虑采购一批（理想数量是300台，具体的采购数量要经过谈判才能确定）A计算机作为开学季主推款，因此需要与A计算机的代理商就采购一事进行谈判。该款计算机的市场价是4 999元（学华公司此前采购同等配置B计算机的价格为3 300元），价格波动不大。该代理商位于外地，已经获得A计算机所属品牌授权多年，而且有一定的口碑和信誉，目前手上有大量A计算机现货。

2. 实训要求

请同学们帮助学华公司制定此次谈判方案，具体要求如下。

（1）确定谈判的目标，包括基本目标、可接受目标和期望目标。

（2）确定谈判的议题，包括议题的内容和顺序。

（3）确定谈判的时间安排，包括谈判开始时间和持续时间。

（4）确定谈判的地点安排，包括具体地点的确定和谈判场所的布置。

3. 实训步骤

（1）确定谈判目标。由于A计算机的市场价4 999元对于大学生来说较高，若价格不能压低到合适的水平，后续该款计算机的销售可能会遇冷。因此此次谈判必须参照同等配置B计算机的采购价，通过谈判压低A计算机的采购价。

此外，采购数量也十分重要，过多会增大经营风险，过少无法满足销售需求。根据经验和前期收集的信息，对方可能会将采购更多数量作为降价的条件。

因此谈判目标可以围绕采购价格进行设定，如基本目标为以单价3 500元采购400台，可接受目标为以单价3 000 ~ 3 500元采购350台，期望目标为以单价3 500元采购300台。

（2）确定谈判议题。本次谈判中，双方需要就与计算机采购相关的各种问题进行谈判。因此谈判议题包括计算机的价格、数量、交货时间、交货地点、售后保修规定、货款支付方式、运输费、保险费、赠送的配件等。

计算机的价格、数量、交货时间、售后保修规定关系到计算机未来的销售，属于主要问题。其中计算机的价格、数量属于必须全力解决的问题，须达成基本目标对应的条件，不能让步；售后保修规定必须是官方全国联保一年，交货时间不能迟于开学前半个月，以免影响后续销售，这两点也不能让步。

其他问题属于次要问题，可以适当让步，如赠送配件可多可少，货款支付方式争取使用分期支付，实在不行也可以付现款。

至于议题的顺序，考虑到对方是经验丰富的代理商，在谈判桌上不好对付，因此可以先讨论容易解决的问题，如售后保修规定、交货时间等（对方是授权代理商，有现货，所以容易答应己方的要求），暗中观察对方的谈判风格、探测对方的底线，再讨论价格、数量等问题。

（3）确定谈判时间安排。本次谈判的议题简单、内容较少，但代理商在外地，因此出于谈判成本的考虑，谈判持续时间不宜太长，3天左右即可。

至于谈判开始时间，考虑到距离开学还有一个半月，不用立刻与对方开始谈判，以免对方认为己方着急采购，被对方抓住把柄，但也不能拖得过久，以免对方将现货卖给其他公司或者导致自己备货时间不足，因此谈判开始时间可以确定在未来的3~7天。

（4）确定谈判地点安排。为了获取主场优势，应该争取将谈判地点确定在己方场地，让对方赶来己方所在城市谈判，己方正好以逸待劳。但考虑到己方办公室有些吵闹，不适合作为谈判场所，因此可以选择本地的高档商务茶室包间，包间内布置谈判桌，桌上摆放鲜花、必要文具，包间内悬挂横幅"热烈欢迎××公司代表"，双方可以对向而坐。

综合练习

一、单项选择题

1. 商务谈判人员必须坚守的"底线"是（　　）。
   A. 基本目标　　　　　　　　　　　　B. 期望目标
   C. 最高目标　　　　　　　　　　　　D. 可接受目标

2. 一般而言，对己方谈判人员最有利的谈判场地是（　　）。
   A. 第三方场地　　　　　　　　　　　B. 对方场地
   C. 己方场地　　　　　　　　　　　　D. 室外场地

3. 耗资最多、最有效的模拟谈判方法是（　　）。
   A. 一对一模拟法　　　　　　　　　　B. 全景模拟法
   C. 讨论会模拟法　　　　　　　　　　D. 商品模拟法

4. 下列不属于模拟谈判总结的内容的是（　　）。
   A. 对方的观点、谈判风格　　　　　　B. 对方的反对意见及解决办法
   C. 谈判所需信息是否完善　　　　　　D. 对方的分工情况

二、多项选择题

1. 商务谈判中，需要收集的信息有（　　）。
   A. 对方信息　　　　　　　　　　　　B. 交易产品信息
   C. 市场信息　　　　　　　　　　　　D. 环境信息

2. 商务谈判中，为了卓有成效地收集信息，可以采用的方法是（　　）。
   A. 检索调研法　　　　　　　　　　　B. 直接观察法
   C. 专题询问法　　　　　　　　　　　D. 跟踪信息法

3. 在模拟谈判中，拟定的假设包括（　　）。
   A. 对客观事物的假设　　　　　　　　B. 对对方的假设
   C. 对己方的假设　　　　　　　　　　D. 对文化差异冲突的假设

4. 模拟谈判的任务包括（　　）。

　　A. 检验己方的各项谈判准备工作是否到位、是否妥当

　　B. 寻找己方被忽略的环节，发现己方的优势和劣势

　　C. 准备各种应对策略

　　D. 制定谈判小组合作的最佳组合及其策略

5. 确定谈判议题时，需要明确的内容包括（　　）。

　　A. 双方要讨论哪些问题

　　B. 哪些是己方必须全力以赴去解决的问题

　　C. 哪些是绝不能做出让步的问题

　　D. 哪些是可以视具体情况做出让步的问题

6. 下列关于谈判食宿安排的说法正确的有（　　）。

　　A. 主方对来访人员的食宿安排一定要豪华、阔气

　　B. 酒店的交通要便利，不能离商业区和就餐地点太远

　　C. 要了解对方主要人员的饮食习惯，如对某菜系的偏好、口味要求等

　　D. 每一顿都要请对方吃大餐

三、简答题

1. 商务谈判目标包括哪几个层次？

2. 商务谈判中在己方场地谈判的优缺点分别是什么？

3. 模拟谈判应该选择哪些人员？他们的特点和作用分别是什么？

4. 选择谈判场所时应考虑哪些因素？

四、案例分析题

1984年9月底，某市为了拓展对外技术合作市场，派出一个代表团赴德国考察。偶然间他们得知，慕尼黑市有家生产×××摩托车的工厂，现在债台高筑，突然宣告破产，正急于出卖整个工厂！这一消息使代表团为之一振，他们立即奔赴慕尼黑市。

他们抵达慕尼黑市后，实地考察了×××摩托车工厂的情况，得出结论：该厂历史悠久、产品过硬。该厂以先进的技术、优质的产品和良好的信誉，使产品畅销欧洲，后来由于日本摩托车工业崛起，大量产品流入欧洲市场，该厂的生产经营受到严重的威胁。该厂因为背后没有大财团支持，故无力渡过难关，只好宣告破产。但该厂拥有雄厚的技术力量、良好的产品优势及先进的生产设备，而且卖价特别低。于是，该代表团果断地向德方传递了有意购买整个摩托车厂的信息，但必须回国请示批准后才能签订合同。然而，谈判桌上情况变幻莫测，谈判时间的先后往往决定谈判的成败。与此同时，印度、伊朗等国家的商人也都纷纷探问。

该代表团感觉时间紧迫，立即启程回国。

10月12日，该市政府通过国际线路将购买决定通知了德方。

10月17日，该市政府领导决定：以最快的速度组建一个由15人组成的专家团，赴德国进行全面技术考察，商谈购买事宜。组团出国的各种手续和准备工作压缩在15天内完成，11月2日准时出国。然而，遥远的德国传来电传：事有突变，情况紧急！

10月19日，联系人从德国发来告急电传：伊朗的商人抢先一步签署了购买×××摩托车厂的合同！但该市政府并未放弃，认为只要有一线希望，就要做出百分之百的努力。于是，该市政

府立即回电：请摸清情况详告，以定对策。

10月20日，联系人又发来电传：伊朗商人所签的合同上，规定的付款期限为10月24日。10月21日晚，该市政府得到更为确切的消息：10月24日下午3时前，若伊朗方面付款未到，所签合同即告失效。情势紧迫，该市政府冷静地分析了从德国传来的每一条信息，研究国际贸易竞争中每一个偶然的因素。于是，他们于10月22日上午10点做出了关键性的决定："迅速通知已确定的15名出国人员，想尽一切办法立刻办好出国手续，赶往首都机场，乘当晚国际航班飞赴德国，以便相机行事！"为了提高效率，该市政府授权专家团：有权签署购买合同，有权采取任何应急措施。

10月23日，该专家团到达后，下榻在市郊一家不起眼的小旅馆里。他们与×××摩托车厂保持着密切的联系，分析每一个情报的细微变化，准备随时可能进行的谈判。

10月24日午后，每一次电话铃声都使专家团成员们紧张不安。下午3时，突然一阵急促的电话铃响，接了电话，专家团一阵喜悦：伊朗商人未如期付款，他们的合同无效了！ 按照预定计划，专家团立即出动，跳上汽车，向×××摩托车厂方向急驰。德方人员甚感吃惊：这些人躲在哪里，竟如此准时地冒了出来！他们做梦也没有想到专家团如此神速。

随后，专家团与德方围绕×××摩托车厂展开了一场实质性的谈判。专家团经过进一步的技术考察之后，与德方反复磋商，完成了这场买卖谈判。中方以1.6亿马克（合5 000多万美元）的价格买下了×××摩托车厂2 229台设备和全套技术软件。事后得知，这个价格比伊朗商人的出价低200万马克，比另一个竞争对手的出价低500万马克。

思考：该专家团取得谈判的先机，获得谈判成功的关键因素是什么？

模块四

有效沟通：商务谈判沟通方式

4

【知识目标】

- 掌握电话沟通的优缺点、技巧、礼仪和应用范围
- 掌握网络沟通的优缺点、主要载体和注意事项
- 掌握面对面沟通的特点、优缺点、应用范围和注意事项

【能力目标】

- 能够高质量完成电话沟通、网络沟通、面对面沟通

【素养目标】

- 注意礼貌、文明用语
- 行事规矩，注意个人形象
- 养成周全考虑、站在不同角度思考问题的习惯

任务导入

就在商务谈判小组紧锣密鼓地为谈判做准备时，家具厂总经理收到外商的邮件，被告知由于来回耽搁时间长，最近不便赶来与家具厂进行面对面的谈判，因此想与家具厂协商是否可以通过电话或网络的方式进行谈判。

家具厂总经理此前都是采用面对面沟通的谈判形式，对电话沟通和网络沟通并不熟悉。于是他了解了这3种沟通方式，并对其进行了详细的分析，如图4-1所示，希望能选择合适的沟通方式。

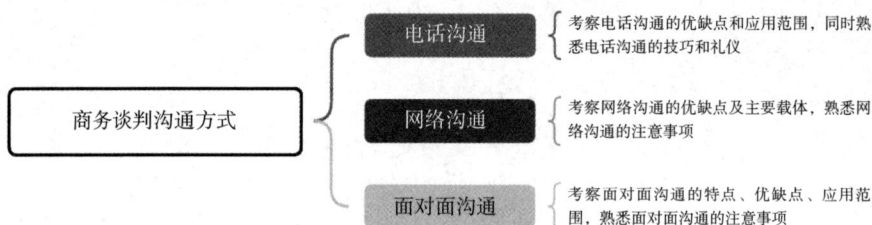

商务谈判沟通方式	电话沟通	考察电话沟通的优缺点和应用范围，同时熟悉电话沟通的技巧和礼仪
	网络沟通	考察网络沟通的优缺点及主要载体，熟悉网络沟通的注意事项
	面对面沟通	考察面对面沟通的特点、优缺点、应用范围，熟悉面对面沟通的注意事项

图4-1 商务谈判沟通方式

任务一 电话沟通

家具厂总经理收到邮件后，怕外商是故意找借口拖延谈判时间，赶紧给外商打电话，询问其不能赶来谈判的具体原因。外商坦诚地说由于最近业务繁忙，出国谈判很可能耽误其他生意。接着，双方就后续谈判的沟通方式进行了进一步商议。挂断电话后，家具厂总经理开始反思刚刚的电话沟通过程，他发现电话沟通实时性强，而且有些无法当面说的话在电话里直接说也不会尴尬。他开始意识到电话沟通也是一种很好的方式。

（一）电话沟通的优缺点

随着电话的日益普及，人们使用电话进行谈判变得越来越普遍。电话使人们的联系更加方便快捷，但电话沟通也有其缺点。

1. 电话沟通的优点

电话沟通的优点表现在以下几个方面。

- **实时沟通**。人们通过电话可随时与对方进行联系，速度快、信息传递迅速。
- **简便经济**。用电话沟通成本较低，操作十分简便。
- **缓解压力**。当谈判人员与对方电话沟通时通常容易保持良好的心态，忽视双方身份的差异，不会受对方身份的影响而感到紧张和无措，可以比较从容地运用既定的谈判策略。
- **避免尴尬**。电话沟通中，双方说话可以直截了当，如果某件事当面说不出口，通过电话说可以避免尴尬。

2．电话沟通的缺点

电话沟通的缺点表现在以下几个方面。

（1）难以判断对方的反应

面对面沟通的过程往往伴随参与者的许多肢体动作，每一个细微的肢体动作都会反映出对方此刻的心理状况，双方能够通过察言观色判断对方的策略或修改己方的策略，从而建立对己方有利的局面。

而谈判人员通过电话沟通只能了解对方的语气，仅凭这一点很难准确地分析出对方的真实意图。此外，一些人善于与人面对面打交道，观察能力非常强，但是通过电话沟通则会感到手足无措。

（2）容易遭到对方拒绝

在商务谈判中，信任是沟通的基础，但是使用电话沟通，无法看到对方，信任度将大打折扣，很容易遭到对方拒绝。

（3）精力容易分散

面对面沟通通常在封闭的会议室里进行，双方不容易受到其他人员或事务的影响，均能专心致志地谈判。电话沟通则恰恰相反，无论是电话的哪一端都很容易受到周围其他人员或事务的影响，双方的精力不容易集中，很可能会忽略一些重要的信息。

（二）电话沟通的技巧

电话沟通具有很强的技巧性，人们可能会因为忽略一些小细节而导致沟通失败。例如，选择在什么时机打接电话很重要，而且在打接电话前要有充足的准备，打接电话的过程中还需要做好信息内容的记录。具体来说，电话沟通有以下技巧。

1．拨打电话时提前整理沟通内容

给别人拨打电话时，只有事先做好计划和准备，才能真正取得主动权。没有准备便拨打电话，往往会丢三落四，忘记主要事项还毫无觉察，容易让对方占据优势。因此，进行电话沟通应事先把要谈判的内容列出一个详细的清单，包括具体议题和顺序，以便在通话时边讲边看；而且在拨打电话前要把讲述的内容在脑海中演练一遍，提高对内容的熟悉程度。此外，对于对方可能会采取的谈判策略要有所预估，想好对策。

2．选准打接电话的时机

一般而言，谈判双方会约定一个时间进行电话沟通。如果没有约定，在给别人拨打电话时要选择恰当的时间，不选择休息时间。此外，拨打电话时要选择安静的地方，这样便于双方都能够听清楚通话内容。另外，不要不分场合地拨打电话，如明知道对方正在参加重要的会议，还不断地拨打电话。

至于接听电话的时机，一般认为应在电话铃声响两三声后接听。如果电话铃声一响就立刻接听，会显得着急，反而让对方感到猝不及防。如果电话铃声响了很长时间仍无人接听，通常拨打电话者会认为对方不在，或者感到焦急和烦躁。如果在电话铃声响了三声之后接听电话，说一声"对不起，让您久等了"之类的抱歉话语，会留给对方非常好的印象，也会让对方急躁或愤怒的情绪得到缓解。

3．简明地自报姓名

无论打接电话，都要学会自报姓名。拨打电话时，可以简明快速地问候，并说明自己是"谁"、属于哪家公司，如"您好，我是某公司某处的某某"；接听电话时则可说"您好，这是××

公司"。双方都应将第一句话的声调、措辞调整到最佳状态，而不是使用公式化、程序式的语气。自报姓名的过程简洁、连贯、自然，会令对方感到身心愉快，从而放心地沟通。

4．接听电话时做好通话内容的记录

在通话过程中，谈判人员要做好记录，并在通话结束后尽快将笔记整理归档，以求档案完整，便于事后随时查阅。在通过电话完成了一场商务谈判后，谈判人员应认真书写一份有关谈判的书面纪要，即协议备忘录，其内容是通话中所明确的谈判双方的责任、权利和义务等，作为双方协议的书面凭证，要求双方严格遵照执行。写好协议备忘录后，要寄给对方一份。

知识点拨

通话前要准备好记录用的纸和笔，还要准备一台计算器，便于随时用来计算。

5．灵活掌握语速和语调

急性子的人听慢话，会觉得断断续续、有气无力，颇为难受；慢性子的人听快语，会感到焦躁心烦。因此，在商务谈判中，讲话速度应视对方情况随机应变。人们在看不到对方的情况下，大多凭第一听觉形成对对方的初步印象，因此拨打电话时应适当地提高声调，以显得富有朝气。

6．必要时复述

电话沟通过程中，为防止听错内容，必要时一定要当场复述。特别是对于同音不同义的词语及时间、电话号码等数字内容，务必养成听后立刻复述、予以确认的良好习惯。

（三）电话沟通的礼仪

不论是拨打电话还是接听电话，都必须以礼待人。如果不注意电话沟通的礼仪，失敬于人，不仅会损害与对方的关系，还可能对谈判产生消极影响。

1．挂电话前要道别

要结束电话沟通时，一般应当由拨打电话的一方提出，然后彼此客气地道别。应有明确的结束语，说一声"谢谢""再见"，再轻轻挂断电话，不可自己讲完就挂断电话。

2．不要随意使用简称、专业术语

在电话沟通中使用企业内部简称，对方往往无法理解。同样，专业术语也仅限于行业内使用，普通人不一定知道。若滥用简称、专业术语，不仅不能正确表达自己的思想，还会导致误会，甚至给对方留下不友善的印象。

3．通话过程中要保持端正姿态

有人认为，电话只是传播声音，通话时完全可以不注意姿势、表情，这种想法是错误的。如果谈判人员通话时躺在椅子上，对方听到的声音就是懒散的、无精打采的；若谈判人员坐姿端正、身体挺直，所发出的声音也会亲切悦耳、充满活力。因此，通话时必须抬头挺胸、伸直脊背，绝对不能喝茶、吃零食等，即使看不见对方，也要当作对方就在眼前，尽可能注意自己的姿态。

4．通话时不要与他人说话

通话时不要与他人谈笑，这会给对方留下不礼貌的印象。如果有急事不得已要这样做，要向对方说明并道歉，请其稍等，或者晚会再与对方通话。

5．接到打错了的电话要友好

有人接到打错的电话时，常常冷冰冰地说："你打错了。"这是不礼貌的，最好能回复对方："这是××公司，您找谁？"这样友好地处理打错的电话，可使对方对本公司抱有好感，未来说不定

能与其合作。

6．听不清对方的话时要礼貌询问

当听不清楚对方讲的话时，进行询问并不失礼，但必须方法得当。如果粗鲁地问："你说什么？"对方可能会觉得无端地招人怀疑、不被信任，从而非常愤怒。但如果客客气气地询问："对不起，刚才没有听清楚，请再说一遍，好吗？"对方很可能会耐心地重复一遍，不会轻易责怪。

案例4-1

梁静是天海贸易公司的销售员，一天她与客户约定下午4点在电话里洽谈合作事宜。在通话前，梁静仔细查阅了该客户的相关资料，了解其基本情况以及与本公司的合作情况，在笔记本上大致列出了该客户的需求、资金实力和此次谈判的议题。下午4点，梁静准时拨打了该客户的电话，在对方接起电话后首先说："×女士，您好，我是天海公司的梁静。我们约好下午4点通电话，请问您方便说话吗？"对方表示方便，于是双方展开谈判。谈判过程中，梁静一边倾听一边做笔记，记下双方谈判的成果。在说到一些听起来容易混淆的词语，如"11""17"时，她都会马上复述一遍，确保对方没有听错。谈判进行得很顺利，双方达成共识后，梁静主动向对方道别："感谢您的支持与信任，希望我们合作愉快。那就不打扰您了，祝您生活愉快。"

【点评】梁静在此次电话沟通中表现得体。她不仅做了充分的准备，进行了简洁明晰的自我介绍，而且在对方刚接电话时确认对方是否方便通话。此外，她还一边通话一边做笔记，为通话后的整理工作奠定基础。通话结束时，她主动向对方道别并向对方表示感谢，显得有礼有节。

（四）电话沟通的应用范围

尽管电话沟通省时省力、方便快捷，但是它依靠语音进行沟通，存在一些局限性，无法满足大型商务谈判的需要。通常情况下，以下几种谈判情境可以采用电话沟通的方式进行。

1．谈判前期沟通

一般来说，电话沟通更多是充当谈判的辅助手段。谈判双方在进行正式面谈之前，通常会通过电话进行简单的事务交流，回答对方关于产品、服务等的问题，相互熟悉并建立情感交流，从而为后面的正式谈判打下基础。

2．简单的谈判

对于难度不大、双方很容易达成共识的谈判，则可以采用电话沟通的方式降低谈判成本。

3．谈判遇到突发状况时

当谈判遇到突发状况（如需要对方携带新的资料，需要紧急更改谈判地点、时间等）时，需要使用电话在第一时间与对方取得联系，并进行初步的沟通，提出临时的应对方案。

任务二 网络沟通

微课4-2

在上次的电话沟通中，外商提议下一次谈判可以采用视频会议的形式。几天后，家具厂总经理就与外商进行了简短的视频会议，商谈了一些谈判事项。这是他第一次尝试视频会议沟通，他发现通过网络进行沟通非常方便，费用也很低。结合此次经验，他进一步了解了网络沟通。

（一）网络沟通的优缺点

随着现代化信息技术的不断发展，商务谈判也与时俱进，开始借助网络实现双方的沟通。网络沟通是科技进步带来的成果，有很多优点，但也有缺点。

1．网络沟通的优点

网络沟通最大的特点是信息几乎同步传输，沟通主体之间能够同时共享文字、声音、文件等资料。网络沟通的优点显而易见，主要体现在如下几个方面。

- 极大地降低了成本。采用网络沟通可以大大减少差旅费、业务招待费等支出，自身的花费也较低，降低了谈判成本。
- 不受时间、地域限制。进入移动互联网时代后，网络沟通不再受时间、地点等因素的限制。移动终端一般体积较小、便于携带，谈判人员可以在各种场合（如家中、公司）与对方进行谈判。
- 沟通形式多样化。沟通形式的多样化基于软件的多样化，谈判人员可以选择使用电子邮件、即时通信工具及视频会议平台与对方进行沟通，涉及文字信息交流、语音通话及视频通话等形式。
- 免于信息遗漏。使用网络沟通可以很好地避免信息遗漏。对于即时通信工具、电子邮件而言，网络平台会保存双方的交流记录；对于视频会议而言，谈判人员可以通过录屏等手段完整记录全过程，便于后期分析、复盘。

2．网络沟通的缺点

网络沟通因成本低、不受时间及地域限制、形式多样化等优点，深受谈判人员的青睐，但是随着人们越来越多地使用网络沟通，网络沟通的缺点也显现出来。

- 难以建立信任。由于缺乏面对面的交流，谈判双方通过网络沟通很难建立信任，不利于共识的达成。
- 网速、设备会影响沟通。网络沟通主要立足于电子设备和互联网，但是网速和设备的稳定性会对沟通造成一定影响，如网速慢会让视频会议出现卡顿。
- 存在信息安全问题。网络沟通存在一定的信息安全风险，如信息泄露等；同时网络沟通过程中的信息会通过网络平台传输，这不利于双方交流一些商业机密，稍不谨慎就容易造成泄密。

（二）网络沟通的主要载体

在商务谈判中，网络沟通的主要载体包括即时通信工具、电子邮件和视频会议。

1．即时通信工具

即时通信（Instant Messaging，IM）是指即时发送和接收互联网消息等的业务，允许两人或多人使用网络实时传递文字消息和文件、进行语音与视频交流。即时通信非常便捷，不受时间、空间限制，有助于实现信息及时反馈。目前各种即时通信工具层出不穷，国内的代表是微信，在国际上常用的是Skype。

- 微信。微信用户数量众多、操作便捷，目前已经成为人们主要的沟通工具之一。微信支持发送和接收文字、语音、图片、文件和视频，也支持视频、语音通话。此外，微信还是一个社交平台，谈判人员可以通过朋友圈等方式拉近与对方的距离，加深对对方的了解。
- Skype。Skype是国际上十分受欢迎的即时通信工具，具备视频聊天、多人语音会议、文件传送、文字聊天等功能。它可以让用户与其他用户进行高清晰语音对话，也可以拨打国内、国际电话，并且拥有呼叫转移、短信发送等功能。

案例4-2

小娜需要出售几件二手小家具，她在本地论坛上发了帖子，留下了自己的微信号，很快就有人申请添加她为微信好友。小娜通过了好友申请，主动向对方打招呼，然后将小家具的购买时间、尺寸、磨损情况以及最新图片都发给了对方，还发送了展示小家具细节的短视频。对方查看后表示满意并询问价格，小娜报价200元，并要求对方上门自提。对方以上门自提较远，需要花较多油费为由，要求小娜降价。小娜降价到180元，双方达成共识。接着，小娜将自己家的定位通过微信发给对方，对方根据定位来到小娜家，带走小家具并通过微信转账支付。就此，双方完成了交易。

【点评】小娜与对方是通过微信进行谈判沟通的。双方通过微信完成了关于价格、交货方式、交货地点的沟通，非常便利。

2．视频会议

视频会议，是指位于两个或多个地点的人们，通过通信设备和网络，进行交谈的会议。视频会议可以让与会者远距离进行直观的交流，与会者在手机或计算机屏幕上能看到其他与会者的实时反应，其在很大程度上能模拟面对面沟通的效果，且不会产生召集人员开会的各种费用。

此外，视频会议平台还支持屏幕共享、会议白板等功能，与会者可以在发言的同时展示PPT、图片、表格等，并借助画笔等工具进行辅助演示；会议录制功能有助于对谈判过程进行存档。目前国内具有代表性的视频会议平台是腾讯会议和钉钉（见图4-2）。

图4-2 钉钉界面

3．电子邮件

电子邮件是一种通过网络实现信息相互传送和接收的通信方式，目前在商务活动中得到广泛应用。它的特点是不受地域和时间的限制，通信成本低且易于操作，可随时进行邮件收发，并能传输图片、链接、各类格式的文件等。一般来说，电子邮件沟通更加正式，需要注意邮件的格式，措辞要严谨、简洁、有条理。采用电子邮件沟通能够让谈判人员有足够的时间进行周密的思考，如谈判人员可以经过反复斟酌后再通过电子邮件发送己方报价，但是这种沟通方式存在反馈不及时、不容易建立信任等问题。

（三）网络沟通的注意事项

网络沟通的3种载体——即时通信工具、视频会议和电子邮件各有特点，下面分别介绍使用其进行沟通的注意事项。

1．即时通信工具

使用即时通信工具沟通需要注意以下几个问题。

（1）提炼有效信息

谈判人员如果一口气发送大段文字信息，会给对方一定的阅读压力，影响对方的阅读体验，所以在发送信息时要进行提炼，将精简、有价值的内容发送给对方，最好让单条信息保持在3～4行，同时还要注意适当分段，以保证对方有较好的阅读体验。

（2）开门见山

在即时通信工具沟通过程中，很多人在与对方交流前，习惯于先试探性地问一句"在吗"，然而这句话会让对方猜测到底有什么事情，很可能给对方带来心理压力。同时，对于讲究效率的人而言，这句话只是句"废话"。因此，沟通时最好开门见山，直接进入主题（前面可以附加一两句简单问候），以提高沟通效率。

（3）突出重要信息

很多人发送的即时通信信息非常多，为了保证沟通效率，可以在发送信息时用"【 】"标出重要信息（如时间、地点、事项等），让对方一目了然。

（4）发送信息的速度要迁就对方

在即时通信工具沟通过程中，如果一方发送信息的速度过快（如一口气发送很多条信息），另一方为了赶上节奏，可能匆忙回复，导致无法准确表达心中所想，最终导致沟通障碍。因此，如果对方的回复速度较慢，要注意迁就对方，尽量遵循对方的节奏。

（5）慎用语气助词

利用即时通信工具发送信息不同于面对面交流，不能体现出语调，而同样的词语在不同的人那里会产生不同的含义，尤其是语气助词，很容易产生歧义，如"哦""嗯"等，因此应该少使用这些词语，使用更加明确的"好的""知道了"等词语。

2．视频会议

使用视频会议沟通时应当注意以下几点。

（1）注重眼神交流

视频会议沟通类似于面对面沟通，双方相互看得到，所以说话、倾听时要专注，不能左顾右盼、心不在焉，更不能同时做别的事情，否则会给对方留下敷衍或对谈话内容不感兴趣的印象。如果对方正在回答你的问题或向你提问，眼睛一定要尽量看着对方，与对方进行眼神交流，以表现自己的真诚和尊重。

（2）不要有过多肢体动作

很多人在谈话时习惯做出很多肢体动作，这在面对面沟通中是没有问题的，可以展示自己的热情和信心。但在视频会议沟通过程中，对方只能通过屏幕看你，太多的肢体动作很可能让对方眼花缭乱、注意力不集中，这自然会影响谈判效果。

（3）保持画面稳定

视频会议的画面对沟通效果有很大影响，因此其对网络连接质量的要求很高，在谈判前要和对方进行连接测试，检查视频画面的质量。在视频会议沟通过程中要让摄像头保持稳定，以保证画面清晰、不晃动，否则很可能会让对方感到不适。

（4）选择适宜的环境

应尽量选择安静的场合进行视频会议，如家里的书房，以免受到周围噪声的影响。同时也要注意视频背景（即入镜者身后的背景）要保持干净、整洁，最好是白墙或者整齐的书柜，不要出现其他人，更不能出现不适宜的物品，如公司内部展示海报、私人物品等。

（5）保持良好的状态和形象

在参加视频会议时，一定要注意保持良好的精神状态和个人形象，不能睡眼惺忪、蓬头垢面地出现在摄像头前，应该尽量穿着正式的商务服装，不能穿着宽大的睡衣、花哨的外套等，否则会给对方留下随意、懈怠的印象。

案例4-3

林松是一家公司的谈判人员，这天他要与外商通过视频会议进行谈判。由于存在时差，谈判时间在半夜，因此林松选择在家中进行谈判。考虑到时间太晚，林松决定先睡一觉，临近谈判开始时间他才起床，睡眼惺忪地穿着普通的宽松家居服就打开了摄像头。此时虽然是半夜，但林松家临街，窗外仍有不少大卡车经过，环境有些嘈杂。再加上林松家中网络信号不稳定，视频画面经常卡顿，导致林松无法连贯地听清他人的发言，自己也无法连贯发言，不得不经常重复，这无疑影响了林松的状态。整个谈判期间，林松的表现非常不正常，不仅外表和精神状态不佳，而且出现陈述混乱、答非所问的情况，给对方留下了不好的印象，最终谈判没有取得理想的效果。

【点评】林松的谈判效果之所以不理想，很大程度上是因为其视频会议谈判环境不佳，而且他本人没有保持良好的精神状态和形象，这都对谈判造成了负面影响。

3．电子邮件

相对于即时通信工具和视频会议，电子邮件更加正式、书面化。具体来说，电子邮件沟通需要注意以下几点。

（1）要有一个明确的主题

电子邮件的主题是对邮件内容的概括，当对方收到邮件时，最先看到的是邮件的主题。因此，电子邮件的主题一定要一目了然，便于对方快速了解邮件的内容。主题要能吸引对方点开邮件，且内容精简，如"鸣阳公司2023年2月新品报价"。通常情况下，一封邮件只能有一个主题，尽量不要在一封邮件内谈及多件事情。

（2）格式规范，内容严谨

商务电子邮件一定要按照规范的格式书写，要包含称呼、开头、正文、结尾句、礼貌结束语以及写信人全名、联系方式等，如图4-3所示。写电子邮件时，表述要严谨严肃，不可使用口语、网络用语等，不能讲笑话和俏皮话。此外，电子邮件的内容要简洁，语言要流畅，尽量写短句，避免重复啰唆，发送前要检查是否有错别字。

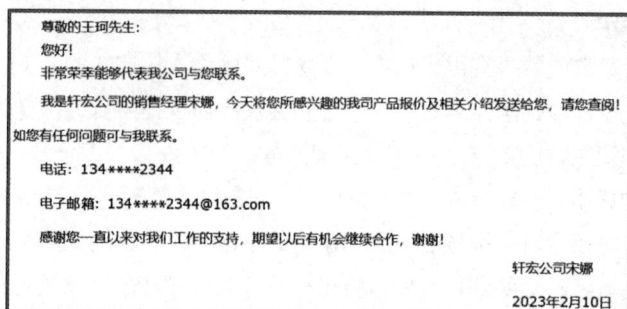

尊敬的王珂先生：

您好！

非常荣幸能够代表我公司与您联系。

我是轩宏公司的销售经理宋娜，今天将您所感兴趣的我司产品报价及相关介绍发送给您，请您查阅！

如您有任何问题可与我联系。

电话：134****2344

电子邮箱：134****2344@163.com

感谢您一直以来对我们工作的支持，期望以后有机会继续合作，谢谢！

轩宏公司宋娜

2023年2月10日

图4-3　电子邮件规范格式

（3）附件不能过大

如果电子邮件内容较少，且只是简单的文字，应该以正文形式呈现。如果电子邮件内容涉及大量的图片、表格或文字，可以通过附件形式发送，但附件不能过大，否则会造成对方下载不便。若要发送大文件，可以先将文件上传到网盘，然后在网盘中设置分享（见图4-4），再将网盘分享链接和提取码发送给对方。若需要同时发送多个附件，可以将其压缩为一个压缩包后再发送。

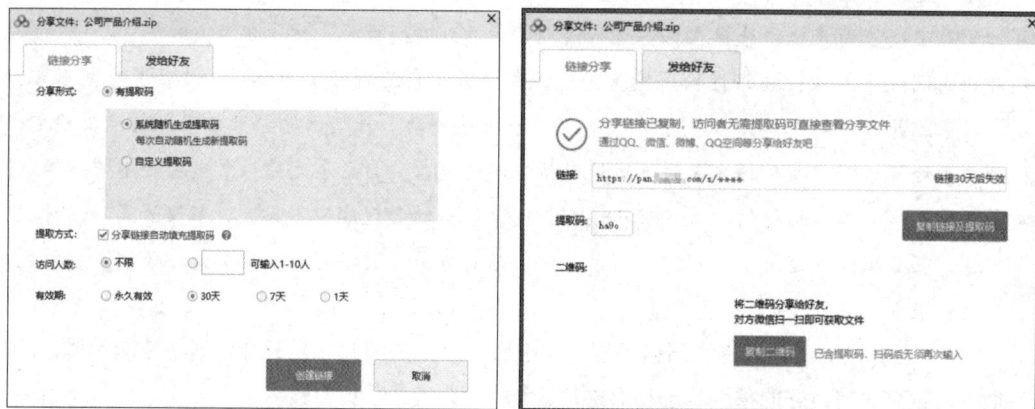

图4-4　网盘设置分享

知识点拨

网络沟通的应用范围包括谈判前期沟通，如确定谈判的议程、时间、地点及参与谈判的人员等；重复性的订货谈判；不需要投入大量时间、人力和财力的小规模谈判；谈判双方距离较远或较熟悉的谈判等。

任务三　面对面沟通

微课4-3

经过对电话沟通、网络沟通的考察，家具厂总经理认为面对面沟通对于此次谈判还是不可取代的。他决定继续使用网络与外商商议一些基础性的谈判事项，待外商有时间再安排面对面沟通。

面对面沟通是指两个人或更多人之间进行的，参与者中至少有一人是有目的的，并且在交流过程中互有听和说的过程。面对面沟通是一种十分传统的沟通方式，但在当前的商务谈判中依然十分常用。

（一）面对面沟通的特点

面对面沟通的主要目的是收集信息、传达命令、交换意见、商讨方案及解决问题等，它区别于平常的打招呼、闲聊、寒暄，是有明确目的、计划和过程控制要求的。其主要有以下几个特点。

- **目的性。**参与面对面沟通的一方或多方有明确的目的。
- **双向性。**面对面沟通是相互传递信息的过程，发送者要把想表达的信息、思想和情感通过语言发送给接收者。接收者接收到信息、思想和情感以后，会给对方一些反馈，这就形成了一个完整的双向沟通的过程。
- **直接性。**参与面对面沟通的双方通常通过语言或肢体动作发出和接收信息，没有任何中间媒介参与，双方可以通过观察和交谈判断对方的意图、态度等，也可以通过语言或肢体动作等手段影响对方的判断和态度。
- **即时性。**面对面沟通要求沟通双方即时对沟通信息做出反应。

因为面对面沟通具有即时性，所以其沟通过程与结果充满了不确定性。要想在面对面沟通过程中取得更好的沟通效果，谈判人员就需要随机应变，快速完成对对方的分析并灵活地对信息进行组织编排，做出合理应对，如巧妙化解尴尬，将偏离主题的谈判拉回正题等。

此外，由于面对面沟通以语言沟通为主，因此它围绕"说、听、问"3种行为进行，并且三者之间的比例要协调，这就需要谈判人员掌握更多的沟通技巧。如果符合了这些特点，就会产生良好的沟通效果。

（二）面对面沟通的优缺点

俗话说"有什么误会当面讲清楚"，从这句话我们可以看出人们在事情发生时首先想到选择面对面沟通，因为其具有很多优点。当然，面对面沟通也有缺点。

1．面对面沟通的优点

面对面沟通的优点表现在以下几个方面。

- **沟通深入。**在面对面沟通过程中，谈判人员能够充分地表达自己的想法和情感等，沟通的内容比较细致、深入，信息反馈及时。
- **有助于观察对方。**在面对面沟通过程中，己方能够随时观察到对方的表情、语速、肢体动作等，有利于判断对方的意图、态度、情感等，进而及时、灵活地调整谈判计划、策略、技巧。
- **有利于建立信任。**面对面沟通有助于拉近双方的距离，从而建立起长久的伙伴关系。

2．面对面沟通的缺点

面对面沟通的缺点表现在以下几个方面。

- **容易暴露己方意图。**在面对面沟通过程中，对方也可以从己方的表情、语速、肢体动作推测己方的意图和底线。
- **决策时间短。**在面对面沟通过程中，双方往往要在有限时间内作出决定，不能进行充分考虑，这对谈判人员的决策水平有较高要求。
- **成本高。**面对面沟通通常会产生一定的差旅费或礼节性的招待费等费用。

（三）面对面沟通的应用范围

由于具有巨大的优势，面对面沟通是较传统且使用较广泛的沟通方式。一般来说，下列谈判情境可以选择面对面沟通。

1．重要的、协商难度较大的谈判

面对面沟通能够更好地促进交流和分享，拉近彼此之间的距离，因此对于一些重要的、协商难度较大的谈判，面对面沟通是更好的方式。在面对面沟通过程中，谈判人员能够充分地表达、解释等，还能及时、有效、全面地解决谈判中的很多突发状况。

2．首次交易的谈判

如果谈判双方是首次交易，需要彼此开展深入了解，通常会选择面对面沟通，以使双方取得良好的第一印象，从而建立合作关系，将合作的具体事宜分门别类地交代清楚。

3．大型谈判

一般来说，在比较正规的大型谈判中，谈判双方都是面对面沟通的，以更好地解决分歧，达成共识。

（四）面对面沟通的注意事项

面对面沟通的关键点在于双方的直接接触，在此过程中需要特别注意以下几点。

1．不要随意打断对方

随意打断对方发言是不礼貌的行为，如果谈判气氛本来就有些紧张，这样做无疑是火上浇油。当对方的发言内容与己方利益不冲突时，谈判人员可以适当给予必要的、简单的回应，如"对""是吗""好的"等，以推动沟通顺利进行。

2．要善于观察、分析和判断

在面对面沟通过程中，谈判人员不要只顾说，还要善于倾听，尽量启发对方多说、详细地说，最好使对方把他们要说的话、想说的话都说出来。在这个过程中，谈判人员要仔细观察对方的表情、动作等，并据此判断对方的谈判风格及真实意图，然后根据自己的原则、立场快速制定出一套应对策略。

3．要尽量创造和谐的交流气氛

通常情况下，人在轻松和谐的气氛中更能耐心地听取不同意见，也更容易与对方达成共识。而在面对面沟通过程中，谈判人员对交流气氛的感受更直接，因此要尽量创造轻松愉快的交流气氛（部分谈判需要制造严肃、紧张的气氛）。有经验的谈判人员在面对面沟通开始时都会用一些无关紧要的小事开头，如讨论天气、个人爱好、美食等，让对方感觉亲切、熟悉，从而为后面的正式谈判打下良好的基础。

实战演练　使用腾讯会议进行网络沟通

1．实训背景

银双公司与供应商川茂公司已经合作多年，双方对彼此都较熟悉。近期，银双公司打算与川茂公司就2023年的合作进行谈判，谈判内容主要是调整部分合同条款。总体来说，谈判内容不复杂，规模也较小，加上两公司距离较远，来回交通费较高，为了节约成本，双方商议后决定利用腾讯会议进行此次谈判。

2．实训要求

假设你是会议主持人，请在腾讯会议上创建一场会议，并在会议中进行管理，具体要求如下。

（1）创建预定会议，主题为"合作谈判"，时间为2023年4月10日15:00，时长为两小时，参会者须输入密码才能进入会议室，进入时应静音。

（2）会前将会议号和链接分享给其他参会者。

（3）会议中开启共享屏幕。

（4）会议中控制参会者的发言权限，保证发言秩序。

（5）设置会中休息10分钟。

3．实训步骤

（1）创建会议并分享。在会前需要创建预定会议，设置好会议主题、开始时间、时长、入会方式等，并将会议号和链接分享给其他参会者，具体操作如下。

①下载并安装腾讯会议客户端，打开其主界面，单击"预定会议"按钮 ，如图4-5所示。

②在打开的对话框中的"主题"栏中输入"合作谈判"，在"开始"栏中设置开始时间为"2023/4/10 周一""15:00"。在"时长"栏中选择"2小时"选项，在"安全"栏中选中"入会密码"复选框，在下方的文本框中输入"134222"作为密码。在"静音"栏中选中"开启"单选项，最后单击 按钮，如图4-6所示。

图4-5　腾讯会议主界面　　　　　　**图4-6　预定会议**

③在打开的对话框中单击 按钮，如图4-7所示。此时会议号和链接已经被复制到剪贴板，将其粘贴到微信消息框中，即可分享给其他参会者，如图4-8所示。

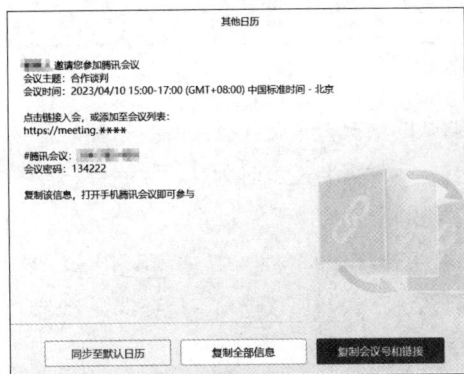

图4-7　复制会议号和链接　　　　　　**图4-8　分享会议号和链接**

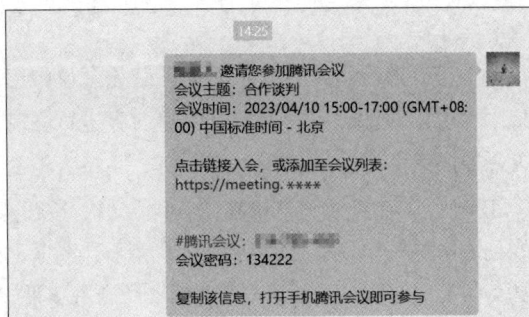

（2）开启共享屏幕。会议时间临近，参会者可以进入会议室，开启共享屏幕，具体操作如下。

① 在主界面中单击该场会议对应的 进入会议 按钮，在打开的对话框中单击 使用电脑音频 按钮。进入会议室界面，在界面下方单击"共享屏幕"按钮 📤，如图4-9所示。

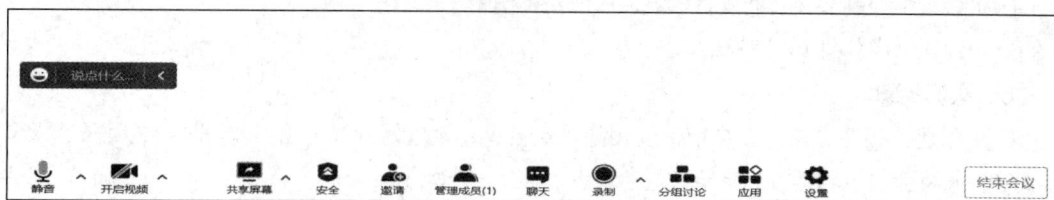

图4-9　开启共享屏幕

② 在打开的对话框中保持系统默认的共享内容，单击 确认共享 按钮，如图4-10所示。

图4-10　确认共享内容

③ 此时将共享自己的屏幕，将鼠标指针移到屏幕上方，在出现的工具栏中单击 结束共享 按钮即可结束共享，如图4-11所示。

图4-11　结束共享

（3）控制参会者发言权限。为了避免会议中出现嘈杂的情况，主持人有必要控制参会者的发言权限，可以对暂时不需要发言的参会者进行强制静音，待其需要发言时为其解除静音。若中途有人需要插话，需插话者可以"举手"，主持人再为其解除静音，具体操作如下。

① 在会议室界面下方单击"管理成员"按钮 👤，在右侧打开的列表中单击 会议管控 按钮，在打开的列表中选择"允许成员自我解除静音"选项（此前系统默认开启该选项，现在选择该选项是将其关闭），如图4-12所示，设置后参会者都将被强制静音。

② 参会者需要发言时，可以在自己的客户端中进行"举手"操作，主持人会在成员列表中看到其名字旁有一个 ✋ 图标；此时可以将鼠标指针移到该参会者名字上，单击出现的 更多▾ 按钮，在打开的列表中选择"解除静音"选项，如图4-13所示，即可使该参会者恢复发言权限。

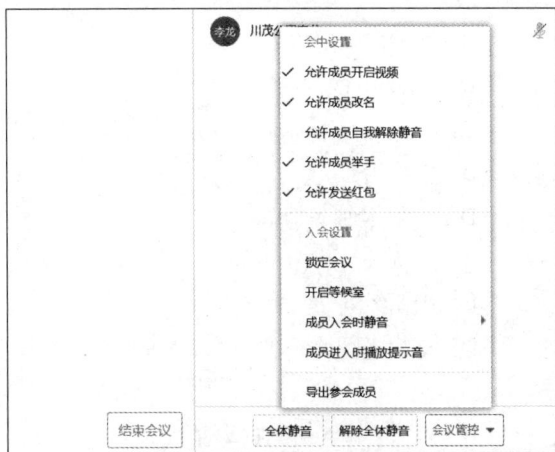

图4-12　设置强制静音

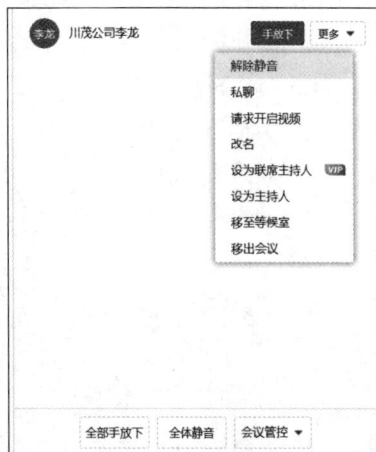

图4-13　解除静音

（4）设置会中休息。此次谈判时间较长，可以设置中途休息10分钟，也可以将暂时休会作为谈判策略，具体操作如下。

① 在会议室界面下方单击"应用"按钮 ▦，如图4-14所示，在打开的面板中单击"休息一下"按钮 ☕。

② 在右侧打开的界面中设置休息时长和会议重新开始时间，单击 开始休息 按钮，如图4-15所示。

图4-14　单击"应用"按钮

图4-15　设置会中休息

综合练习

一、单项选择题

1. 一般来讲，最适宜接听电话的情形是（   ）。
   A. 刚开始响铃   B. 响铃两三声后
   C. 响铃5声后   D. 响铃10秒后

2. 通过微信传递信息属于（   ）。
   A. 面对面沟通   B. 电话沟通
   C. 网络沟通   D. 会议沟通

3. 电话沟通的优点不包括（   ）。
   A. 避免尴尬   B. 简便经济
   C. 实时沟通   D. 能发送图片

4. 网络沟通的缺点不包括（   ）。
   A. 难以建立信任   B. 网速、设备会影响沟通
   C. 存在信息安全问题   D. 难以判断对方的反应

5. 下列关于电话沟通礼仪的说法不正确的是（   ）。
   A. 挂电话前要道别
   B. 通话时必须抬头挺胸、伸直脊背，不能喝茶、吃零食等
   C. 接到打错的电话时说一句"你打错了"就可以挂电话
   D. 通话时不要与他人谈笑

二、多项选择题

1. 下列关于即时通信工具沟通的说法正确的有（   ）。
   A. 发送信息的速度要迁就对方
   B. 在沟通时慎用语气助词
   C. 可用"【 】"标出重要信息
   D. 开头可以直接问"在吗"

2. 面对面沟通的优点有（   ）。
   A. 沟通深入   B. 成本低
   C. 有利于建立信任   D. 有助于观察对方

3. 适合采用电话沟通的情形有（   ）。
   A. 谈判前期沟通   B. 简单的谈判
   C. 谈判遇到突发状况时   D. 大型谈判

三、简答题

1. 使用电子邮件沟通需要注意的问题有哪些？
2. 拨打电话时应该如何自报姓名？
3. 网络沟通的优点有哪些？

四、案例分析题

以下是一次电话沟通的内容。

客户："您好！"

销售人员："您好！请问是王丽女士吗？"

客户："是的，有什么事？"

销售人员："我们这边看到您注册了会计考试论坛的账号，请问您有参加会计考试培训的需求吗？"

客户："请问您是？"

销售人员："我是陆丽丽。我们这边是会计培训机构，可以提供各类会计考试的培训，老师十分专业，请问您有兴趣吗？"

客户："怎么收费的？"

销售人员："不同的课程费用不一样。请问您报考哪个考试呢？"

客户："初级会计师考试。去年考了，没过。"

销售人员："我们专门为初级会计师考试打造了两门课程。一个是99元的预习班，属于打基础的课程；另一个是299元的通讲班，会覆盖考试范围内的所有知识。"

客户："算了，我不想花钱。"

销售人员："王女士，老师预计今年考试的难度会增大，您去年都没过，今年再不找老师辅导一下，能过得了吗？"

客户："能不能便宜点？预习班如果卖79元，我就买来试试。"

销售人员："不好意思，价格是公司规定的，我们没有权力降价。不过我可以赠送您价值20元的真题试卷，这样算下来也很划算了。"

客户："真题试卷我有，送我几套模拟题试卷吧。"

销售人员："模拟题试卷原价39元呢，送给你我们就亏了。"

客户："本来打算学完预习班，如果效果好，还找你买通讲班。没想到这点实惠都不给，那我不买了。"

销售人员："好吧……请把您家的地址告诉我，我安排给您寄模拟题试卷……先等一等，我去取纸和笔……好了，您请讲。"

客户："××市××区诚通路12号。"

销售人员："神通路？"

客户："是诚通路，'诚实'的'诚'。你记下来了吗？"

销售人员："当然，挂断电话后我会给您发送课程购买链接，您下单后我们会及时给您寄模拟题试卷。"

客户："好的。"

销售人员："好的，王女士，再见。"说完立刻挂断电话。

思考：销售人员在此次电话沟通过程中有哪些不妥之处？

模块五

有礼有节：商务谈判礼仪

5

学习目标

【知识目标】

- 熟悉商务礼仪的作用、原则
- 掌握提升商务礼仪修养的方法
- 掌握着装礼仪、会面礼仪、会议礼仪、宴请礼仪、馈赠礼仪、涉外礼仪

【能力目标】

- 能够选择合适的商务着装
- 能够按照商务礼仪接待对方谈判人员

【素养目标】

- 阅读经典人文书籍，提升商务礼仪修养
- 在与外国人的交往中，做到文明有礼，维护民族的尊严和国家的形象

任务导入

　　家具厂总经理仔细观察了谈判小组成员的日常言行，认为他们虽然具备一定的谈判能力，但在礼仪方面还有所欠缺，在与同事、上级、外国公司人员的交往中有很多细节做得不够好。家具厂总经理深知商务礼仪对谈判成果有很大影响，因此，他决定邀请专业的商务礼仪培训老师为谈判小组成员进行商务礼仪培训，以提升其商务礼仪修养，具体培训内容如图5-1所示。

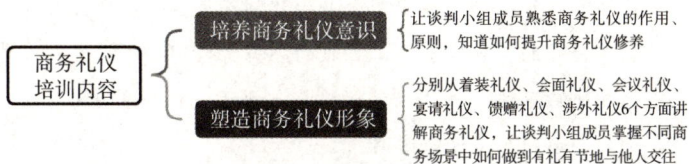

图5-1　商务礼仪培训内容

任务一　培养商务礼仪意识

　　培训老师首先发放了一个测评表，要求大家对自己的商务礼仪意识进行评估，结果发现大家的商务礼仪意识需要增强，如有人在办公室大声喧哗，有人见到同事不主动问好等。培训老师看出大家以前对商务礼仪的重视不够，因此首先对商务礼仪进行了初步介绍。

微课5-1

（一）商务礼仪的作用

　　商务礼仪是企业人员在商务活动中，为了塑造个人或者企业的良好形象，而应当遵循的对交往对象表示尊敬与友好的规范或程序。商务礼仪在很大程度上决定了商务谈判等商务活动的成败。商务礼仪的作用有内强素质、外塑形象。具体来讲，商务礼仪具有以下重要作用。

1．提高谈判人员的个人素质

　　对于谈判人员来说，个人素质就是在商务谈判中待人接物的基本表现。而在商务礼仪的要求和规范下，谈判人员需要在待人接物方面表现得体，也就提升了个人素质。

2．建立良好的人际关系

　　商务礼仪可以规范人们的言行，使人明白应该怎样做、不应该怎样做，哪些可以做、哪些不可以做，从而让谈判人员尊重他人，有助于建立良好的人际关系。

3．维护谈判人员和企业的形象

　　谈判人员的形象就是他的外形和言谈举止在商务交往对象心目中形成的综合化、系统化的印象，是影响谈判结果的重要因素。企业形象可通过谈判人员的形象表现出来，而商务礼仪就是塑造良好形象非常重要的手段。若谈判人员在谈判中讲究商务礼仪，则可以使言谈显得更加文明，行为举止显得更加高雅，待人接物显得更有风度，从而在他人心目中塑造良好的企业形象，有助于企业在激烈的市场竞争中取得优势，并产生很好的社会效益和经济效益。

案例5-1

甲企业是一家职工约6 000人的大型企业，为了避免破产，想寻找一家资金雄厚的企业做合作伙伴。经过多方努力，甲企业终于找到一家具有国际声望的跨国公司。双方经过长时间艰苦的磋商，终于到了可以签订合约的时候，甲企业所有职工都为之欢欣鼓舞。

在签字仪式那天，甲企业代表到达签字地点的时间比双方正式约定的时间晚了10分钟。待他们走进签字大厅时，跨国公司的谈判人员早已排成一行，正恭候他们的到来。其中，男士个个西装革履，女士个个身穿套裙。反观甲企业的谈判人员，只有主谈人身穿西装，其他人员有穿夹克衫的，有穿牛仔服的，甚至有穿工作服的。当时跨国公司的谈判人员脸上没有出现期待的笑容，反而显示出一丝不快。更令人不解的是，预计一上午的谈判日程在半个小时内就草草结束，随后跨国公司的谈判人员便匆匆离去。

事后，跨国公司递交给甲企业一份正式的信函，其中写道："我们绝不会为自己寻找一个没有任何时间观念的生意伙伴。不遵守约定的人，永远都不值得信赖。着装混乱也表明贵方是不重视这次谈判的。"无疑，双方的合作搁浅了，甲企业为自己的迟到和着装问题付出了沉重的代价。

【点评】本案例中，甲企业的谈判人员因为迟到和着装问题给对方留下了糟糕的印象，使甲企业的企业形象严重受损，进而导致了合作关系的破裂，可见商务礼仪的重要性非同一般。

4．联络谈判人员的感情

礼仪有很强的凝聚情感的作用，如果人们自觉遵守礼仪规范，按照礼仪规范要求自己，就容易增进感情，与他人建立起相互尊重、彼此信任、友好合作的关系，进而有利于各项事业的发展。联络感情不仅是商务礼仪的重要职能，也是商务礼仪的重要特征。

（二）商务礼仪的原则

商务礼仪体现在商务交往的各种细节中，然而这些细节性的要求却要服从一些原则，主要有以下几种。

1．相互尊重原则

《孟子》云："爱人者，人恒爱之；敬人者，人恒敬之。"在人际交往中，时刻尊敬、重视他人，维护他人的自尊心，是构建美好和谐关系的基础，更是为自身赢得尊重的必要条件。相互尊重是商务礼仪的重要原则。谈判人员与他人打交道，应该尊重其人格、人身自由及其他各项权利，如隐私权、表达思想和表现自我的权利等。此外，商务礼仪中的尊重还包括尊重不同国家（地区）的礼节和风俗习惯。

2．平等原则

平等原则是指与他人交往时以礼待人，对所有的交往对象一视同仁，不能根据对方的外表、学历、职务、财富、地位等的不同而区别对待，如不能因对方来自小公司而不与对方握手等。在商务交往中，双方在人格上是平等的，双方往来时要给予彼此同等的礼遇，如己方前往对方公司谈判，受到宴请接待，那么对方前来己方公司谈判时也应该享受同等的待遇。

3．适度原则

适度原则是指商务交往中要根据交往背景把握好分寸，给人自然得体的感觉。在商务交往中，对人要热情，但不是越热情越好，适度的热情会给人亲切感，而过度的热情可能让对方感到不自然、不舒适。在交往时，应该考虑交往的目的、场合、对象，选择合适的方式表达自己的热情。例如，在行握手礼时，对于老朋友，可以加大力度甚至双手相握；但对于初次见面的人（尤其是男士对女士），则应该掌握好力度，否则会引起对方的反感。

4．宽容原则

宽是指宽待，容是指包容，宽容就是心胸宽广地待人，设身处地地为他人着想，尽量原谅他人的过失。宽容意味着对他人的人生观、价值观和个性差异等给予充分的理解与尊重。在商务交往中，由于不同人的文化差异、个性差异、受教育程度差异等，出现不周之处是正常的。谈判人员要秉持豁达大度的态度，站在他人的立场上想问题，不能以自己的标准衡量一切。古人云："水至清则无鱼，人至察则无徒。"只要不是有意为之或者原则上的过错，就不必耿耿于怀，要以宽容待人。

5．自律原则

自律原则是指在商务交往中，自觉依据礼仪规范要求自我、约束自我、对照自我，不断地通过自我反省、自我监督，逐渐提高自我控制能力。谈判人员不能把商务礼仪看作一种表面功夫，而要深刻认识到礼仪实质上是个人素质的自然流露，是一种自觉、自律的行为，应该主动遵守。谈判人员除了要熟悉具体的商务礼仪外，还应该在内心树立相关的信念和行为准则，将外在的礼仪要求内化为自身的礼仪修养，使自己真正成为一个有修养的人。

（三）提升商务礼仪修养

修养是指高尚的品质。修养不是天生的，需要后天培养。对于谈判人员来说，可以通过以下方式提升商务礼仪修养。

1．参加礼仪培训

谈判人员可以多参加商务礼仪培训（见图5-2），让专业的老师讲解、示范商务礼仪，包括商务着装礼仪、商务仪态礼仪、商务交际礼仪等。通常情况下，培训还会安排情景演练、案例分析等环节。在老师的指导、纠正和启发下，谈判人员可以快速熟悉各种商务情景下的礼仪规范，提升商务礼仪修养。

图5-2　商务礼仪培训

2．多阅读

我国素有"礼仪之邦"之称，几千年的历史积淀为后人留下了丰富的人文典籍，如《论语》《孟子》等，这些典籍中包含了大量为人处世的道理，能教导人们追求真善美。多阅读这些典籍，不仅能丰富文化内涵，还能提升个人修养。此外，我国开展对外贸易的企业越来越多，谈判人员也可以通过网络多了解阅读各国（地区）的文化习俗，增长见识，在与外国人士交往时做到有礼有节。

3．勤观察

正所谓"三人行，必有我师焉"，在日常工作中，总有人在礼仪方面表现出色。谈判人员要养成观察他人的习惯，尤其是那些修养好、日常表现得体的人，有选择地对其言行加以模仿，以提升自己的商务礼仪修养。

4．积极实践

提升商务礼仪修养的关键在于实践，要坚持理论联系实际，将学到的商务礼仪知识积极地应用于实践，从细节着手，以商务礼仪的要求规范自己的言谈举止，如严格遵守工作时间，节约每一张纸、每一度电，主动与同事打招呼等。只要能在实践中做好这些细节，养成良好的习惯，自然就能成为一个拥有良好商务礼仪修养的人。

5．多反思总结

在将商务礼仪知识应用于实践后，还需要及时反思、总结，站在旁观者的角度客观地分析自己的表现，对于做得好的地方要总结经验，争取继续发扬；对于做得不好的地方要想办法改进，如私下练习等。

任务二　塑造商务礼仪形象

微课5-2

培训老师将大家分为两个小组，要求大家模拟一个情景：东道主接待外地来的谈判小组。扮演东道主的一方站在门口迎接对方，但不知道如何向对方问好，双方成员只得七嘴八舌地闲聊几句，场面有些混乱。老师看大家对于商务礼仪的内容十分生疏，就全面地介绍了各种商务礼仪，包括着装礼仪、会面礼仪、会议礼仪、宴请礼仪、馈赠礼仪和涉外礼仪。

（一）着装礼仪

着装礼仪是人们在商务交往中为表示尊重与友好，达到交往和谐而对服饰提出的规范与要求。古今中外，着装都体现出一个人的文化修养和审美品位，展现了一个人的身份、气质、内涵。在商务场合中，穿着得体的人，通常能给人留下良好的印象。

1．西装

西装是目前全世界流行的一种服装，也是正式商务场合中男士着装的优先选择。

（1）西装的选择

在选择西装时，要关注以下问题。

- **面料**。西装的面料最好是纯羊毛和混纺，其四季皆宜且不易起褶；避免选择不透气、不散热、发光发亮的化纤面料。
- **色彩**。西装应为单色，可以是藏青色、灰色等，不能选择过于鲜艳的色彩或朦胧色、过渡色。
- **图案**。西装上最好没有任何图案。
- **款式**。最好选择传统的单排扣西装。

（2）西装与衬衫、领带、鞋袜的搭配

穿着西装时，通常会搭配衬衫、领带，而穿着的鞋袜也要与西装相协调。

- **衬衫。**衬衫应该选择单色的正装长袖衬衫，里面不能穿着高领衫。与西装搭配时，衬衫的领子应保持平整，不能外翘，袖口的扣子要系上。打领带前，要扣好衬衫的领扣；若不打领带，领扣要解开一粒。衬衫的下摆必须均匀地掖进裤腰中。

- **领带。**领带的面料最好是真丝或羊毛，色彩要与西装协调，不能太鲜艳，花纹不能太复杂，以格子、条纹、圆点为佳。领带的长度以抵达皮带扣上端为宜。

- **鞋袜。**鞋子最好为黑色或深咖啡色皮鞋，必须确保鞋内无味、鞋面无尘、鞋底无泥、尺码适当。袜子最好选择纯棉、纯毛面料。当西装为深色时，袜子以深色、单色为宜，最好能和西装同色。此外，袜子必须成双、完整、无异味。

知识点拨

当西装、衬衫、领带的颜色是同一色系时，应该让衬衫的颜色最浅，领带的颜色最深。

（3）西装纽扣的系法

一般在站立时，尤其是在大庭广众之中，应当系上西装的纽扣；而就座后，为了防止西装走样，西装的纽扣要解开。单排两粒扣式的西装应"扣上不扣下"；单排三粒扣式的西装要么系中间的纽扣，要么系上面两粒纽扣。图5-3所示为规范的西装穿法。

2．套裙

在商务谈判中，女士最好穿着套裙，以体现女性的柔美端庄。

（1）套裙的选择

在选择套裙时，要关注以下问题。

- **面料。**套裙最好选择纯天然质地的上乘面料，保证外观看起来匀称、平整、光洁、挺括。

- **色彩。**套裙最好选择淡雅、庄重的色彩，最好为冷色调。套裙不必拘于单一色彩，上衣与裙子可以采用上浅下深或上深下浅等搭配。

- **图案。**套裙可以以格子、圆点、条纹为主要图案，也可以不带任何图案，但不能带有花卉、宠物、人物、文字、符号等图案。

- **尺寸。**套裙上装最短以向上伸出手臂不露出裙腰为限，最长可以盖住臀部。裙子最短不能短于膝上10厘米，裙边标准的位置为小腿肚。

（2）套裙与鞋袜、衬裙的搭配

穿着套裙时，可以搭配高跟皮鞋、半高跟皮鞋。浅色套裙搭配白色皮鞋，深色套裙搭配黑色皮鞋，也可以选择与套裙同色的皮鞋。此外，还需要搭配高筒袜与连裤袜，不宜穿中筒袜、低筒袜，不能光腿、光脚。

一般穿着套裙时要穿着合身的衬裙，衬裙要选择透气、吸汗、单薄、柔软的面料，色彩应为与套裙协调的单色，且线条要简单。图5-4所示为规范的套裙穿法。

图5-3 规范的西装穿法

图5-4 规范的套裙穿法

（二）会面礼仪

会面是商务谈判的初始阶段，双方谈判人员的实质接触首先源于会面。谈判人员在会面时的仪容仪表、言行举止等会极大地影响双方的进一步沟通和协商。

1．迎接礼仪

主场人员应该在会面前到达，并在门前迎接客人。若宾主早已认识，双方直接行见面礼；若是初次见面，一般由礼宾人员或者己方迎接人员中身份最高者，率先将己方迎接人员按一定顺序介绍给客人。在迎接的整个过程中，己方迎接人员应该始终面带微笑，以表示欢迎。

2．问候礼仪

一般来讲，问候讲究"位低者先行"，即地位、身份低的人首先问候地位、身份高的人。此外，行业不同、国情不同、文化背景不同，往往问候语也不同。"吃饭了吗？""忙什么呢？""最近过得怎么样？"等常用的口头问候语不适合在商务谈判场合中使用。

当被问候者不止一人时，可选用下面几种方法进行问候。

- 统一进行问候，不再具体到每个人，如"大家好""诸位来宾""女士们""先生们"等。
- 采用"由尊而卑"的礼仪习惯，先问候身份高者，然后问候身份低者，在问候时遵循先长后幼、先女后男、先上级后下级、先疏后亲的原则。
- 当被问候者身份相似时，以"由近而远"为先后顺序，即首先问候与本人距离近的人，然后依次问候其他人。

3．称呼礼仪

称呼是指当面招呼对方，以表明彼此关系的名称。在我国，深厚的礼仪底蕴决定了对称呼的严格要求。不称呼或称呼不当，都会给对方带来不快。在商务交往中，弄明白如何称呼对方非常有必要。

商务交往中，称呼应当正式、庄重、规范，如下所示。

- 尊称，如"先生""小姐""夫人""女士"等。称呼"小姐""女士"时要注意区别，未婚者称"小姐"，已婚或不明婚姻状况者称"女士"。
- 姓氏加职务或职称，如"张处长""王经理""李教授""刘律师""孙医生""吴会计"等。

也可以只称呼职务，如"处长""教授"等。

- 职业加泛尊称，如"警察同志""司机先生""秘书小姐""护士小姐"等。
- 对于老前辈或师长，为表示敬重还可以称"张老"等。

4．介绍礼仪

在商务交往中，介绍是必不可少的环节。介绍一般可分为自我介绍和介绍他人。

（1）自我介绍

自我介绍就是把自己介绍给其他人，使对方认识自己。恰当的自我介绍能增进他人对自己的了解。

商务场合的自我介绍应一气呵成，同时需要注意以下几点。

- 若有可能，先递名片再进行介绍。
- 时机要得体。应选择别人需要了解自己的时候，或自己需要别人了解的时候。
- 介绍时语气应镇定且充满信心。
- 自我介绍的内容要真实准确，不夸大其词，不自吹自擂，并懂得适可而止。

（2）介绍他人

不同的场合应由不同的人充当介绍人。在商务聚会或宴请中，介绍人应是主人。公务场合应由秘书、公关人员、礼宾人员充当介绍人。在介绍时，要注意介绍的先后顺序，让受到特别尊重的一方优先了解对方，如先把男士介绍给女士、先把晚辈介绍给长辈、先把职位低者介绍给职位高者、先把主人介绍给客人等。

> **知识点拨**
>
> 介绍的姿势应是手心向上，四指并拢，指向被介绍人，拇指张开，不可以用手指指点点或拍被介绍人的肩或背。被介绍人应当表现出想结识对方的热情，要正面对着对方。介绍时除了女士和长者外，一般相关人员都应该站起来，但若是在会谈过程中或宴会等场合，就不必起身，微微欠身致意便可。被介绍的双方在介绍完后，应相互握手问好。

5．握手礼仪

握手是见面时较常见的礼节，谈判人员应掌握握手的相关礼仪。行握手礼需要讲究握手方法和握手顺序，如果做得不好，很容易带来负面效果。

（1）握手方法

与人握手时应面带笑意，注视对方双眼，神态要专注、热情、友好而自然。不要迟迟不握他人早已伸出的手，或一边握手一边东张西望，或忙于跟其他人打招呼。

向他人行握手礼时应起身站立。一般用右手握，双方手掌呈垂直状态，四指并拢，拇指张开，肘关节微屈，抬至腰部，上身向前倾，相距约一步远，右手向侧下方伸出。握住对方手掌的大部分，上下轻摇两三下，一般以3～5秒为宜。与人握手时力量应当适中，用力过重或过轻都是失礼的行为。

（2）握手顺序

通常情况下，握手时，双方伸出手的先后顺序应为"尊者居前"，即地位高者先伸手，地位低者后伸手。

- 两人顺序。男士和女士间，女士先伸手；晚辈和长辈间，长辈先伸手；上司和下属间，上司先伸手；迎接客人时，主人先伸手；送别客人时，客人先伸手。

- 多人顺序。由尊而卑、由近而远。场地为圆形场地时，按顺时针方向依序握手。

案例5.2

甲、乙两家公司约定今天谈判，甲公司谈判代表王讯作为东道主首先到达谈判场地，但他只顾着看材料，乙公司谈判代表李凡到后他不仅没有迎接，甚至连招呼都没有打。李凡只得主动向王讯问好，并自我介绍说："您好，我叫李凡，是乙公司采购部经理，也是今天的谈判代表。"王讯听后只是笑呵呵地说："嘿，老李，来得挺早的，还没到时间呢。"说罢，王讯起身伸出了左手，和李凡握手。不料这时王迅的同事从门口经过，王迅手还没松开便突然向门外大喊："小宋你来啦，帮忙把我的茶杯拿过来！"

【点评】本案例中，王迅没有遵守会面礼仪，给对方留下了不好的印象。首先，他作为东道主，不仅没有迎接、招呼对方，而且还不妥地称呼对方为"老李"。其次，他的握手方式不对，不仅使用的是左手，而且还在握手的同时与其他人打招呼，显得很不尊重对方。

---

6. 名片礼仪

名片是以姓名为核心的介绍个人信息的载体。在商务交往中，名片犹如一个人的脸面。

（1）名片的递送

谈判双方应在见面之初递上名片。递名片时应起身站立，走上前去，使用双手（双手分别捏住名片的两个角）或者右手将名片正面递给对方，要让印有名字的一面对着对方，目的是让对方能够直接将名片内容读出来。若对方是外宾，最好将名片上印有英文的一面对着对方。将名片递给他人时，应说"多多关照""常联系"等话语。

（2）接受名片

接受名片时，需要注意以下几点。

- 接受名片时，除女性外都应起身站立，面含微笑，使用谦辞敬语，目视对方。
- 接受名片时，应双手捧接，或以右手接过。
- 接过名片后，要从头至尾把名片认真默读一遍，意在表示重视对方。
- 接过名片要递送自己的名片给对方。

（3）名片的存放

接受的名片不可把玩、乱扔乱放，这样是极其不尊重他人的表现。接过他人的名片看过之后，应将其放入专用的名片包、名片夹或上衣口袋内。

案例5.3

两个公司的高管在中间人的介绍下相聚谈一笔生意，双方在此前的积极性都很高。两位高管见面后，A高管首先友好、恭敬地起身用双手递上自己的名片，而B高管以左手接过名片，看都没看就放在茶几上，随后他又随手将茶杯压在名片上。A高管见后只是随口谈了几句话，就找个理由起身告辞。事后，A高管郑重地告诉中间人，这笔生意他不做了。

【点评】本案例中，B高管没有遵守名片礼仪，用左手随意接过名片后，不仅没有认真看名片，而且没有递送自己的名片，甚至将名片乱放，让A高管觉得没有受到尊重，因此不愿意与之合作。

（三）会议礼仪

在商务谈判过程中，会议礼仪能体现一家企业的团体意识、整体素质及成员修养。

1．谈判座位礼仪

在商务活动当中，座位的排列应遵循3个原则，即以前为上、以中为上和以右为上。对于长方形桌，如果谈判桌横放，则正面对门为上座，属于客方；背面对门为下座，属于主方。谈判桌横放的情况如图5-5所示。如果谈判桌竖放，则应以进门方向为准，右侧为上，属客方；左侧为下，属主方。谈判桌竖放的情况如图5-6所示。双方主谈人或负责人各在己方一边的中间就座，翻译人员安排在主谈人或负责人右侧，其余人员则遵循右高左低的原则，依照职位高低自近而远地分别在主谈人或负责人两侧就座。

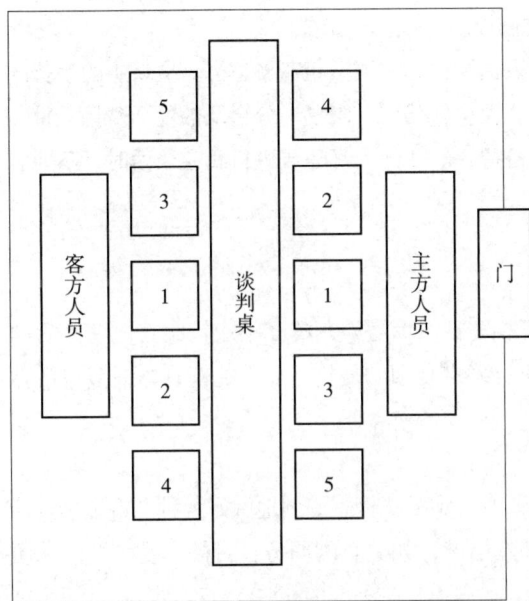

图5-5 谈判桌横放

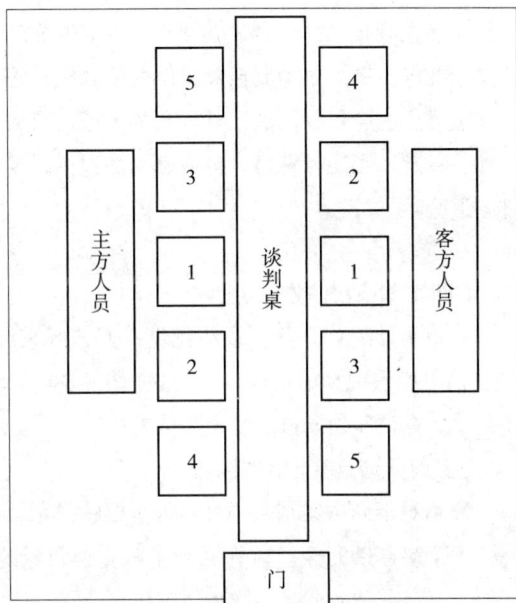

图5-6 谈判桌竖放

2．谈判交谈礼仪

交谈是商务谈判的中心活动。在交谈中，遵守交谈礼仪有着十分重要的作用。

- **尊重交谈对象。**在商务谈判过程中，尊重交谈对象是最基本的礼仪，只有尊重对方、理解对方，才能赢得对方感情上的接近，从而获得对方的尊重和信任。尊重交谈对象应该选择令对方容易接受的方法和态度，了解对方的讲话习惯、文化背景、生活阅历等。交谈时应当意识到，说和听是相互的、平等的，不能出现一方独霸的局面。

- **及时肯定对方。**在商务谈判过程中，当双方的观点出现类似或基本一致的情况时，应当迅速抓住时机，肯定这些共同点。赞同、肯定的语言在交谈中常常会产生异乎寻常的积极作用。当对方赞同或肯定己方的意见和观点时，己方应以动作、语言给予反馈。这种有来有往的双向交流，易于使双方谈判人员感情融洽，从而为达成一致协议奠定良好基础。

- **姿态得体。**交谈时姿态要自然、自信，手势不要过多，谈话距离要适当，谈话内容一般不要涉及易引起不愉快的事情。

- **把握语速、语调和音量。**在交谈中，语速、语调和音量对意思的表达有比较大的影响。交谈中陈述意见要尽量做到语调平稳、语速适中。在特定的场合，可以通过改变语速引起对方的注意，加强表达的效果。一般问题的阐述应使用正常的语调，保持能让对方清晰听见且不引起反感的音量。

案例5-4

本案例视频来自《与全世界做生意》，为山东普利集团公司董事长刘建业与外商谈判的片段。

【点评】商务谈判离不开交谈，商务谈判的过程无疑是交谈的过程。恰当、有礼貌的交谈不仅能增进双方对彼此的了解、友谊和信任，还能促使商务谈判更加顺利、有效地进行。在商务谈判中，交谈并非只限于谈判桌前，还有谈判的间歇时间或离开谈判桌之后的闲谈。交谈的话题并非只限于和谈判相关的问题，还可能是生活中的方方面面。所以，一定要注意交谈礼仪，例如表情要自然，态度要和气，语言表达要得体，谈话距离要适当。交谈中的手势要适当。手势可以反映谈判人员的情绪，可以表达大小、强弱、难易、分合及数量、赞扬、批评、肯定、否定等意思。参与别人的谈话时要先打招呼。在他人耳语或进行私密谈话时，不要凑近旁听。

案例视频：
刘建业与缅
甸商人麦克
妞妞谈判

（四）宴请礼仪

在商务谈判中，为了联络感情，双方经常会互相宴请。商务谈判的宴请应该比其他商务活动的宴请更加重视宴请礼仪，宴请之前要根据具体情况确定宴请的规格。宴请礼仪具体细节包括宴请组织、宴请座位安排、宴请个人礼仪等。

1. 商务谈判宴请组织

宴请对于商务谈判来说具有很重要的作用，宴请方一定要认真、周到地做好各种准备工作。

- 了解宴请对象。首先必须了解宴请对象的基本情况，如主宾的职务、习俗、爱好等，以便确定宴请的形式、饮食的安排。
- 明确宴请的形式。宴请的形式根据规格、人数确定，可以分为正式宴会、酒会、自助餐等。
- 选择宴请的地点。可根据谈判的内容，谈判双方的职务、年龄、性别等选择合适的宴请地点。
- 安排菜肴和酒水。宴请中菜肴的安排要做到丰俭搭配、主次分明，需要注意以下几点：精致可口、赏心悦目、特色突出，尊重对方饮食习惯、了解对方饮食禁忌，注意冷热、甜咸、色香味搭配。

2. 商务谈判宴请座位安排

商务谈判宴请座位安排与商务谈判座位安排大致相同，一般是右高左低，前高后低，先右后左，中间高于两侧。国际宴请座位安排一般是男女穿插，每位女士身边均会安排一位男士，以便在任何时候可以有男士帮助女士。中式宴请的座位安排首先面门居中者为上座，以右为尊。在商务谈判宴请中，可以根据职位高低安排座位，职位相当者坐在一起，便于沟通。如果有夫人随同出席，应该把夫妻安排在一起。

每桌通常安排10人，来宾的位置以主人座位为基点依次安排。当只有一位主人时，1号来宾坐在主人右手的一侧，2号来宾坐在主人左手的一侧，其他来宾依次坐在两侧。当有两位主人时，即有第一主人和第二主人时，1号来宾坐在第一主人右手的一侧，2号来宾坐在第一主人左手的一侧，

3号来宾坐在第二主人右手的一侧，4号来宾坐在第二主人左手的一侧，其他来宾依此排座。

3.商务谈判宴请个人礼仪

商务谈判宴请个人礼仪实际上是双向的礼仪，宾主双方各有必须遵循的礼仪。

（1）邀请方礼仪

商务谈判宴请邀请方礼仪包含如下3个方面。

- **迎送宾客**：宴会开始前在酒店门口迎接宾客，宴会结束后一一送别。
- **引导入席**：安排专门的引导人员，引导宾客依次入席。
- **用餐安排**：邀请方应该努力使宴请就餐过程气氛融洽，要不时寻找话题进行交流，还要注意宾客的用餐喜好，掌握宴请的进度。

（2）被邀请方礼仪

商务谈判宴请被邀请方礼仪包含如下两个方面。

- **赴宴准时**：被邀请方应该掌握好赴宴时间，一定不要迟到，也不要过早到。
- **交谈得体**：被邀请方应该主动与其他人交谈，不要只和自己熟识的人交谈，特别应注意要与主人进行交谈；交谈的话题要轻松、高雅、有趣，不要涉及敏感、令对方不快的问题，不要对宴会和饭菜妄加评论。

知识点拨

商务谈判宴请应该注意：宴请中不宜深入交谈与谈判有关的实质性问题，以免陷入僵局；宴请中不要吸烟，进嘴的东西不要吐出来；让菜不夹菜，助酒不劝酒；餐桌上不要整理服饰，吃东西不要发出声音。

案例5-5

一天，陈倩受邀参加合作公司的商务谈判宴请，她想好好打扮一番，没想到出门晚了，当她匆匆忙忙赶到时，已经迟到了20分钟。和主人简单打个招呼后，陈倩就自己找位置坐下来，和自己的同事说起了悄悄话，其他人她一概不理。一道菜上桌后摆在离陈倩较远的位置，她不顾有人在夹菜，就转起桌方便自己夹菜。没想到这道菜很辣，陈倩吃了两口就吐在了自己的盘子里。接着，她想喝碗汤缓解一下，但喝汤时发出咕嘟咕嘟的声音。看到身边人都在看自己，陈倩大声说："哎哟，这桌菜没一道好吃的，你看这道菜，只剩下辣味，做得一点都不地道。"

【点评】本案例中，陈倩作为被邀请方，不仅迟到，而且在入座后没有遵守相关礼仪：只和自己熟识的人说悄悄话、夹菜时不考虑他人、进嘴的东西又吐出来、喝汤发出声音、对饭菜妄加评论。这些举动会影响他人就餐，让他人觉得她很没有礼貌，对其产生不好的印象。

（五）馈赠礼仪

赠送礼品的主要目的是除了对本次谈判顺利结束表示祝贺以外，也是想向合作公司示好，以巩固彼此的关系，期望达成进一步的交往。在商务活动中，赠送礼品是一项重要内容，送什么、什么时候送、在什么场合送都有讲究，只有合乎礼仪的馈赠行为才能达到上述目的。

1．礼品的选择

不论是国内商务谈判还是国际商务谈判，是正式活动还是私人应酬，因为交往对象的国籍、民族不同，年龄、性别、职业、兴趣各异，所以选择礼品时务必根据不同的对象选择不同的礼品，以满足不同的需要。礼品的选择通常按照"巧、小、少"的原则进行。

- 巧。礼品不重贵贱，在于用意巧妙，特色产品就是较好的选择。
- 小。所送礼品一般以能够随身携带、小巧玲珑为佳。如果礼品不易搬动，赠送时容易引发众人关注，而对方搬走不便，也会使受礼人尴尬。
- 少。送礼应遵循少而精的原则，公司的主打产品、宣传画册、标志或建筑模型等都是很好的正式礼品。在重大活动中，以公司的名义正式向外界赠送礼品，要突出礼品的纪念性。

2．赠送的时机

礼尚往来是人之常情，但要把握分寸、把握时机，千万不能因送礼、还礼而受累。参加宴会向主人赠送礼品时，应在见面之初就把礼品赠予对方；当自己以东道主身份接待来宾时，通常是在对方告辞之前向对方赠送礼品，在告别宴会上赠送或到其下榻处赠送都可。

选择赠送礼品的地点时要注意公私有别。一般来说，工作中所赠送的礼品应该在公务场合赠送，如办公室、写字楼、会客厅等；在工作之外或私人交往中赠送的礼品则应在私人居所赠送。

赠送礼品时在外国来宾面前不要讲"真不好意思，礼品太薄，实在拿不出手"之类的话，因为外国人的思维习惯不同，如此表达会使他们误认为你轻视他，不妨反过来说"这件礼物是我专门为你挑选的，希望你能够喜欢"。

3．赠送的形式

赠送礼品，尤其赠送给外国来宾，包装很重要，它表示主人的诚意和对受礼人的尊重。不论礼品本身有没有盒子，都可选用彩色花纹纸包装，用彩色丝带捆扎好，并系成蝴蝶结、梅花结等。包装所用的材料要尽量精美。在礼品包装纸的颜色、图案，包装后的形状，丝带的颜色与系法等方面，要注意尊重受礼人的文化背景、风俗习惯和禁忌。

4．接受回赠

客人回赠礼品，一定要欣然接受并表示赞美和感谢，不要过于谦虚，不要用"受之有愧""我不能收您的礼品"这样的话予以推辞。收到客人的礼品后最好尽快打开，长时间对礼品无反应，会使人产生你对礼品不感兴趣或不喜欢这类礼品的感觉。

对于不熟悉的人赠送的昂贵礼品或接受后或许会受制于对方的礼品，可拒收。在拒收礼品时应保持礼貌、从容、自然、友好的态度，先向对方表达感谢之情，再向对方详细说明拒收的原因，切记不可强硬拒绝，以免令对方难堪。

5．赠送的禁忌

禁忌，是指在特定文化或社会规范下，被认为不宜或禁止做的事情、触碰的对象、具有负面象征意义的行为或言论等。禁忌一是由受礼人的个人原因造成的，二是由风俗习惯、文化背景、职业道德等形成的。在选择礼品时，必须慎重对待，考虑受礼人的禁忌，不能随心所欲、不假思索地赠送礼品。

一般来说，我国在国内、国际正式社交活动中，因公赠礼时，不允许选择以下几类物品作为正式赠予交往对象的礼品：一是现金、信用卡、有价证券，二是过于昂贵的奢侈品，三是烟酒等不合时宜、不利健康的物品，四是易使异性产生误解的物品，五是触犯受礼人个人禁忌的物品。

（六）涉外礼仪

涉外礼仪是人们在对外交往中用以维护自身形象，向交往对象表示尊重与友好的约定俗成的习惯做法。目前我国很多企业都需要开展国际贸易，在与外国人交往的过程中需要掌握涉外礼仪。

1．涉外礼仪原则

由于各国（地区）间存在文化差异，因此涉外礼仪有特别的原则，只有遵守相关的原则才能在涉外交往中得心应手、举止有度。

（1）入乡随俗原则

不同的国家（地区）有不同的习俗，谈判人员要遵循入乡随俗原则，在涉外交往中尊重对方独有的风俗习惯（要做到这一点首先必须充分了解对方的相关习俗），可以有选择地在饮食、着装、礼仪等方面考虑迎合对方的文化，但又不完全放弃本土文化，力求在本土文化和对方的文化之间找到平衡点。

（2）维护形象原则

在涉外交往中，维护形象不仅指个人形象，还包括国家的形象、集体的形象。这就要求谈判人员热爱祖国和人民，将祖国的利益放在首位，在外国人面前要时刻记住自己是国家、民族、企业的代表，让自己表现得不卑不亢、言行从容、得体、大方，既谨慎又不拘谨，既主动又不盲动。

知识点拨

在涉外交往中不要过分自谦，以免被人误会。做人首先要自信，不自信的人难以得到别人的认可。当受到外国人夸赞时，只需大大方方地说"谢谢"即可。在自我介绍或自我评价时，也要大胆肯定自身的价值。

（3）尊重隐私原则

当前的涉外礼仪强调尊重个人，维护人格尊严，因此，十分重要的一点就是自觉地、有意识地回避对方的个人隐私（泛指一个人不愿对外公开的个人情况），包括经历、收入、年龄、家庭住址、婚恋状况、健康状况等，否则极有可能令对方不快。

案例5-6

某外贸公司王经理应英国合作公司的要求到英国进行谈判。第一天谈判结束后，英国公司代表邀请王经理到自己家里参加宴会，王经理欣然应邀。

到达英国公司代表家中后，王经理为了拉近双方的距离，就问英国公司代表："我看你的脸色不太好，是不是昨天晚上没休息好啊？"接着又追问对方是生病了还是家里出什么事情了。吃完饭，王经理又向英国公司代表说："您的房子很漂亮，我很喜欢，装修应该花了不少钱吧？"拜访结束后不久，英国公司代表就派人通知王经理之后的谈判取消，理由是认为王经理不尊重他。

【点评】本案例中，王经理多次询问对方的私人情况，本意是为了拉近与对方的距离，但让对方认为这是不尊重其隐私。因此，谈判人员在与他人打交道时一定要注意谈话的分寸，避免谈论私人话题。

（4）女士优先原则

"女士优先"是国际公认的礼仪原则，其核心要求有两个：一是每一位成年男士都有义务主动用自己的实际行动尊重和照顾女士；二是要对所有女士一视同仁，不论是熟悉的还是陌生的，年轻的还是年长的，职位高的还是职位低的。

（5）以右为尊原则

依照国际惯例，在正式的交往中，需要排列主次时，应遵循右高左低的原则，即以右为尊，以左为卑。这一点在文化交流、私人接触、社交应酬等场合也适用。

2．各国商务礼俗与禁忌

不同的国家（地区）有不同的商务礼俗和禁忌，因此在与不同国家（地区）的商人沟通时，需要了解其文化背景，避免触犯禁忌。

（1）美国商务礼俗与禁忌

美国人一般性情开朗、乐于交际、不拘礼节。与美国人第一次见面行握手礼时应紧握，双眼要正视对方，微弓身。需要注意的是，美国人对握手时目视其他地方很反感，认为这是傲慢和不礼貌的表现。他们一般乐于在家里宴请客人，而不习惯在餐馆请客。他们不喜欢用餐的人在自己的餐碟里剩食物，认为这是不礼貌的行为。

在美国，如果要登门拜访，记得先打电话预约；名片一般不送给别人，只有在双方想保持联系时才送；当着美国人的面想抽烟，必须问对方是否介意。和美国人做生意可放手讨价还价，但在磋商中要注意策略，立足事实，若不同意对方的某些论点，用美国人自己的逻辑进行驳斥往往能收到很好的效果。美国人十分欣赏那些富于进取精神、善于施展策略、精于讨价还价而获取经济利益的人，尤其爱在"棋逢对手"的情况下和对方开展谈判和交易。

美国人忌讳问个人收入和财产情况，忌讳问妇女婚否、年龄以及服饰价格等私事，特别忌讳赠送带有公司标志的礼品。

（2）加拿大商务礼俗与禁忌

加拿大是一个和美国相邻的大国，但在商务礼俗上与美国存在区别，和英法两国差不多。公务时间，加拿大人很注意个人仪表和卫生，所以他们希望客人也能这样。加拿大人会邀请客人到家中做客，以示友好，但送礼时切记不要送白色的百合花，因为加拿大人认为百合花是与葬礼联系在一起的。

与加拿大人进行商务交往时，赴约要准时，切忌失约。在宴席上，加拿大人喜用偶数安排座位，忌讳单数，特别忌讳安排13个座位。

（3）英国商务礼俗与禁忌

英国人讲究文明礼貌，注重修养，同时要求别人对自己有礼貌。他们注意衣着打扮，什么场合穿什么服饰都有一定惯例；在交往时常用"请""对不起""谢谢"等礼貌用语；见面时对尊长、上级和不熟悉的人用尊称，并在对方姓名前面加上头衔或先生、女士、夫人、小姐等称呼；见面时不能问女士的年龄，也不能谈论工资等个人隐私。

和英国人坐着谈话忌讳两腿张开幅度过大，更不能跷起二郎腿。如果和英国人站着谈话，不能把手插入衣袋。他们忌讳别人当着他们的面耳语和拍打肩背，忌讳有人用手捂着嘴看着他们笑，认为这是在嘲笑人。

（4）澳大利亚商务礼俗与禁忌

澳大利亚人的主要商务礼俗包括3点：一是奉行"人人平等"的信条，遵从"女士优先"的社交原则；二是谦恭随和，遵时守约；三是喜欢在酒店进行商务交谈，喜欢边吃边谈，效率极高。

在商务交往中，澳大利亚人忌讳没有时间观念，在与其进行商务交往时，切忌迟到或失约。

（5）法国商务礼俗与禁忌

和法国人约会必须事先约定时间，准时赴约是有礼貌的表现，但不要提前。在商务交往中，法国人常用的见面礼是握手礼。法国人爱花，可以送他们花，但是忌讳送黄色的花，因为他们认为黄色的花寓意不忠诚。不要送香水或化妆品给法国女客户，因为她们认为这样象征着过分亲热。

在商务交往中，法国商人有一个十分独特的地方，就是坚持要求使用法语。他们若发现跟自己交谈的人会说法语却使用了英语，肯定会生气。但他们也忌讳别人讲蹩脚的法语，认为这是对其母语的亵渎，若对法语不精通，最好借助翻译人员。

（6）德国商务礼俗与禁忌

德国人讲究效率，崇尚理性思维，时间观念强。在商务交往中，德国人重视称呼，对德国人称呼不当通常会令对方不快。一般情况下，切勿直呼德国人的名，可以称其全名或仅称其姓。和德国人交谈时，切勿疏忽对"您"与"你"这两种人称代词的使用。在德国，称"您"表示尊重，称"你"则表示地位平等、关系密切。

给德国人赠送礼品务须谨慎，应尽量选择有民族特色、文化意义的礼品。不要给德国女客户送玫瑰、香水和内衣，因为它们都包含"爱"的意思；也不能将西餐餐具送给德国人，因为德国人认为这有"断交"之嫌。

（7）俄罗斯商务礼俗与禁忌

俄罗斯人性格开朗、豪放，集体观念强，十分注重仪容仪表，习惯着装整齐。俄罗斯男性外出活动时，一定会把胡子刮净，准时赴约。在社交场合，俄罗斯男性处处尊重女性。俄罗斯人重视文化教育，喜欢艺术品和艺术欣赏，所以和他们谈论艺术是个很好的选择。

和俄罗斯人说话要坦诚相见，不能在背后议论他人，更不能说他们小气；对女性要十分尊重，忌讳问年龄和服饰价格等。

（8）日本商务礼俗与禁忌

在社交活动中，日本人爱用自谦语言，如"请多关照""粗茶淡饭，照顾不周"等。在与日本人交谈时，不要边说边指手画脚，别人讲话时切忌打断。他们不喜欢针锋相对的言行与急躁的风格，把善于控制自己的举止看作一种美德，主张低姿态待人，说话时避免凝视对方。

在与日本人交谈时，不要打听其年龄、婚姻状况、收入等私事；对年事高的人不要用"年迈""老人"等字样。日本商人还忌讳"2月""8月"，因为这是营业淡季。书法作品和精美的印章是日本人非常喜欢的礼品。

实战演练　接待谈判小组

1. 实训背景

四川华兴公司（以下简称"华兴公司"）邀请广东严创公司（以下简称"严创公司"）来成都谈判，华兴公司作为东道主要接待严创公司谈判小组。双方此前曾有过一次较为愉快的合作。双方的谈判小组都有5人，华兴公司谈判小组的主谈人是销售部总监王峰，严创公司谈判小组的主谈人是总经理周成，二人以前通过视频会议交流过，知道对方的长相。双方预计谈判时间为2023年3月3日至3月5日，严创公司谈判小组将于2023年3月2日晚上9点抵达成都。

2. 实训要求

请同学们自行组队，并分为两个小组组成谈判双方（每组5人），模拟接待过程，具体要求如下。

（1）华兴公司谈判小组迎接严创公司谈判小组。

（2）华兴公司谈判小组安排谈判座位。

（3）第一天谈判结束后，华兴公司谈判小组安排聚餐。

（4）谈判结束，华兴公司谈判小组在对方临走前向其赠送礼品。

3. 实训步骤

（1）机场迎接。华兴公司谈判小组赶到机场迎接严创公司谈判小组，双方遵照会面礼仪进行相互问候、介绍。参考的接待情形如下。

华兴公司谈判小组成员身穿工作服（男士身着黑色西装、白色衬衣、浅蓝色领带以及黑色皮鞋，女士身着黑色套裙、白色衬衣、高筒袜和黑色高跟鞋），在3月2日晚上8点半赶到机场，待严创公司谈判小组乘坐航班抵达后，高举写有"欢迎严创公司"的接机牌在接机口等候。

严创公司谈判小组很快从接机口出来，看到接机牌便走过来。华兴公司的王峰也认出了周成，首先面带微笑地伸出右手，与周成握手，然后使用双手捏住名片的两个角将名片正面递给对方，并说："周总您好，我是华兴公司销售部总监王峰，带领我们公司的谈判小组在这里迎接贵公司谈判小组，这是我的名片。"周成双手接过名片，认真默读一遍名片，然后递送自己的名片，并做了自我介绍。

接着，王峰主动介绍了自己谈判小组的成员，周成也介绍了自己谈判小组的成员，双方互相握手、问候、交换名片。

双方简单认识后，华兴公司安排了两辆出租车将严创公司谈判小组送到酒店休息。

（2）安排谈判座位。华兴公司作为东道主，要按照座位礼仪安排座位。参考的情形如下。

华兴公司要提前安排座位。华兴公司的谈判桌是竖放的，因此可以安排严创公司谈判小组坐在进门方向的右侧，华兴公司谈判小组坐在进门方向的左侧，双方主谈人坐中间，其他成员按职务由高到低的顺序从右向左排。

（3）宴请。华兴公司邀请对方前往本地餐厅聚餐，在选择餐厅时要考虑对方的饮食习惯和口味，在安排座位时要考虑职位高低和交流方便，就餐时要主动寻找话题，使气氛融洽。参考的情形如下。

华兴公司考虑到对方是广东人，饮食习惯与四川人有一定的差异，于是决定选择一家中等消费水平的粤菜餐厅，并提前安排了大包间。

包间内有一张圆桌，面门中间的位置可以安排王峰，王峰右边的位置安排周成，左边的位置安排严创公司职务第二高的成员。其他座位可以根据职务高低，遵循右高左低的原则来安排，同时要尽量安排主客相间，以方便交流。

严创公司谈判小组到达餐厅后，华兴公司的王峰等人在门口迎接，并带领其来到包间落座。

点菜时华兴公司征求了对方的意见，结合对广东人饮食偏好的了解，点了脆皮烧鹅、清蒸鱼、白切鸡、梅菜扣肉、白灼菜心、老火靓汤等菜品。

就餐时，华兴公司王峰首先主动谈起自己对广东美食、文化的喜爱，严创公司周成等人也积极回应。双方又谈论起广东、四川两地的习俗差异等，王峰作为东道主还向对方介绍成都本地的旅游攻略，就餐氛围融洽。

（4）馈赠。华兴公司精心挑选礼品送给对方，选择时遵循"巧、小、少"的原则。参考的情形如下。

在严创公司谈判小组临走前，华兴公司为其每个成员送出的是具有成都本地特色的蜀绣摆件，小巧便携，还用礼盒、彩色花纹纸进行了包装，用彩色丝带捆扎好，显得十分精美。

严创公司谈判小组成员收到礼品后，当场打开，对礼品表示喜爱、称赞，并对华兴公司表示感谢。

综合练习

一、单项选择题

1. 下列各项不属于商务礼仪的作用的是（　　　）。
   A. 提升谈判人员的个人素质　　　　　B. 建立良好的人际关系
   C. 维护谈判人员和企业的形象　　　　D. 增强谈判能力

2. 下列关于商务着装礼仪的说法不正确的是（　　　）。
   A. 西装的面料最好是纯羊毛和混纺
   B. 领带的花色不能太鲜艳，花纹不能太复杂
   C. 当西装为深色时，袜子可以为白色
   D. 套裙上不可以有文字、宠物等图案

3. 握手时的伸手顺序为尊者居前，下列做法错误的是（　　　）。
   A. 男士和女士握手，女士先伸手
   B. 晚辈和长辈握手，长辈先伸手
   C. 迎接客人时，客人先伸手，主人后伸手
   D. 送别客人时，客人先伸手，主人后伸手

4. 下列介绍顺序不正确的是（　　　）。
   A. 先把年轻的介绍给年长的
   B. 先把总裁介绍给业务经理
   C. 先把男士介绍给女士
   D. 先把公司同事介绍给客户

二、多项选择题

1. 在商务宴请前，宴请方需要完成的准备工作包括（　　　）。
   A. 了解宴请对象　　　　　　　　　　B. 明确宴请的形式
   C. 选择宴请的地点　　　　　　　　　D. 安排菜肴和酒水

2. 下列关于宴请礼仪的说法正确的有（　　　）。
   A. 宴会开始前在酒店门口迎接宾客，宴会结束后一一送别
   B. 安排专门的引导人员，引导宾客依次入席
   C. 邀请方应该努力使宴请就餐过程气氛融洽，要不时寻找话题进行交流
   D. 被邀请方不要只和自己熟识的人交谈，特别应注意与主人进行交谈

3. 下列关于馈赠礼仪的说法正确的有（　　）。

   A. 所送礼品一般以能够随身携带、小巧玲珑为佳

   B. 公司的主打产品、宣传画册、标志或建筑模型等，都是很好的正式礼品

   C. 参加宴会向主人赠送礼品时，应在见面之初把礼品赠予对方

   D. 收到客人的礼物后，不要立马打开，要等到私下独处时打开

4. 下列关于商务礼俗与禁忌的说法正确的有（　　）。

   A. 美国人十分欣赏富于进取精神、善于施展策略、精于讨价还价而获取经济利益的人

   B. 和英国人坐着谈话不能跷起二郎腿，忌讳当着他们的面耳语和拍打肩背

   C. 法国人讲究效率，崇尚理性思维

   D. 德国人爱用自谦语言，如"请多关照""粗茶淡饭，照顾不周"等

三、简答题

1. 涉外礼仪的原则有哪些？

2. 商务谈判宴请座位应该如何安排？

3. 商务礼仪修养可以通过哪些方式提升？

四、案例分析题

1. 阅读以下案例并思考问题。

帝华集团销售部孙小明与郑蔚青正在公司门口迎候明兴集团公司的李经理。一辆商务车驶来，车上走下来一位男士。孙小明走上前，恭敬地说："李总，我叫孙小明，是帝华集团的销售部经理。好久不见了，您吃饭了吗？"李经理连声道谢。这时郑蔚青突然挤上前说："李总好！我们见过的，您还记得我吧？"李总点头。郑蔚青又嬉笑着问："那我是谁？"李总尴尬地望着他，无言以对。

思考：孙小明和郑蔚青的表现是否符合商务礼仪？如果不符合，正确的做法是什么？

2. 阅读以下案例并思考问题。

小何是职场新人，今天要去参与谈判，特地为自己准备了一身亮眼的装扮：刚买的浅粉色的西装，西装上还有字母图案；洁净的黑白条纹衬衫，鲜艳的碎花领带；锃亮的黑色皮鞋，白色的干净袜子。这样的一身打扮一定会给对方留下良好的第一印象，小何这样想。

思考：小何的着装有哪些问题？

模块六

探测摸底：商务谈判开局

6

【知识目标】

- 熟悉开局氛围的类型及营造方法
- 掌握开场陈述的内容和方式
- 掌握不同开局策略的实施方法

【能力目标】

- 能够根据谈判需要营造合适的谈判开局氛围
- 能够选择合理的谈判开局策略

【素养目标】

- 学会营造高调氛围的方法，促使谈判双方愉快交流
- 学会恰当地在谈判中称赞他人，拉近与对方的距离

很快，家具厂与外商正式谈判的日子到了。谈判开始后，外商十分严肃，于是家具厂总经理主动与外商交谈，询问外商来中国是否习惯、是否喜欢吃中餐、有没有想去参观的景点等。外商看家具厂总经理十分热情、亲切，也一改严肃的神情，与家具厂总经理闲聊了一会儿。其他谈判人员也配合着微笑，整个场面十分和谐。这段闲聊拉近了彼此的距离，为之后的谈判奠定了良好的基础。具体来说，在谈判开局阶段，家具厂谈判小组的主要任务有3个，如图6-1所示。

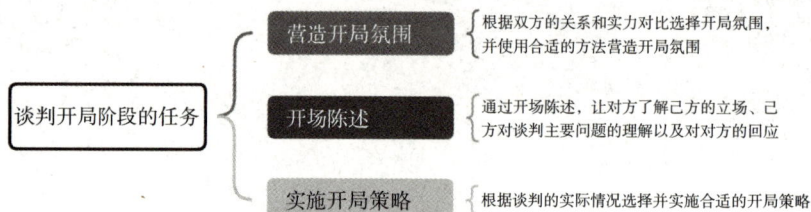

图6-1　谈判开局阶段的任务

任务一　营造开局氛围

谈判开始后，家具厂总经理与外商看似在闲聊，但不可或缺，它属于谈判的开局阶段。开局阶段虽然在时间上只占整个谈判过程的很小一部分，涉及的内容似乎与整个谈判的主题关系不大，但往往关系到双方谈判的诚意和积极性，决定谈判的基调和发展趋势。

开局阶段中十分重要的一点就是营造谈判开局氛围。这里的氛围是指谈判双方通过各自表现的态度、作风建立起来的谈判环境。谈判经验证明：在非实质性谈判阶段创造的氛围会对整个谈判过程产生决定作用，并影响谈判人员的心理、情绪和感觉。

案例6-1

某国内企业准备从国外引进一条生产线，于是与某国一家公司进行了接触。双方分别派出了一个谈判小组就此问题进行谈判。谈判当天，双方谈判代表刚刚就座，中方的首席代表就站了起来，对大家说："在谈判开始前，我有一个好消息要与大家分享，我的孩子在昨天夜里出生了！"此话一出，中方人员纷纷站起来向他道贺，对方代表也纷纷站起来向他道贺。整个谈判会场的氛围顿时热烈起来，谈判进行得非常顺利。最终中方企业以合理的价格顺利地引进了一条生产线。

【点评】本例中，中方谈判代表在谈判开始前说起自己家中的喜事，引来众人的祝贺，其用意是活跃氛围，拉近谈判双方的距离，为后续的谈判打下良好的基础。

（一）开局氛围的类型及营造方法

开局氛围可以是热烈的、积极的、友好的，也可以是平静的、严肃的、严谨的，还可以是冷淡的、对立的、紧张的。不同的开局氛围可以用不同的方法进行营造。

1. 营造高调氛围

高调氛围是指谈判情势比较热烈，谈判双方情绪积极、态度主动，愉快因素成为谈判情势主导因素。营造高调氛围通常有以下几种方法。

- 感情共鸣法。感情共鸣法通过某一特殊事件引发普遍存在于人们心中的正面感情因素，使这种感情迸发出来，从而达到营造氛围的目的。
- 称赞法。称赞法是削弱对方防备心理的一种有效方法，总是能产生奇效。发自肺腑地赞美某人，可以让其认识到自我价值，从而激发对方的谈判热情，调动对方的情绪，营造高调的谈判开局氛围。例如，来到对方的办公楼后称赞："你们的办公楼设计得真有特色，不愧是行业领先企业啊！"

素养小课堂

通常来说，每个人都希望自己的工作或取得的成果得到别人的称赞。发自真心的称赞会使别人得到鼓励，变得心情爽朗、积极上进，使双方的隔阂缩小，有助于培养积极的人际关系。

- 幽默法。幽默法是通过幽默的方式进行沟通的方法。它可以有效消除谈判对手的戒备心理，使其积极地参与到谈判中，从而营造热烈、轻松的谈判开局氛围。
- 诱导法。诱导法是指投其所好，利用对方感兴趣或值得骄傲的一些话题，以调动对方的谈话情绪与欲望，从而营造热烈、活跃的氛围。

案例6-2

甲公司想要成为乙公司在北京的代理商，双方经过几次磋商均未达成协议。在最后一次谈判中，甲公司谈判代表发现乙公司谈判代表喝茶及取放茶杯的姿势十分特别，于是说道："从您喝茶的姿势来看，您十分精通茶道，能否为我们介绍一下？"这句话正好说到了乙公司谈判代表的兴趣点上，于是他滔滔不绝地讲述起来。结果，后面的谈判进行得异常顺利，甲公司终于拿到了期望的代理权。

【点评】主动提及对方感兴趣的话题，就很容易引起热烈的讨论，营造出活跃的氛围。

2. 营造低调氛围

低调氛围是指谈判氛围十分严肃、低落，谈判的一方情绪消极、态度冷淡，不快因素构成谈判情势主导因素的一种谈判开局氛围。营造低调氛围通常有以下几种方法。

- 沉默法。沉默法是较为常用的一种营造低调氛围的方法。它是以沉默的方式使谈判氛围"降温"，从而达到向对方施加心理压力的目的。这里的沉默不等于一言不发，而是指尽量避免对谈判的实质性问题发表意见。使用沉默法时，沉默的理由要合情合理，如假装不理解某项技术问题或对方就某个问题的陈述，或假装对对方的某个失误十分不满。此外，要注意沉默有度，适时进行反击，迫使对方让步。

案例6-3

一家互联网公司与一家软件公司进行一场商务谈判，谈判一开始，互联网公司代表就滔滔不绝地向软件公司介绍情况，而软件公司代表一言不发，只是认真倾听并仔细记录。当互联网公司代表介绍完并征求软件公司代表的意见时，软件公司代表表示要回去研究一下，互联网公司不得不同意休会。

第二轮谈判开始时，软件公司更换了谈判人员，并以不了解情况为由要求互联网公司代表再介绍一遍情况。可是在互联网公司代表介绍完之后，软件公司代表仍然表示需要研究，要求再次休会。第三轮谈判，软件公司故技重施。

这样一拖就是半年，互联网公司已经等得烦躁不安，指责对方没有诚意。谈判已到了破裂的边缘。这时，软件公司突然派出一个由董事长亲自率领的代表团，在互联网公司毫无准备的情况下要求恢复谈判，并抛出自己的最后方案，催促互联网公司代表讨论全部细节。而措手不及的互联网公司在对方的施压下居然稀里糊涂地签下了一份明显有利于软件公司的协议。

【点评】沉默法是降低对方热情非常简单、直接、有效的方法。谈判人员可在对方产生烦躁、沮丧情绪时，适时反击，迫使对方做出让步。

- 疲劳法。疲劳法是指使对方对某一个问题或某几个问题反复进行陈述，从生理和心理上使对方感到疲劳，降低对方的热情。采用疲劳法时可以多准备一些问题，但问题要合理。在迫使对方反复陈述时要注意避免激起对方强烈的对立情绪，以免使谈判破裂。
- 指责法。指责法是指对对方的某项错误或失误严加指责，使其感到内疚，从而达到营造低调开局氛围的目的。

案例6-4

A、B两企业就产品质量问题进行谈判。在谈判开始时，双方进行了以下对话。

A企业："根据我方使用你们产品的情况，我提议今天的谈判首先从上次产品质量事故谈起……"

B企业："上次产品质量事故已经有了明确的结论，有必要继续谈吗？我认为没必要浪费这个时间。我们的合作要往前看，今天的谈判应该站在新的起点上考虑产品质量问题。"

A企业："我们不这么看。上次的事故虽然已经得到了妥善的解决，但对于今后的工作还是有很大借鉴意义的。"

B企业："我说过，不再提上次。我发现你怎么有点怀旧呀……"

A企业："我是老派人，喜欢温故知新嘛。"

【点评】谈判一开始，A企业从以前B企业产品出现的质量事故谈起，其实就是想让B企业感到愧疚，达到营造低调氛围，使自己占据主导地位的目的。当B企业反复提出不再讨论上次的产品质量事故时，如果A企业继续争论，可能会使双方不欢而散，因此A企业又以"老派人"的自嘲缓和谈判氛围。

3．营造自然氛围

自然氛围是指谈判双方情绪平稳，谈判氛围既不热烈，也不消沉的一种谈判开局氛围。营造自然氛围需要注意以下几点。

- 行为、礼仪要合乎规范。
- 询问问题要自然，不要与谈判对手就某一问题过早地发生争论。
- 对对方提出的问题应尽可能正面回答。如果不能回答，要采用恰当的方式进行回避，以免造成误会。

（二）开局氛围的选择

不同类型的谈判需要营造不同的谈判氛围。在选择营造某种类型的开局氛围时，需要考虑以下几个因素。

1．谈判双方的关系

谈判双方的关系会对开局氛围产生影响。总体来说，有以下4种情形。

- 如果谈判双方在之前就有过业务往来，而且有着良好的合作关系，可以把这种良好的合作关系作为双方谈判的基础，营造热烈、愉快的高调氛围。己方谈判人员可以保持放松、亲切的状态，使用十分热情的语言称赞对方企业的发展或者对方谈判人员的精神面貌，也可以回忆双方过去的友好合作关系或双方良好的人员交往。
- 双方过去有过业务往来但关系一般，开局时则应争取营造一个较友好、随和的自然氛围。己方谈判人员可以保持随和的姿态，使用略热情的语言谈起双方过去的人员交往情况。
- 如果双方有过业务往来，但彼此之间的印象不好，开局则可以采用严肃、凝重的低调氛围。己方谈判人员可以在讲礼貌的前提下适当与对方保持距离，使用严谨甚至冷峻的语气对过去双方业务关系表示不满、遗憾，并表示希望通过本次交易做出改变，也可谈论途中见闻、天气、饮食等中性话题。
- 如果双方过去从未有过业务往来，此次谈判是第一次交往，就需要刻意地营造真诚、友好、合作的高调氛围，尽量消除双方的陌生感和戒备心理。己方谈判人员可以使用礼貌友好且不失身份的语言谈论近期新闻、天气、个人爱好等轻松话题，做到不卑不亢、自信沉稳。

知识点拨

除了谈判企业之间的关系，谈判人员个人之间的关系也会影响开局氛围的选择。通常情况下，如果双方谈判人员过去有过接触，并且建立了一定的友谊，那么在开局阶段即可畅谈过去交往的情景，或讲述离别后的经历，此时的开局氛围很可能是轻松愉快的。

2．谈判双方的实力对比

谈判双方的实力对比也会影响开局氛围的选择，具体有以下3种情况。

- **双方实力相当。** 己方谈判人员应尽量营造友好、随和的自然氛围，避免强化对方的戒备心理。若双方进入谈判的实质性阶段后依然保持互争高低的态势，将对谈判造成负面影响。
- **己方实力明显强于对方。** 己方谈判人员应尽量营造严肃、凝重的低调氛围，在礼貌友好的前提下，在语言和姿态上凸显己方的自信和气势，从而产生适当的威慑作用，使对方意识到双方实力的差距。
- **己方实力弱于对方。** 己方谈判人员应尽量营造热烈、愉快的高调氛围，在语言、姿态上充分凸显自信、友好，不让对方轻视己方。

知识点拨

企业的实力可以通过其发展历史、社会影响、资本积累与投资状况、技术装备水平，以及产品的品种、质量、数量等进行评估。在评估双方实力时，一方面，要客观看待己方情况；另一方面，不要被对方的名头所震慑，要警惕对方的虚张声势。

任务二　开场陈述

微课6-2

感觉开局氛围不错，家具厂总经理及时止收住了闲聊，示意众人自己要进行开场陈述。开场陈述又称"开场白"，是指在谈判开局阶段，双方就本次谈判的内容陈述各自的观点、立场及建议的一系列活动。通过开场陈述，双方要完整地揭示本次谈判涉及的内容，使彼此对对方的基本谈判立场与观点有所了解。

（一）开场陈述的内容

具体来说，开场陈述的内容主要包括以下3点。

- **己方的立场**。己方的立场即己方希望通过谈判取得的利益，尤其是关键利益；己方愿意采取什么手段让双方共同获得利益；双方此后的合作可能会带来的收获或障碍；己方希望本次谈判遵循的方向；等等。
- **己方对问题的理解**：己方对问题的理解即己方认为本次谈判需要涉及的主要问题及对这些问题的想法、建议等。
- **对对方各项建议的回应**。若对方进行了开场陈述，或对己方的陈述提出了意见，己方应对对方的陈述或意见进行回应。

案例6-5

一场设备买卖谈判刚开始，买方进行了开场陈述："我方对贵公司研发的新设备很感兴趣，已经将此次设备引进计划向总公司报备，总公司也表示将大力支持。目前的主要问题是时间——我方希望能在较短的时间内达成设备引进协议。虽然这是我们双方第一次打交道，但根据我方对贵公司的了解，你们向来是比较乐于合作的。这就是我方的立场，不知我说清楚了没有？"

接着，卖方也进行了陈述："我方非常愿意与贵公司达成此次的协议，不过我方认为应该解决设备的运输和安装调试费用由谁承担的问题。当然，这些都可以灵活处理，我们更关心的是价格是否合适，我们也不急于卖设备。这就是我方的态度。"

【点评】谈判双方分别进行了开场陈述，买方表示了较强的购买意愿，希望能快速达成协议；而卖方也表明了自己的立场——价格必须合适，针对买方希望能快速达成协议的想法，也回应不急于卖设备。

（二）开场陈述的方式

在实践中，商务谈判开场陈述的方式主要有以下3种。

1．提交书面材料，不做口头陈述

这种方式的局限性较大，一般只在两种情况下使用：一是在谈判规则的约束下，没有其他选择，如在招标与投标活动中，双方不见面，仅通过文件传递信息；二是己方提交的书面材料用作最后陈述，此时对方要么全盘接受，要么全盘拒绝，双方已没有商谈的必要。

书面材料的文字表述必须非常严谨，不得有歧义，而对方也应对书面材料中的条款进行仔细审核，不能有任何疏漏。

2．提交书面材料，并做口头陈述

这种方式是指在谈判开始前将书面材料提交给对方，对方阅读后提出问题，己方再给予适当的解答。这是比较理想的开场陈述方式，目前被大多数谈判人员所采用。

这种方式的优点是内容表述完整、翔实，能把复杂的内容表述清楚，对方可反复阅读、斟酌；可以对某些条款进行进一步解释或说明，从而减少误解和争议。但其缺点是书面材料难以修改，会对己方形成约束，且通常不具有感情色彩，显得比较生硬。

3．只做口头陈述

这种方式是指双方在谈判前不提交任何书面材料，仅在会面后通过口头形式进行陈述。这种方法具有较强的灵活性，可以根据对方表现出来的立场、态度及谈判中的具体情况灵活改变自己的立场和策略；而且口头陈述更富有感情，谈判人员可以充分利用语气、声调等改变谈判氛围。但这种方式容易出现陈述跑题的情况，且很难阐述清楚复杂的信息，如统计数据与图表等。

运用这种方式应注意以下事项。

- 要紧扣重点，不要让陈述变为漫谈。
- 要统筹全局，不可抓住一个问题不放，浪费时间。
- 要表现得沉着镇定，尽量不让对方探到底线。
- 提出的条件要合理，为后续谈判留下磋商的余地。

知识点拨

开场陈述时应遵循以下原则：双方分别进行陈述，只需要阐述自己的立场、观点，而不必阐述双方的共同利益；内容应简明扼要、通俗易懂；在对方进行陈述时不要随意打断。

任务三　实施开局策略

微课6-3

由于此前与外商接触有限，对对方的谈判风格和性格的认知并不充分，因此家具厂总经理事先准备了多种开局策略，并筹划了具体的实施方法。商务谈判开局策略是指谈判人员为谋求谈判开局的有利地位，实现对谈判形势的控制所采取的手段。在开局阶段有效地使用开局策略，有助于己方掌握谈判主动权，控制谈判走向，最终使谈判结果更利于己方。

（一）一致式开局策略

一致式开局策略是指在谈判开始时，为了使对方对己方产生好感，以协商、肯定的语言进行陈述，使双方对谈判建立起"一致"的感觉，从而使谈判双方在友好愉快的氛围中展开谈判。当双方实力相当或合作愿望强烈，抑或是第一次接触，双方都希望有一个好的开端时，可采用一致式开局策略。

在实际谈判中，采用一致式开局策略的具体方式有以下3种。

- **商量式开局。** 商量式开局指某个问题以协商的口吻征求对方的意见，然后表示赞同。用来征求意见的问题应是不会影响己方利益的、无关紧要的问题。
- **询问式开局。** 询问式开局指将答案设计成问题来询问对方，引导对方走入己方既定路线，从而让双方达成共识。例如，"你看我们把价格及付款方式问题放到后面讨论怎么样"。
- **补充式开局。** 补充式开局指通过对对方意见进行补充，使自己的意见变成对方的意见。

知识点拨

一致式开局策略可以在高调氛围和自然氛围中运用，但应避免在低调氛围中使用，因为这容易让己方显得言听计从，进而陷入被动。

案例6-6

王晨作为一家手机厂商的谈判代表与客户谈判，在谈判开始时便问对方："关于什么是好手机，人们往往有不同看法，我想请您谈谈对'好手机'的理解。"对方回答说："性能好、操作人性化的手机就是好手机。"王晨说："是的，我完全认同你的看法，这也是我们研发、生产手机时的目标。"对方听了王晨的话，笑着表示双方志同道合，接下来的谈判过程也进行得非常顺利。

【点评】在本案例中，王晨就使用了一致式开局策略。他先就"好手机"的定义问题征求对方意见，然后对对方的看法表示认同，从而获得了对方的好感，为接下来的谈判打下了良好基础。

（二）保留式开局策略

保留式开局策略是指在谈判开始时，对对方提出的关键性问题不做彻底的、确切的问答，而是有所保留，从而给对方营造神秘感。采用保留式开局策略传递的信息可以是模糊的，但不能是虚假的，否则就违背了信用原则。当双方合作关系不明确时，可采用这种策略。

案例6-7

某贸易公司想要与福建某茶叶公司进行合作，双方互派代表就此问题进行了谈判。谈判一开始，贸易公司代表就问道："贵公司的实力到底如何，能否请您向我们介绍一下，以增强我方合作的信心？"茶叶公司代表回答道："不知贵方所指的实力包括哪几个方面？但有一点我可以明确地告诉您，造飞机、轮船我公司肯定不行，但是制茶我们是内行。我们的制茶技术是世界一流的。福建有着丰富的茶叶资源，我公司可以说是'近水楼台先得月'。贵公司如果与我公司合作，肯定会比与其他公司合作更满意。"

【点评】本案例中，茶叶公司代表在面对贸易公司代表的提问时，使用了保留式开局策略。在双方关系不明朗、贸易公司态度不坚决的情况下，茶叶公司代表不做明确回答，但回答得有礼有节——"贵公司如果与我公司合作，肯定会比与其他公司合作更满意"。

（三）坦诚式开局策略

坦诚式开局策略是指以开诚布公的方式向对方陈述自己的观点或想法，从而尽快打开谈判局面。当双方有过业务交往、关系明朗、互相了解很深时，可以采用坦诚式开局策略，减少不必要的客套，节省时间。当己方实力不如对方，且彼此都清楚各自的实力时，也可以采用坦诚式开局策略，坦言己方的局限以展示己方的真诚，进而赢得对方的好感。

案例6-8

一个实力较弱的小厂与作为行业巨头的大厂进行谈判。谈判开始时，小厂的谈判代表主动向对方表示："我们厂规模小，资金实力不强，但老板实在、重信誉，产品质量过硬，报价也相对较低。我们真诚地希望与贵公司合作。不管谈判能否成功，能通过这次机会向贵公司这个业内'兄长'学习经营及谈判的经验，我们深感荣幸。"

【点评】本案例中小厂谈判代表的一番肺腑之言坦诚地表明了本方实力弱，很容易让对方感受到其诚恳的合作态度，从而打消戒备心，有助于接下来的谈判顺利推进。

（四）慎重式开局策略

慎重式开局策略是指以严谨、慎重的语言进行陈述，表达出对谈判的高度重视和鲜明态度，目的是使对方放弃某些不适当的意图。慎重式开局策略通常适用于双方以前有过业务往来，但对方曾有过不太令人满意表现的情况，己方要通过严谨、慎重的态度，引起对方对某些问题的重视。该策略也适用于己方对对方的某些情况抱有疑虑，需要通过简短的接触进行摸底的情况。

具体来说，运用此策略时可以采取以下方法。

- 指出过去业务交往中对方的不足表现，在表示遗憾的同时提出希望对方通过本次合作做出改进。
- 通过一些礼貌性的提问探测对方的立场和态度，但要与对方保持一定的距离，不拉近关系。

知识点拨

需要注意的是，慎重并不代表没有诚意或冷漠、猜疑，采用这种策略要注意把握好度，并注意谈判礼仪。

（五）进攻式开局策略

当对方处于优势地位，并对己方进行强势压迫时，己方可伺机采用进攻式开局策略。进攻式开局策略是指通过对事不对人的语言或行为表达己方强硬的态度，从而获得对方必要的尊重，并借以制造心理优势，使谈判顺利进行下去。进攻式开局策略通常在对手刻意制造低调氛围时使用，可以将不利于己方的低调氛围扭转为自然氛围或高调氛围，在其他情况下则应谨慎使用，以免运用不当使谈判陷入僵局。

案例6-9

　　某汽车公司派出谈判小组与代理商进行谈判，然而在路上因塞车而迟到了。代理商代表紧抓此事不放，想借此获取更多优惠。对此，汽车公司代表回应道："我们十分抱歉耽误了贵公司的时间，但这个不愉快的结果属于意外，绝非我们的本意。我希望双方不要再为这个无谓的问题浪费时间了。如果贵公司因为这件事怀疑我方合作的诚意，那么我方只好提出结束这次谈判。我认为，以我方提出的条件，是不会找不到合作伙伴的。"汽车公司代表的一席话让代理商代表一时间无言以对，代理商代表也不想失去这次合作的机会，于是主动缓和气氛，使谈判顺利进行下去。

　　【点评】本案例中汽车公司代表就采取了进攻式开局策略，表现出强硬的姿态，在对方占据优势的情况下成功地挽回了局势。

（六）以静制动式开局策略

　　以静制动式开局策略是指在开局时简要阐述己方的态度、立场和原则，把大部分时间和精力用于倾听、记录与思考对方的发言，然后在此基础上进行有针对性的提问。当己方对行情、交易规则和对方情况不太了解，且对方实力更强、急于求成时，可以使用这一策略，从而了解更多的市场信息以及对方的谈判态度、立场、原则、需要和能力等，对对方的总体实力、谈判思路做出大体判断，等到发现对方的弱点后，再以此作为反击突破口，迫使对方让步。

实战演练　营造开局氛围并实施开局策略

1. 实训背景

　　一阳公司是一家实力较强的大型乳制品生产企业，旗下产品包括液态奶、奶粉、冰激凌、酸奶等。一阳公司多年来一直关注食品安全问题，实行生产全过程控制，致力于为消费者提供放心乳制品，争取让品牌走向世界。目前，一阳公司的销售渠道遍及全国，有较大的市场份额，当前打算与华鑫超市就初次合作事宜进行谈判。华鑫超市是地方性连锁超市，仅在华东地区有一定的知名度，市场定位为面向大众消费者。双方的谈判地点选在一阳公司位于上海的总部办公楼，华鑫超市的谈判小组特地从外地赶了过来。

2. 实训要求

　　假设你是一阳公司的谈判人员，请完成以下任务。

　　（1）确定开局氛围的类型并营造开局氛围。

　　（2）选择合适的开局策略，并策划实施方法。

3. 实训步骤

　　（1）确定并营造开局氛围。确定开局氛围的类型时要考虑双方的关系和实力对比，一阳公司是全国知名的大型乳制品生产企业，而华鑫超市只是地方性连锁超市，一阳公司的实力明显强于对方。但考虑到双方是初次合作，不宜"以势压人"，给对方太大压力，因此可以考虑营造热烈愉快的高调氛围。具体的营造方法可以是称赞法，如在刚见到对方时微笑着对对方说："华鑫超市服务周到，货品价廉物美，我们家经常在华鑫超市购物。"争取给对方留下随和、亲切的印象，以拉近与对方的距离，让对方也热情、活跃起来。

（2）选择并实施合适的开局策略。由于此次谈判是双方第一次接触，有一个好的开端非常重要，因此可以选择采用一致式开局策略，以获取对方的好感。具体实施可参考如下内容。

双方落座后，以轻松、愉快的语气先谈些容易令对方放松的话题，消除对方的紧张情绪，如"对入住的酒店满意吗？""吃的方面是否符合你们的胃口？""是否适应我们这里的气候？""有什么安排不周的地方不要客气，请尽管告诉我们"等。

当感觉气氛已经比较放松和融洽时，可以通过一些较容易引起对方认同的话语转入正题。例如，"很高兴能有机会与贵公司代表讨论我们未来的合作，咱们先确定一下今天的议题，如何？""先商量一下今天的大致安排，怎么样？"通过这些话获得对方肯定的答复，从而创造一种"一致"的氛围和双方很有默契的感觉，为后面的谈判奠定有利的基础。

综合练习

一、单项选择题

1. 一致式开局策略适用于（　　　）。
   A. 高调氛围、低调氛围
   B. 高调氛围、自然氛围
   C. 高调氛围、低调氛围、自然氛围
   D. 低调氛围、自然氛围

2. （　　　）通常适用于双方以前有过业务往来，但对方曾有过不太令人满意表现的情况，己方要通过严谨、慎重的态度，引起对方对某些问题的重视。
   A. 慎重式开局策略
   B. 一致式开局策略
   C. 坦诚式开局策略
   D. 保留式开局策略

3. 如果谈判双方在之前就有过业务往来，而且有着良好的合作关系，可以在谈判开局营造的氛围是（　　　）。
   A. 高调氛围
   B. 低调氛围
   C. 和谐氛围
   D. 自然氛围

4. 营造低调氛围的方法不包括（　　　）。
   A. 沉默法
   B. 指责法
   C. 疲劳法
   D. 幽默法

二、多项选择题

1. 营造高调氛围的方法有（　　　）。
   A. 称赞法
   B. 幽默法
   C. 诱导法
   D. 感情共鸣法

2. 常用的谈判开局策略有（　　　）。
   A. 一致式开局策略
   B. 保留式开局策略
   C. 坦诚式开局策略
   D. 慎重式开局策略

3. 采取一致式开局策略的具体方式有（　　　）。
   A. 询问式开局
   B. 幽默式开局
   C. 补充式开局
   D. 商量式开局

4. 开场陈述的内容包括（ ）。

    A. 己方的立场

    B. 己方对问题的理解

    C. 对对方各项建议的回应

    D. 对对方报价的质疑

三、简答题

1. 双方企业的实力对比是如何影响开局氛围的选择的？

2. 开场陈述的方式有哪些？

3. 哪些方法可以用来营造高调氛围？

4. 什么是进攻式开局策略？其适用于哪些情形？

四、案例分析题

A公司和B公司以前有过多次合作，双方正在进行一场关于技术合作的谈判。在谈判开始时，A公司的谈判代表坦率地陈述了A公司的目标和愿望，即希望通过与B公司的合作，开发出更先进、更具竞争力的产品。同时，A公司的谈判代表还诚实地提及了A公司在技术领域的短板，承认A公司在某些技术方面可能还需要B公司的帮助和支持。他提及了双方合作的互补性，并强调A公司愿意分享大量的资源，以与B公司继续保持长期合作关系。

B公司谈判代表感受到A公司的合作诚意，于是十分热情地回应对方，并与对方聊起了两家公司以往的"交情"，谈判氛围变得十分活跃。

思考：A公司谈判代表采用的是什么谈判开局策略？取得了什么效果？

模块七

高手过招：商务谈判报价与磋商

学习目标

【知识目标】

- 掌握报价的原则、方式和策略
- 掌握讨价还价的含义
- 掌握讨价的方式与策略
- 掌握还价的方式与起点
- 熟悉僵局产生的原因和打破僵局的方法
- 掌握让步的原则、准备、方式和策略

【能力目标】

- 能够选择合适的报价方式
- 能够根据谈判的实际情况进行合理的讨价还价
- 能够使用技巧打破僵局

【素养目标】

- 培养良好的观察能力和思考能力，在谈判过程中做到大方、果断、爽快而不急躁
- 不自作主张，不口无遮拦，团结团队成员，自觉维护己方利益
- 意识到偏见的负面影响，培养包容宽厚的品德

任务导入

家具厂与外商的谈判开局非常顺利，双方谈判人员经过热烈寒暄与介绍后，很快进入实质性的谈判阶段。外商提出了他们的诉求：想要购买一批新沙发，并获得该产品的独家销售权，他们将在自己的国家独家销售此产品。

外商为了促成此次谈判，承诺大批量购入产品，但希望获得较大的折扣力度。家具厂为了保证利润并建立与外商的长期合作，需要就外商提出的条件进行进一步的磋商。此部分谈判内容如图7-1所示。

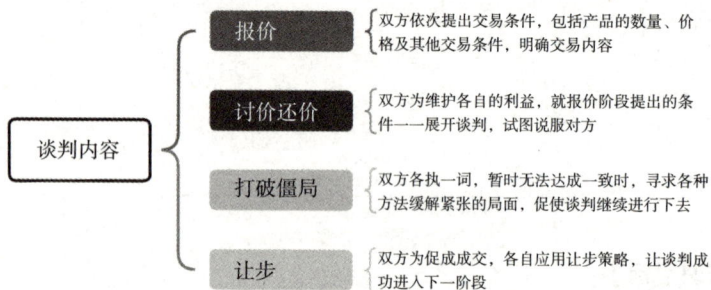

图7-1 谈判内容

任务一 报价

家具厂与外商在经历了最初的接触、摸底，并对各自了解和掌握的信息进行相应的处理之后，开始继续推进谈判，将谈判从广泛性洽谈转向对一个个议题的磋商。在对每一个议题的磋商之初，往往由一方当事人报价。家具厂是卖方，又是东道主，总经理看外商对家具很感兴趣，于是首先报价：每套5 600元。

报价是商务谈判的一个重要部分，是确立双方交易条件的前提。它不仅表明了双方对有关交易条件的具体要求，集中反映了双方的需求和利益，而且可以让双方进一步分析与把握彼此的意愿和目标。

（一）报价的原则

报价关乎双方的切身利益，通常需要经过慎重的考虑。在商务谈判中，报价不是按照谈判人员的主观意愿进行的，需要遵从一定的原则。

1. 卖方开盘价高，买方开盘价低

开盘价即初始报价，对卖方来说，开盘价必须是"最高的"；对买方来说，开盘价必须是"最低的"，这是报价的首要原则，具体表现如下。

- 开盘价为卖方开出的最高价格，而在买方看来，这个开盘价表明了卖方的最高目标，买方将基于此要求卖方做出让步。一般情况下，最终双方的成交价格低于开盘价，因为买方不可能开出更高的价格。

- 开盘价的高低会影响买方对卖方提供的产品或服务的评价。开盘价高，买方就会认为产品质量好、服务水平高；开盘价低，买方就会认为商品质量一般、服务水平低。
- 开盘价高，可以为以后的磋商留下充分的回旋余地，使卖方在谈判中更有空间，更利于掌握成交时机。
- 开盘价对最终成交价具有实质性的影响。通常情况下，开盘价高，最终成交价就较高；开盘价低，最终成交价就较低。

2．开盘价要合理

开盘价需要合情合理、有依据。卖方开出高开盘价，不是漫天要价、毫无道理、毫无控制，而是要合乎情理，如商品的市场单价大致为10元，即使其制作再精良，工艺水平再高，价格也不可能高出数十倍。当开盘价过高，且不具合理性，买方必然认为卖方缺少谈判的诚意，从而降低谈判的积极性甚至合作的意愿，或者被无理的价格"吓住"而中止谈判，又或者同样提出极其苛刻的交易条件。不管怎样，不合理的开盘价都不利于谈判顺利进行。

知识点拨

如果双方关系良好，且属于长期合作关系，开盘价就不宜过高。如果双方在谈判时产生冲突，那么卖方的开盘价应该适当高一些，否则难以维护自身的合理利益。卖方如果面对多个竞争对手，那就应该把开盘价适当压低，使自身具备一定竞争力。

3．报价必须自信

报价时必须表现得自信大方，否则容易给对方留下"心虚"的印象，使对方认为还有大幅度降价的余地。当然，报价的自信要建立在对市场充分把握、对双方情况深入了解的基础上。

4．报价明确且不加任何解释和说明

报价明确是指报价的内容，包括价格、交货条件、支付方式、质量标准等都要罗列完整、清楚。在报价时，不要做过多的解释和说明，这是因为对方不管己方报价是高或低，都会提出怀疑。如果在对方提出问题之前，己方便主动加以解释和说明，就会提醒对方己方最关心的问题，而这有可能是对方尚未考虑过的问题。因此，过多的解释和说明会使对方从中找到突破口，从而向己方发起反击。

知识点拨

己方报价后，对方通常会提出疑问，此时需进行报价解释。在进行报价解释时，应遵循"不问不答，有问必答，避实就虚，能言不书"原则。不问不答的意思很简单，是指对于对方不主动提及的问题，己方不予回答。有问必答是指干脆地回答对方提出的所有问题，吞吞吐吐反而引人怀疑。避实就虚是指多谈好讲的、确定无疑的问题，少谈比较虚的部分或水分含量较大的部分。能言不书是指能用口头解释的，不用文字写；实在要写的，尽量写在黑板上；必须写在纸上的，尽量写得粗略些。

案例7-1

王潇是一家小商贸公司的谈判人员，在一次与零售商谈判的过程中，王潇首先报价："这批货是我们公司刚进的，好像是新研发的产品。我看，要不我们把价格定在220元一箱怎么样？"看对方不接话，王潇又赶紧说："这个价格完全不高，老实说我们进价都要150元，运输成本要20元，再加上员工工资、店面租金等成本，卖220元一箱真的没赚多少。"对方一听这话，就提出疑问："进价这么高，你们从什么渠道进货的？我们的仓库离你们公司不远，运输成本怎么会这么高？这个价格我们不可能接受。"

王潇一听对方态度强硬，问的问题也十分犀利，一时回答不出来，只得任由对方主导谈判，使本企业利益受损。

【**点评**】王潇之所以会在报价后陷入被动，首先是因为他报价不够自信，使用的是与对方商量的语气，让对方认为他对这个价格感到心虚；其次是他报价后主动向对方解释，反而暴露出问题，给对方留下攻击的"靶子"，使自己难以应对。

（二）报价的方式

在实际的商务谈判中，谈判人员除了遵循报价原则外，还需要根据具体的谈判情况选择合适的报价方式。商务谈判中有两种典型的报价方式，分别是高价报价方式和低价报价方式，这两种报价方式各有特点。

1. 高价报价方式

高价报价方式又称西欧式报价方式，即卖方首先提出留有较大余地的价格，通过给予各种优惠，包括数量折扣、价格折扣、佣金和支付条件方面的优惠，如延长支付期限、分期付款等，逐步接近买方的条件，达到成交的目的。高价报价方式的关键在于稳住买方，使其就各项条件与卖方进行磋商，最后的结果往往对卖方比较有利。例如，卖方首先报出高价100万元（卖方预期价为60万元），然后根据买方的反应逐步给予优惠，包括直接降价20万元、将支付期限由一年延长到两年等。

2. 低价报价方式

低价报价方式又称日本式报价方式，即卖方首先报出最低价格，并列出对卖方最有利的结算条件。这种最低价格一般是以对卖方最有利的交易条件为前提的，并且在这种交易条件下，各个方面都很难满足买方的需求。如果买方主动要求改变有关条件，卖方就会相应地提高价格，因此，买卖双方最后成交的价格，往往高于开始时卖方报出的价格。例如，买方与卖方经过谈判达成一致，买方以较低价格引进设备，但签约时发现必须额外支付修理、改装、零配件供应、技术咨询等方面的费用，否则引进的设备根本无法使用，而卖方在这些方面赚足了利润。

低价报价方式是卖方面对众多竞争对手时比较巧妙的一种报价方式。它是用最低价引起买方的兴趣，排斥竞争对手；当竞争对手纷纷败下阵时，买方原有的市场优势就不复存在了，买方想要满足一定的需求，只好任由卖方一点一点地把价格抬高。

高价报价方式和低价报价方式没有实质性的区别，只有形式上的区别：前者是通过双方的磋商将价格逐渐压低；后者是卖方提供起点很低的价格，以扩大自身的竞争优势，如果买方有其他附加条件，价格就会提高。

一般来说，低价报价方式比高价报价方式更具有竞争力，但它不符合买方的心理，因为一般人总是习惯价格由高到低逐步降低，而不是不断提高。聪明的谈判人员要善于识别低价报价方式，分清报价内容的本质，不至于陷入被动局面。

知识点拨

避开低价报价方式的方法有：不能只看最终价格，而要认真分析报价的内容；将对方的报价与其他卖方的报价进行对比分析；不要过早放弃与其他卖方的接触与联系，给对方施加持续的竞争压力。

（三）报价的策略

报价不只是报出价格，什么时候报价、报价时怎么表达、怎么报价更能让对方接受都是需要认真思考的问题。具体来说，谈判人员在报价时可以采用以下策略。

1. 选择合适的报价时机

什么时候报价最有利，是谈判人员需要重点考虑的。根据实践经验，在商务谈判中，应该先让对方充分了解产品的价值和能带来的利益，待对方产生兴趣时再报价，因此报价的最佳时机一般是对方询问价格时，这表明对方已对产品产生了购买欲望。有时，对方会在谈判刚开始就询问价格，此时己方最好不予理会，因为往往此时对方尚未对产品产生真正的兴趣，己方可以委婉地岔开话题，转而介绍该产品能为对方带来的利益，待对方的购买欲望被调动起来再报价。

此外，报价时机还涉及先报价还是后报价的问题，下面从先报价的利与弊进行分析。

- 先报价的利。先报价为谈判划定了一个框架和基准线，为之后的讨价还价确定了一个起点，最终协议将据此达成。同时，先报价可以占据主动，对对方施加影响，如果出乎对方的预料，还会打乱对方的谈判计划，使其失去信心。
- 先报价的弊。先报价会暴露己方意图，使己方处于明处，让对方可以集中力量，迫使己方一步步降价。此外，先报的价格有时会低于对方的期望值，对方可暗中调整自己的期望值，进而获得更大的利益。

因此，在商务谈判中是先报价还是后报价要根据不同的情况进行选择。具体来说，当己方实力强于对方，在谈判中处于主动地位，预期谈判会出现争执激烈的局面，属于邀请方或卖方时，可以选择先报价。

知识点拨

有时，谈判双方出于各种考虑都不先报价，此时可以采取"激将法"让对方先报价，如故意说错话试探对方："噢！原来你想付50元！"对方可能会就此争辩："谁说的？我只愿付30元。"这样对方实际上就先报价了。

案例7-2

某工厂准备出售3台旧机床，北京一家公司派代表前来洽谈。工厂领导的预期价为每台200万元。在谈判进入实质阶段后，北京公司代表首先询问价格，但工厂领导没有正面回应，而是巧妙地岔开话题，转而介绍自己机床的设计、使用的技术以及生产能力等。

北京公司代表听完介绍，对机床比较满意，在心里认定每台机床值190万元，并再次询问机床的价格。工厂领导听后，又观察对方，认定对方已经有了较强的购买意愿，于是报价230万元。这一报价明显高于北京公司代表的预期，而北京公司代表又不愿意放弃成交机会，一时不知如何还价。这使得接下来的谈判进程被工厂领导主导，最终成交价为210万元。

【点评】谈判初始，工厂领导没有回应对方关于价格的询问，而是详细介绍了机床，激起对方对机床的购买兴趣。当对方再次询问时，工厂领导抓住时机报价。由于是先报价，而且认定对方购买意愿强烈，因此工厂领导报出了一个较高的价格，设定了一个较高的基准线，并成功地占据了主动地位，最终以高于预期的价格卖出了机床。

2．报价时语气肯定

报价无论采用口头或书面形式，一定要注意不使用"大概""大约""估计"等含糊的表述，表达必须肯定。这一方面能够让对方感受到己方是真诚的，对己方产生信任感；另一方面能够让对方准确地了解己方的期望，感觉没有任何可以商量的余地，从而不随便讨价还价。

3．差别报价

由于商务谈判中的各种条件不同，因此报出的价格要根据具体的情况提高或降低，目的是让对方感觉己方的报价是合理的，且得到了应有的优惠。这体现了产品交易中的市场需求导向，应重视运用。例如，对于新客户，为开拓新市场可适当让价；相较淡季，旺季时价格可适当调高等。

4．对比报价

在商务谈判中可以进行对比报价，以提高报价的可信度和说服力。对比报价可以从多方面进行。例如，将本企业产品的价格与另一可比产品的价格进行对比，以突出相同使用价值产品的不同价格。

5．按细分项目报价

按细分项目报价是为了迎合买方的"求廉"心理，即将产品的计量单位细化，然后按照最小的计量单位报价，如茶叶每千克400元报成每两20元（1两=50克），或是对产品的各个组成部分分别进行报价，如把4 000元的计算机报成主机2 800元、显示器700元、其他配件500元。按细分项目报价，能使买方在心理上产生产品便宜的感受。这种报价策略也有利于在产品或项目价格构成复杂时证明己方所报价格的合理性，增强对方的认同感。

任务二 讨价还价

微课7-2

家具厂总经理报价后，外商认为这个价格太高，要求便宜一些。家具厂总经理愿意降价到每套5 300元，外商依然不满足，说自己只能出4 700元，双方开始讨价还价。一般而言，讨价还价是商务谈判的必经阶段，也是商务谈判的核心环节。讨价还价的过程及其结果将直接关系到谈判双方的最终交易条件和所获利益的大小，决定双方需求的满足程度。

（一）讨价还价的含义

讨价还价又称为协议定价，是指在商务谈判过程中，双方轮流出价，就价格进行讨论和确定，寻求双方都能接受的均衡价格的过程。讨价还价包括讨价和还价两个环节。

1．讨价

讨价，是指谈判中的一方报价之后，另一方认为其价格离自己期望的目标较远，从而要求报价方重新报价的行为。例如对方报价20万元，己方认为太高，要求对方降价。讨价可以引导对方对己方价格期望的判断，并改变对方的价格期望，为己方还价做好准备。讨价的次数没有统一的标准，只要认为对方的价格还有改善的空间，讨价过程就不能结束。多数谈判的讨价次数为2次或3次。

2．还价

还价也称回价，是指谈判一方根据对方所报价格和自己的谈判目标，主动应对对方要求提出自己的价格条件，是对对方的价格做出的具体的反应性报价。还价应以讨价为基础。在对方报价后，己方可以进行一次或几次讨价，估计对方的虚报部分，揣测对方能接受的妥协幅度，然后根据己方的既定策略，向对方提出自己可接受的价格。例如，对方报价100万元，在己方的两次讨价后，对方报价85万元，此时己方估计对方还能接受80万元的价格，于是向对方还价80万元。

（二）讨价的方式与策略

讨价虽然只是要求对方调整价格，但并不能随意为之，而是要掌握合理的方式，运用一定的策略，这样才能使讨价发挥应有的效果。

1．讨价的方式

讨价的方式可分为总体讨价和针对性讨价。一般而言，在第一次讨价时可以使用总体讨价，此后再使用针对性讨价。

（1）总体讨价

总体讨价是对总体价格和条件的各个方面要求重新报价，通常是从宏观角度出发提供笼统的调价要求。例如，"对于贵方的报价我方已经提出意见，若贵方不能重新报出具有成交诚意的价格，我们的交易将难以成功。"

（2）针对性讨价

针对性讨价是在不合理的项目或存在瑕疵的项目上有针对性地讨价，如要求对方减少材料费、保险费、运输费，或者要求对方延长付款的期限、缩短交货的期限、提高某项服务的质量等。针对性讨价通常用于对方第一次调整价格后或不适宜采用总体讨价的情形，如水分较少、内容简单的报价。

> **案例7-3**
> 甲公司与乙公司就技术引进开展谈判。对方报价50万美元。甲公司多次讨价，乙公司以自身技术和品牌实力强为由坚持不让步。于是甲公司仔细研究了乙公司的技术，发现其中一项技术已经有了更先进的替代选择，只是还未普及，因此以此为突破口，要求乙公司调低该项技术的价格，最终使整体转让费降至35万美元，取得了较为理想的谈判结果。
> 【点评】在本案例中，甲公司使用的是针对性讨价，即针对某一个项目进行讨价，并陈述了有说服力的理由，让乙公司不得不调价。

2．讨价的策略

讨价的目的是让对方调整价格，因此讨价要有说服力。具体来说，谈判人员可以使用以下讨价策略来增强说服力。

（1）引用事实依据

谈判人员可以引用事实来要求对方调整价格，包括引用市场行情、竞争对手给出的价格、对方的成本、交易惯例、产品的质量与性能、研究成果、公认的结论等，让对方难以反驳。

（2）寻找破绽

谈判人员可以寻找对方的缺陷、问题，动摇对方的信心，从而促使对方调整价格。使用该策略时要注意找准破绽，让对方心服口服；同时要学会通过一定的渲染"小题大做"，以引起对方的高度重视。

> **案例7-4**
>
> 东升公司与供应商就钢管采购问题展开谈判。此前双方有过合作，此次东升公司希望增加采购数量，并降低采购价格，然而谈判开始后，对方所报价格远远高出东升公司的预期价位。于是，东升公司开始讨价，并说："上次贵方提供的钢管虽然也属合格产品，但产品的质量参差不齐，本方为了谨慎起见，不得不重新采购，影响了交货日期，最终失去了几个大客户的信任，遭受了不小的经济损失。"接着，东升公司向对方列举了相关事实依据，如自己向客户提交的延期交货书面声明等。对方听后急忙做出解释，并承诺下不为例。东升公司趁势再次讨价，希望对方拿出诚意，通过降价来弥补己方上次的损失。对方自觉理亏，最终不得不答应。
>
> **【点评】**在本案例中，东升公司使用的就是寻找破绽策略。其首先选准了破绽，即对方产品的质量问题，然后渲染自身的损失，让对方感到理亏，不得不调整价格。

（3）假设更优惠条件

谈判人员可以假设更优惠条件向对方讨价，如可以购买更多数量的产品、更快付款、进行长期合作等，以摸清对方能承受的大概底价。因为假设不等于做出承诺，不一定会真正履行，所以不会对己方形成制约。

（三）还价的方式与起点

一般而言，还价建立在科学计算和准确观察、分析的基础上。谈判人员在还价时不一定要笼统地针对总价进行还价，还有其他方式可以选择，同时要尽量确定一个合理的还价起点。

1．还价的方式

总体来讲，还价的方式一般包括单项还价、分组还价和总体还价。

- 单项还价。单项还价是指按照报价的最小单位进行还价。如果是独立商品，可以按计量单位进行还价；如果是成套设备，可以按主机、辅机、备件等不同部分进行还价；如果是服务费，则可以按照不同的费用项目进行还价，如技术费、培训费、包装费、运输费等。
- 分组还价。分组还价是指把交易内容划分成若干类别或项目，然后按不同类别或项目的具体情况逐一还价。
- 总体还价。总体还价也称一揽子还价，是指对报价的全部内容按照一定的比例进行还价，不考虑各部分的具体情况。

如果己方掌握的比价材料丰富，而对方价格解释清楚，且对方成交意愿强、有耐心，谈判人员可以采用单项还价。如果己方掌握的比价材料少，而对方价格解释不足，且对方有成交的意愿但时间紧迫，谈判人员可以采用分组还价。如果双方相持时间较长，且均有成交意愿，谈判人员可采用总体还价。

2．还价的起点

还价起点是指第一次还价的价位。虽然还价一般有很多次，但第一次还价十分重要，因为其能表明己方对报价的态度、诚意，也能探测对方对还价的最初反应。因此，还价起点一定要合理。具体来说，设定还价起点时要考虑以下因素。

（1）报价的含水量

对于含水量较少的报价，还价幅度不宜太大，即还价起点与所报价格之间的差距应较小，以使对方感到己方具有交易诚意；反之则应加大还价幅度，即增大还价起点与所报价格之间的差距。例如，对方报价50万元，若己方认为水分不多，可将还价起点设定为45万元；若认为还有较多水分，可将还价起点设定为35万元。

（2）交易双方的价格差距

通常情况下，对方所报价格与己方预期值的差距越小，还价幅度就越小，即还价起点与对方所报价格的差距越小；反之，则还价起点与对方所报价格的差距越大。例如，对方报价40万元，己方预期值为35万元，二者差距较小，那么还价起点可以为36万元；若己方预期值仅为25万元，那么还价起点可以为30万元。

任务三　打破僵局

微课7-3

家具厂总经理与外商在价格上出现分歧，双方都认为应该对方让步，争执一段时间后无法解决，这时就出现了僵局。于是，家具厂总经理及时提出边吃饭边谈，在宴会的轻松氛围中，家具厂总经理与外商说起了双方的交往经历，回忆了很多趣事，使彼此的关系更加融洽，成功打破了僵局。

僵局是指商务谈判过程中可能出现的使谈判难以顺利进行下去的僵持局面。在实际的商务谈判中，由于利益冲突、沟通障碍等导致谈判陷入僵局。此时，谈判人员要仔细分析僵局的产生原因，从而采取有效的方法打破僵局，使谈判继续进行下去。

（一）僵局产生的原因

商务谈判过程中形成僵局的原因多种多样，主要表现为如下几个方面。

1．立场的对立

在商务谈判过程中，如果双方对某一问题坚持自己的立场，谁也不愿做出让步，往往容易产生分歧。双方越是坚持自己的立场，分歧就会越大。这时，双方真正的利益被这种表面的立场对立所掩盖。而为了维护各自的立场，双方非但不愿做出让步，反而用顽强的意志迫使对方改变立场，这样商务谈判就变成一种意志力的较量，自然陷入僵局。

2．一方过于强势

谈判双方通常面对面通过语言进行信息交流、议题磋商。商务谈判中的任何一方，不管出于何种原因和目的，如果过分地、强硬地论述自己的观点而忽略了对方的反应，必然会让对方反感，使谈判陷入僵局。严重的情况是谈判的一方认为自己理由充分，且认为对方不了解，或认为只有从不同角度反复陈述自己的观点才能取得对方的理解与信任，因此并没有考虑给对方表达观点的机会，剥夺了对方的发言权，最终造成"曲终人散"的局面。

案例7-5

　　北京某公司与天津一家公司就采购项目展开谈判。谈判刚开始，北京公司谈判代表自恃是东道主，且掌握了天津公司的不利信息，想占据主动，就带着挑衅意味说："欢迎各位到我公司洽谈，希望这次我们能达成合作，帮助贵公司改善财务情况。听说贵公司出现了严重的财务危机，股价也大幅度下跌。"天津公司谈判代表听后自然不满，但还未做出回应，北京公司谈判代表又追问："贵公司为何会出现这种状况？是不是产品质量不达标？"天津公司谈判代表予以否认，并做出了解释。然而，北京公司谈判代表没有耐心倾听，反而粗暴地打断对方，指责对方避重就轻。接下来，北京公司谈判代表又提出一系列与采购项目无关的问题，让对方难以应对，最终对方认为北京公司缺乏合作诚意，暂时中止了谈判，双方不欢而散。

　　【点评】在本案例中，北京公司谈判代表过于强势，抓住对方财务状况不佳这一点不放，提出了很多挑衅的问题，并且没有尊重对方，最终造成谈判僵局。

3. 偏见因素

　　商务谈判中的偏见是指由感情原因产生的对对方议题的一些不正确看法。偏见的产生原因是以偏概全地看待问题。由于谈判人员对信息的理解受其职业习惯、受教育程度以及某些领域专业知识的限制，因此可能表面上看起来谈判人员对对方所讲的内容已经全面了解，但实际上其认识是主观的、片面的，甚至是与真实情况完全相反的。这种偏见很容易导致谈判陷入僵局。

素养小课堂

　　谈判人员应当认识到，我们每个人的认知都有局限，在看待他人时，不要完全以自己的标准做主观评价，也不要看到他人的一些缺点就全盘否定他人，而要尽量站在对方的角度想问题，争取做到理解、包容不同的看法和观念。

4. 信息沟通障碍

　　信息沟通障碍是造成谈判僵局的常见因素之一。谈判本身是靠"讲"和"听"进行的，要求信息传达真实、准确、及时，但实际上谈判双方并不一定能满足这些要求，这就会使信息沟通产生障碍，进而导致谈判陷入僵局。

知识点拨

　　产生信息沟通障碍的原因有：双方文化背景不同，双方的职业或受教育程度不同，语言（包括翻译）或合同文字导致的信息传递失真，心理等因素导致一方不愿意接受另一方。

案例7-6

　　某大型工厂打算从B企业引进一组成套设备，双方进行了谈判。由于B企业规模较小、实力较弱，所以工厂谈判人员认为B企业一定是迫切希望与己方合作，报价时一定不敢报高价。在对B企业提供的价格做了简单研究后，工厂谈判人员认为该价格是包含维修配件费用的，于是按此思路与对方进行了一系列的洽谈。

　　然而在快要达成协议时，工厂谈判人员发现对方报价中所指的维修配件是指附属设备的维修配件，而主机的维修配件需要另行订购。于是，工厂谈判人员指责对方出尔反尔，而对方则认为这是工厂在故意作梗，谈判陷入僵局。

　　当天休会后，工厂谈判人员仔细分析了对方的报价，才发现"包含维修配件"这几个字只在附属设备一栏中出现，而自己却误以为所有设备都包含维修配件。

　　【点评】该僵局之所以会产生，首先是因为工厂谈判人员对B企业抱有偏见，认为其不具有与己方平等谈判的地位，就没有认真分析B企业的报价。而这又导致沟通障碍，即工厂谈判人员没有准确理解报价含义，误以为对方出尔反尔，对方又以此认为工厂故意作梗，致使谈判陷入僵局。

5．交易条件差距过大

　　在谈判中，有时双方的利益需求都是合理的，因此双方都会坚持自己的交易条件，不肯做出让步。但由于双方的交易条件存在过大差距，即使双方都表现出真诚、乐于合作的积极态度，谈判也很可能会陷入僵局。

6．无休止地拖延

　　古时，曹刿凭借"一鼓作气，再而衰，三而竭"的真知灼见，帮助鲁国打败了强大的齐国，表明作战时的拖延会耗尽士兵的士气。在现代商务谈判中，有时一方也会采用软磨硬泡的方式进行无休止的拖延，使对方产生厌烦、抵触情绪，这样也可能会使谈判陷入僵局。

7．外部环境发生变化

　　有时，一方已经对对方做出了承诺，但由于环境变化，之前的承诺变得不符合实际，若按双方原定价格签约，一方将会遭受较大损失。这时承诺方无意签约却又不便于食言，所以试图采取不了了之的态度进行敷衍，从而使谈判陷入僵局。

（二）打破僵局的方法

　　一些谈判人员把谈判陷入僵局视为坏事，采取各种手段竭力避免，如一味迁就对方，轻易推翻预先制定的计划、方案等，最终反而达成一份对己方不利的协议。其实，只要能恰当处理，僵局反而能为谈判带来好处，如让双方有机会审慎地对谈判做出反思，有助于维护各自的合理利益并促进双方共同利益的挖掘。因此，谈判人员面对僵局时不要惊慌失措，也不要指责对方没有诚意，而是要积极主动地应对，使用合适的方法打破僵局。

1．休会

　　休会就是暂停谈判，是谈判人员经常用来控制谈判进程、缓和谈判气氛、打破谈判僵局的一种方法。谈判出现僵局，往往会形成严肃、紧张的氛围，这时可以休会，让双方放松心情，同时也给双方考虑之前所做判断、征求他人意见或相互讨论的机会，有利于找出解决问题的方法。另外，谈判人员也可以利用休会的时间向上级汇报，请示僵局的处理意见。休会时，谈判双方可以以轻松的态度闲聊、交换意见，消除彼此的隔阂，重新营造友好合作的氛围。经过休会，双方再坐在一起时，会对原来的问题提出新的看法，原来的问题也可能比较容易得到解决，这时僵局就会被打破。

知识点拨

休会是谈判中常用的方法，常用于以下场景：缓解体力不支或情绪紧张；应对谈判出现的新情况；召集谈判小组成员，讨论解决办法；阻止对手提出尴尬的问题；需要时间仔细考虑重要的问题，检查原先的策略；缓和己方或对方的不满情绪。

2. 转移议题

当双方在某个问题上僵持不下时，可以暂时把这个问题放到一边，换一个新的议题继续谈判。这样做可以避免浪费时间，而且双方在其他议题上达成共识之后，会对解决造成僵持的问题带来正面影响，会使讨论思路更加开阔，也会使谈判氛围更加积极。例如，双方在保险费由谁承担的问题上僵持不下，可以先将该问题放到一边，转而谈判交货日期、付款方式、运输等问题。如果这些问题都能妥善解决，双方达成最终协议的意愿和信心就会比较强烈，这时就很有可能对保险费的问题相互做出让步。

3. 提出替代方案

通常情况下，要满足谈判双方的需求可以有多种方案，当一种方案不能同时被双方接受时，僵局就会形成。此时，谈判人员可以提出替代方案，一方面争取打破僵局，另一方面便于掌握谈判的主动权。当然，替代方案不仅要满足己方的需求，还要兼顾对方的需求，让对方对替代方案感兴趣，这样才有助于打破僵局。

知识点拨

替代方案应该在谈判前就准备好，需要经过反复分析和测算。好的替代方案在效果上不能差于主选方案。

案例7-7

一家制造企业打算请策划公司为其提供市场咨询服务，双方展开了谈判。谈判中，策划公司报价20万元，制造企业以超出预算为由多次还价，但策划公司认为这一价格是根据市场行情给出的，十分合理，双方的谈判由此陷入僵局。此时，策划公司主动提出替代方案：策划公司在原项目的基础上增加一项培训服务，报价增加2万元。

当时市面上相同类型培训的费用至少是5万元，而策划公司由于有自己的培训师，培训成本低，因此22万元的整体价格不会太吃亏，反而显得很有竞争力。制造企业正好也需要培训服务，因此对这个替代方案很满意，因为低廉的培训费用可以为其省下一笔开支，整体算下来不会超出预算，于是就爽快地签下合约。

【点评】在本案例中，策划公司主动提供了替代方案，以不吃亏的价格增加了一项培训服务，不仅维护了己方利益，还兼顾了对方的利益，成功地打破了僵局，并且掌握了谈判主动权，多出售了一项服务。

4. 更换谈判人员

有时僵局是谈判人员造成的，如谈判人员态度不当或出于谈判策略故意表现强势，此时可以及时更换相关谈判人员，避免情况恶化。更换谈判人员意味着推翻先前的陈述，同时对对方主动示好、表示歉意，并向对方暗示：己方已做出妥协、让步，对方是否也应该做出相应的表示呢？对方如果有合作诚意，此时很可能"顺着这个台阶下"，积极寻找达成共识的方法，进而打破僵局。

> **知识点拨**
>
> 更换谈判人员时要向对方委婉地说明，让对方能够理解。此外，不要随便换人，如果不得不换，事后有必要对被替换的谈判人员做思想工作，不要挫伤其积极性。

5．第三方调停

当谈判出现形势严峻的僵局时，谈判人员之间的直接沟通已经很难进行，此时有必要引入第三方，在顾全各方的情况下进行调停。第三方可以客观地倾听、理解和采纳双方的意见，传递当事人不便于说明的信息，出面调解双方关系，邀请双方继续谈判，启发双方提出有创造性的建议，并综合双方观点，提出妥协的方案，促进交易达成。

第三方要与谈判双方没有直接关系，并获得双方的认可、信任与尊重，一般要具有丰富的谈判经验、较高的社会地位、渊博的学识和公正的品格。第三方的威望越高，越能缓和双方的矛盾，打破僵局。

素养小课堂

> 有学识、有品格的人总是会得到人们的尊重和信任，因此谈判人员要加强对各方面知识的学习，提升自己的思想道德修养，在为事业打下基础的同时也能获得他人的肯定。

6．强调双方共同利益

在某些谈判中，双方容易被表面现象迷惑，纠缠于某些与根本利益关系不大的问题，使谈判陷入僵局，导致共同利益受损。此时，谈判人员可以适时地强调双方已取得的和潜在的共同利益，使谈判的焦点回到关键问题，从而打破僵局。僵局导致的共同损失比共同利益更大时，谈判人员可以引导对方一起分析和比较僵局带来的得失，同时给对方留出一些时间，使其意识到僵局造成的损害，从而一起为打破僵局做出让步。

7．改变谈判环境

若谈判人员采取了许多办法也无法打破僵局，可以考虑改变谈判环境。谈判室是较为正式的场所，容易形成严肃、紧张的氛围。在这样的环境中，如果双方就某一问题发生争执，很容易使人产生压抑感、沉闷感。此时，东道主可以组织谈判双方开展一些活动，如景点观光等，让双方可以在放松、愉快的氛围中不拘形式地就僵持的问题交换意见，进而打破僵局。

知识点拨

当谈判陷入僵局，己方认为再让步会损害己方根本利益，而且也没有替代方案时，可以将己方的底线条件摆在谈判桌上，明确表示自己已无退路，希望对方也能让步，否则会造成谈判破裂。如果对方珍视这次谈判和合作机会，有可能会退让，进而打破僵局。如果没有做好接受谈判破裂的准备，或没有多次努力尝试以其他方法打破僵局，就不能贸然使用这种方法。

案例7-8

某生产企业欲引进一套设备，与A公司展开了谈判。A公司开始报价480万元，经过几轮谈判，A公司将价格降为420万元，并声明这是最低价。然而根据生产企业得到的可靠信息，这个价格仍能让A公司获得可观的利润。双方僵持不下，生产企业只好对A公司采用了孤注一掷的策略，直白地告诉A公司谈判代表："我们知道贵公司已经做出了很大的让步，然而我公司在这个项目上的最高预算只有400万元，超过这一数额就要向上级申请，但申请被批准的概率不大。因此，我们希望贵公司最后报一次价，否则我们即便非常希望购买贵公司的设备，也只能另找供应方了。"A公司谈判代表眼看谈判可能破裂，只得与上级联系，最后做出让步，答应以400万元成交。

【点评】在本案例中，生产企业将自己的底价400万元抛给对方，并将谈判可能破裂的结果摆在对方面前，迫使对方考虑谈判破裂可能造成的损失，从而使对方做出让步，进而打破僵局。

知识点拨

僵局虽然会对谈判进程造成阻碍，但一个成熟的谈判人员可以利用僵局为己方服务，如提高己方在谈判中的地位或争取有利的谈判条件。有时，谈判人员还会故意制造僵局，其基本做法是向对方提出较高的要求（不能过高，要有充分理由），并迫使对方全面接受自己的条件。这对谈判人员的谈判技能和经验有较高要求，不能贸然使用。

任务四　让步

微课7-4

僵局被打破后，家具厂总经理和外商意识到要达成协议，双方都必须做出让步，因此家具厂总经理同意降价为每套5 000元，外商也表示愿意接受每套4 800元。通过后续的相互让步，双方终于在每套4 900元这个价位达成共识。由此可见，商务谈判是双方讨价还价的过程，谈判人员必须要懂得取舍，在每一次谈判中做出适当让步。从某种意义上讲，让步是谈判双方谋求一致的一种手段。让步难以避免，很多时候谈判双方都要多次做出让步。

（一）让步的原则

有位作家曾经说过："只有相互让步，生活才能在社会中继续下去。"这句话表明人和人之间需要相互理解、妥协，商务谈判也是如此。然而让步不等于彻底妥协，否则只会大大牺牲己方利益，谈判人员在做出让步时应该坚持如下原则。

1．优先在次要目标层面让步

商务谈判的实质是双方寻求目标价值最大化的过程。在很多时候，商务谈判的目标是多重的，己方在与对方讨价还价的过程中不可能实现所有目标，因此不可避免地需要进行取舍。谈判人员要将各个目标依照重要性和紧迫性进行排序，在确实需要让步时首先考虑在次要目标层面做出让步，保全重要的、紧迫的目标，以保证目标价值的最大化。

2．找准时机和场合

谈判人员应该在适当的时机和场合做出适当的让步，使让步发挥更大的作用，产生更佳的效果。虽然在实际谈判中，让步时机和场合的判断没有固定的标准，但如果谈判人员仅凭个人喜好、习惯、成见等选择让步时机、场合，而不顾及谈判的进展情况，就会导致让步难以发挥应有的价值，甚至使对方的胃口越来越大，让己方失去谈判主动权。

3．让步要明确

在商务谈判中，让步的标准、对象、理由、具体内容及实施细节都应当准确明了，避免因为让步导致新的问题和矛盾。具体来说，首先让步的标准必须明确，避免让对方产生误会，即先对让步产生较高期望，而后又产生落差，甚至感觉让步是虚假的。其次，让步的理由、内容等必须准确且有力度，让对方明确感受到己方已经做出让步，从而让对方也做出让步。

4．绝不无偿让步

绝不无偿让步是指己方在某一方面给予对方优惠，那么在另一方面必须同等甚至加倍地获取回报。这一原则在己方再不做出让步谈判就有可能破裂时也应该遵循。如果己方做出让步却得不到回报，很可能给对方留下"好说话""易妥协"的印象，对方在接下来的谈判中可能就不会让步了。

（二）让步的准备

让步不可避免地要牺牲己方利益，因此在让步前要慎重，做好以下准备工作。

1．确定谈判的整体利益

让步是以局部利益换取整体利益的过程，因此己方在让步前需要确定谈判的整体利益，具体分为两个方面：一是确定此次谈判对双方的重要程度，通常谈判对哪一方越重要，这一方在谈判中就越被动；二是确定己方可接受的最大让步幅度。

2．确定让步的方式

让步有不同的方式，分别传递不同的信息，也会产生不同的效果，谈判人员需要确定让步的方式。在实际的商务谈判中，让步通常表现为多种方式的组合，谈判人员要根据具体谈判进程对这种组合进行灵活调整。

3．选择让步的时机

确定让步方式后还需要选择恰当的让步时机，这对让步的效果有很大影响。让步时机需要根据实际情况确定，己方既可先于对方让步，也可后于对方让步，甚至可以和对方同时让步，关键是要让己方以小让步换得对方的大满足。

4．衡量让步的效果

从原则上说，让步的前提是确保得大于失，因此谈判人员有必要衡量让步的效果，可以通过己方在让步后具体的利益得失及双方讨价还价程度的变化进行衡量。

（三）让步的方式

让步的方式多种多样，在实际的商务谈判中，谈判人员要根据谈判的实际情况和对方的反应灵活使用，切忌一成不变地固守一种方式。为了便于说明，下面以"4轮让步，预计总共让步60万元"为例介绍各种让步方式。

1．最后一次到位型让步

这是指在谈判前期，无论对方如何表示，都不愿做出丝毫让步，直到谈判后期或迫不得已的时候做出大幅度的让步，如第1~3轮不让步，第4轮让步60万元。若己方在第4轮做出大幅度让步后，对方还想要求己方继续让步，于是提出更多要求，这时谈判就会陷入僵局。因此，这种让步方式适合在商务谈判中占优势的一方使用。

2．等额型让步

这是每次以相等或近似的幅度进行让步的方式，如第1~4轮每轮均让步15万元，这样有利于双方在利益均沾的情况下达成协议。如果对方没有足够的耐心，己方将会占据上风。但是这种让步方式也很可能会刺激对方产生无止境的要求，认为只要坚持不懈就能继续让己方让步，一旦己方停止让步就容易导致谈判陷入僵局，甚至造成谈判破裂。这一让步方式适合缺乏谈判知识或经验的谈判人员使用。

案例7-9

某机械公司计划引进一台设备，经过多方面的比较后，该公司选中了某供应商，并邀请其前来谈判。在第1轮谈判后，机械公司报价24万元，而供应商报价40万元，双方并未达成一致意见。机械公司主谈人预计可能成交的价格为28万~32万元，并认为接下来双方都需要让步。中途休会时，机械公司谈判人员就让步的幅度展开了讨论，主要形成了以下3种意见。

一是由于双方报价相差太多，要想取得一致意见，双方都得让步，因此可以直接提出28万元的报价，这一价格可以兼顾双方的利益，更具有现实性。

二是认为第一种意见太轻率，让步过大、过快，可以向供应商表示愿意让步，但幅度不会超过1万元。

三是认为前面两种意见都不妥当。前一种让步幅度过大，会让对方觉得己方报价太低，还有加价的空间；后一种让步幅度太小，会让对方认为己方没有合作诚意。应该从24万元增加到26万元，然后增加到28万元，有条不紊地进行让步。

谈判再次开始时，机械公司主谈人采取了第三种意见，每次让步2万元，同时要求对方也做出让步。讨价还价进行了3个回合，双方都采取了等额型让步的方式，最后以28万元达成协议。

【点评】本案例中的机械公司主谈人在讨论后采用了等额型让步的方式，并没有一步到位，也没有采用较小的让步幅度，在让步的同时要求对方也让步，从而有条不紊地推进了协议的达成。

3．递减型让步

在这一让步方式下，己方会逐步减小让步幅度，如第1~4轮分别让步24万元、18万元、12万元、6万元，以显示出自己的强硬立场。这种让步方式会使对方感觉己方在全力满足其要求，并向其暗示虽然已方仍愿妥协，但让步已经快到极限，不过会让对方看出已方仍留有余地，因此始终抱有希望。

4．递增型让步

这种让步方式与递减型让步方式相反，是一种让步幅度逐步增大的方式，如第1~4轮分别让步6万元、12万元、18万元、24万元。这种让步方式很可能会助长对方的气势，使得每次的让步不但不会让对方感到满足，反而诱发对方产生更大的让步要求，一旦已方拒绝让步，谈判就可能陷入僵局。

5．妥协型让步

这种让步方式是指开始做出一次较大的让步，然后让步幅度快速缩小，如第1-4轮分别让步28万元、20万元、11万元、1万元。这种让步方式可以向对方显示已方的诚意和妥协意愿，虽然前期可能会让对方产生较高期望，但后期会逐步向对方表明已方已尽了最大的努力，再进一步的让步几乎不可能。

6．退中有进型让步

这种让步方式是指在前期做出较大让步后，小幅度回调，最后又做出一点小让步，如卖方初始报价350万元，第1轮让步40万元（降为310万元），第2轮让步20万元（降为290万元），第3轮要求回调3万元（涨为293万元），第4轮假装被迫让步3万元（回到290万元）。这种方式十分巧妙，在"一升一降"之间，通过同样的让步幅度给对方一种意外的惊喜，使对方产生心理上的满足。

7．一步到位型让步

这种让步方式是指在开始时一次性做出最大幅度的让步，不留余地，后续也无力做出更大让步，如第1轮就让步60万元，后续无法再让步。这种方式会让已方失去为自己争取利益的机会，并让对方感觉已方报价水分很大，对方很可能会步步紧逼，进一步要求已方做出更大的让步。由于已方已经没有让步余地，因此谈判很可能陷入僵局。这种方式弊端很大，尽量不采用。

在实际商务谈判中，递减型让步和妥协型让步是较为理想的方式，退中有进型让步需要高超的技巧，最后一次到位型让步、递增型让步和一步到位型让步较少使用。

（四）让步的策略

让步是双方斗智斗勇的过程，谈判人员只有掌握相关策略，才能为所代表的企业争取到更多利益。

1．已方的让步策略

一般而言，在对方的要求之下，已方不可避免地需要让步，有时需要实实在在地让出部分利益。谈判人员可以使用一些策略，让已方少付出一些代价，或者让已方在付出代价的同时也获得相应甚至更多的回报。

（1）以攻对攻

以攻对攻是指已方让步之前也要求对方让步，将让步作为进攻手段，变被动为主动。具体来说，当对方在某一个问题上要求已方让步时，已方可以在相关问题上要求对方也做出让步，以此作为已方让步的条件。例如，当对方要求已方降低价格时，已方可以要求对方增加购买数量，或承担部分保险费用，或缩短付款期限等。这样一来，若对方接受已方条件，已方的让步也会得到相应补偿；反之，已方就有理由不让步。

知识点拨

在使用以攻对攻让步策略时，谈判人员可以向对方表明，做出这个让步是与公司策略或高层领导的指示相悖的，因此对方也必须在某个问题上有所让步，这样回去才好有个交代。这种表述方式合情合理，容易获得成功。

（2）给予对方远利

在商务谈判中，对谈判需求的满足可以分为现实的满足与未来的满足。在让步时，谈判人员可以给予对方未来的满足，避免给予其现实的满足，这样己方在当下让步时并未付出现实的利益。例如，当对方在谈判中要求己方在价格问题上做出让步时，己方可以强调打算与对方达成长期业务关系，而这种长期业务关系能给对方带来长期的利益。这样很可能让对方感到获得了远利，不再要求己方在现实的价格问题上让步。

（3）明让实不让

明让实不让是指己方做出的让步不会给己方造成任何损失，还能满足对方的要求或对其形成心理影响，产生诱导力。在商务谈判中，若对方就某个问题要求己方做出让步，己方认为这个要求确实有一定的道理，但又不愿意在这个问题上做出实质性的让步，可以采用此策略。例如，己方作为卖方，倘若不愿意在价格上做出让步，便可向对方承诺提供质量等级更高的产品或在交货时间上充分满足对方要求，从而在不损害己方实际利益的前提下让对方心理得到平衡，避免对方继续提出要求。当然，此策略通常适用于谈判最后阶段、双方分歧较小的情况。

知识点拨

在商务谈判中，有时感受比结果重要。己方使用明让实不让策略时，对方心里很可能清楚己方的让步并非实质性的，但能感觉到己方肯定了其要求的合理性，从而产生心理上的满足，在分歧不大的情况下便会欣然接受这种让步。

2．迫使对方让步的策略

在商务谈判中，让步是相互的，己方不应该只是被动应对对方的让步要求，也要采取各种策略主动迫使对方让步。

（1）制造竞争局面

制造竞争局面是谈判中迫使对方让步非常有效的策略。当一方存在竞争对手时，另一方可以选择其竞争对手而放弃与对方谈判，那么对方的谈判实力就大为减弱。在商务谈判中，为制造竞争局面，己方可以同时邀请几方，分别与他们进行洽谈。在洽谈的过程中，己方可以不失时机地适当透露竞争对手的相关情况，让对方感受到竞争的压力，从而促使其在谈判中做出让步。

（2）软硬兼施

软硬兼施俗称红白脸策略，是指在商务谈判中，由两个人分别扮演红脸和白脸，或由一个人同时扮演红脸和白脸。这种策略首先利用强硬的手段打击对方咄咄逼人的锐气，然后以调和者的身份抚慰对方，阐明道理和各种利害关系，迫使对方让步。运用这种策略时要机动灵活，如发动强攻时，声色俱厉的时间不宜过长，同时说出的话要给自己留有余地，否则会把自己给"绊住"；若因过于冲动而陷入被动，可以通过休会缓和气氛。

案例7-10

某企业家是个脾气暴躁、性格执拗的人。一次他为了购买一批设备，亲自与设备制造商进行谈判。由于涉及数额巨大，企业家提出在协议上写明他的具体要求，内容多达34项，而其中11项要求必须得到满足。由于他立场强硬，拒不考虑对方的需求，激起了对方的愤怒，对方也拒不相让，谈判始终冲突激烈。后来，企业家派他的私人代表出面洽谈。该代表与设备制造商洽谈后，竟然使34项要求中的30项得到了满足，当然那11项也全部满足了。当企业家问他的私人代表如何取得这样辉煌的战果时，这位代表回答："很简单，在每次谈不拢时，我就问对方，你到底是希望与我一起解决这个问题，还是留着与我的老板解决？"结果，对方自然愿意与他协商，要求就这样逐项地谈妥了。

【点评】案例中，企业家因为脾气暴躁、性格执拗，无意中扮演了红脸的角色，而他的私人代表则在后期谈判中不失时机地充当了白脸角色。对于设备制造商而言，即便要做出让步，也更愿意与性格温和的私人代表进行谈判。

（3）积少成多

积少成多是指一点一点地迫使对方让步，基本做法是分多次，从不同的侧面向对方提出一些看似微不足道的要求。对方可能会由此做出一系列小让步，然而实际上积累起来已做出了较大的让步。己方运用这种策略，有时会使对方在不知不觉中放弃了自己大量的利益。

（4）最后通牒

在商务谈判中，双方争执不下，当对方不愿做出让步来接受己方的交易条件时，为迫使对方让步，己方可向对方发出最后通牒，即如果对方在某个期限内不接受己方的交易条件并达成协议，己方就宣布谈判破裂并退出谈判。

最后通牒一般是己方在谈判中拥有绝对优势，并且其他策略都无效的情况下所采取的迫使对方让步的策略，在具体实施时应注意以下几点。

- **勿将最后通牒变成威胁**。最后通牒要有令人信服的理由，以免对方产生敌意。最后通牒只是为了让对方再次慎重考虑己方建议的交易条件，而不是威胁对方接受。
- **具体地表达最后通牒的条件或时限**。一般而言，最后通牒的条件或时限越具体，给对方的压力就越大，如"100万元是我们最后的报价""明天13:00之前贵方还不答应我方条件，我方只好按计划终止谈判了"。
- **配合实际行动**。配合实际行动能够增强最后通牒的施压效果，如收拾资料，出示已经买好的机票、车票等。
- **最后通牒由主谈人发出**。由主谈人发出最后通牒才能代表组织的权威意见，由其他谈判人员发出最后通牒，对方不一定相信，权威性会削弱。

实战演练 模拟购销谈判的报价与磋商

1. 实训背景

宏双集团是一家实力雄厚的大型制药公司，因业务发展需要想引进复兴公司的设备，并邀请其前来谈判。复兴公司有一定的研发和生产能力，但近年来经营不佳，财务状况不理想，因此正收缩战线，对于出售设备一事的意愿较强烈，时间也比较紧迫。除了宏双集团外，复兴公司还与其他集团有所接触。宏双集团的预期为220万元，复兴公司的预期为240万元。

2. 实训要求

请同学们自行组队，并分为两个小组（每个小组3～5人）组成谈判双方，模拟报价与磋商过程，具体要求如下。

（1）双方确定报价方式，使用报价策略进行报价。

（2）报价后进入讨价还价环节，要求使用合理的讨价还价方式和策略展开磋商。

（3）各种原因导致谈判形成僵局，双方想办法打破僵局。

（4）双方让步，最终达成一致。

3. 实训步骤

（1）报价。双方根据谈判的实际情况确定报价方式并进行报价。参考的谈判情形如下。

买方宏双集团是邀请方，而且实力雄厚，而卖方复兴公司财务困难，因此买方在谈判中占据主动，可以先压价，报价160万元。

卖方复兴公司可以后报价，暗中观察对方的意图，在发现宏双集团有意压价后，可采用高价报价方式报价，并按细分项目报价：总价350万元、设备主体部分250万元、附加配件50万元、运输保险费20万元、安装费20万元、其他杂费10万元。卖方还可以强调同时在与其他集团谈判，所报价格均为360万~380万元，考虑到宏双集团实力雄厚，若达成合作应该能按时收到货款，所以所报价格才相对更低。

（2）讨价还价。双方所报价格相差较大，自然会进行讨价还价，注意使用合理的讨价还价方式，并根据对方报价的水分确定还价起点。参考的谈判情形如下。

宏双集团占据主动，强调对方的价格过高，首先通过寻找破绽，挑剔复兴公司的设备，认为该设备维护成本超出预期，夸张地说过两年就会过时，暗示对设备的满意度不高，即便不引进也无所谓，以此为由整体性地要求降价，复兴公司只好调价为320万元。

后续几轮宏双集团再针对设备主体部分和运输保险费分别要求降价，复兴公司又将价格调整为总价300万元、设备主体部分240万元、附加配件40万元、运输保险费0元（由复兴公司自己承担）、安装费15万元、其他杂费5万元。

宏双集团认为设备主体部分和附加配件的价格仍有较大水分，针对这两项还价：设备主体部分150万元、附加配件20万元。

（3）形成并打破僵局。僵局形成的原因是多方面的，可以是双方谈判人员沟通存在障碍，也可以是价格谈不拢，或者一方过于强势，同学们可以自行发挥并随机应变，打破僵局。参考的谈判情形如下。

宏双集团的还价被复兴公司拒绝，宏双集团谈判人员强势地以退出谈判相威胁，复兴公司谈判人员认为自己没有受到尊重，表示即便谈判破裂也不同意宏双集团的要求，谈判陷入僵局。

宏双集团主谈人主动提出休会，安排双方前往餐馆聚餐，促进双方交流，缓解紧张气氛。

重启谈判后，双方都替换了表现过于强硬的谈判人员，气氛变得更加和谐，僵局被打破。

（4）让步。为了达成协议，双方都需要做出让步，让步时需要使用合适的方式，根据对方的反应进行调整，同时需要适时迫使对方让步。参考的谈判情形如下。

为了表示诚意，僵局打破后，复兴公司首先做出让步，调整价格为270万元，但条件是宏双集团也要让步，宏双集团只好将价格涨为200万元。

复兴公司看宏双集团做出不小的让步，认为还有进一步迫使其让步的空间，于是又搬出宏双集团的竞争对手，强调与这些集团的谈判进展很顺利，宏双集团被迫再次让步。但为了避免复兴公司产生过高期望，宏双集团只做了小幅度让步，报价210万元，同时采用最后通牒策略，向复兴公司宣称这是最后的价格，并做出收拾资料等动作施压。复兴公司不想让谈判落空，只得再次让步，报价240万元。

宏双集团看双方的分歧已经不大，于是趁势报价215万元，并在付款方式方面做出让步：由两年内分期付清改为半年内分期付清。复兴公司也想达成协议，虽然215万元的价格低于预期，但对于能在半年内收到全款感到满意，因此表示同意，双方达成协议。

💡 综合练习

一、单项选择题

1. 在商务谈判中，卖方首先报出最低价格的报价方式是（　　）。

　　A. 低价报价方式 　　　　　　　　　　B. 中国式报价方式

　　C. 高价报价方式 　　　　　　　　　　D. 美国式报价方式

2. 谈判中，一方首先报价之后，另一方要求报价方改善报价的行为被称作（　　）。

　　A. 要价 　　　　　　　　　　　　　　B. 讨价

　　C. 还价 　　　　　　　　　　　　　　D. 议价

3. 下列谈判让步方式中应尽力避免采取的是（　　）。

　　A. 第1～4轮分别让步0元、0元、0元、100万元

　　B. 第1～4轮分别让步25万元、25万元、25万元、25万元

　　C. 第1～4轮分别让步8万元、13万元、17万元、22万元

　　D. 第1～4轮分别让步50万元、40万元、9万元、1万元

4. 假如你是卖方，正准备对有意购买渡轮的买方报价，你将采取的报价方式是（　　）。

　　A. 在报价单上逐项列明船体、主机、客舱等的详细价格

　　B. 在报价单上粗略地将整船分为若干部分，并标出每一部分的价格

　　C. 只报整船价格，避免分项标价

　　D. 只报整船的大概价格，等买方询问再具体说明

5. （　　）是指己方所做出的让步不会给己方造成任何损失，还能满足对方的要求或对其形成心理影响，产生诱导力。

　　A. 明让实不让 　　　　　　　　　　　B. 给予对方远利

C. 软硬兼施 　　　　　　　　　　　　D. 最后通牒

二、多项选择题

1. 让步的策略有（　　）。

    A. 以攻对攻 　　　　　　　　　　　B. 给予对方远利

    C. 明让实不让 　　　　　　　　　　D. 最后通牒

2. 讨价的策略有（　　）。

    A. 引用事实依据 　　　　　　　　　B. 寻找破绽

    C. 假设更优惠条件 　　　　　　　　D. 更换谈判人员

3. 僵局产生的原因有（　　）。

    A. 立场的对立 　　　　　　　　　　B. 一方过于强势

    C. 信息沟通障碍 　　　　　　　　　D. 外部环境发生变化

4. 下列关于让步原则的说法正确的有（　　）。

    A. 在确实需要让步时首先考虑在主要目标层面做出让步

    B. 谈判人员应该在适当的时机和场合做出适当的让步

    C. 让步的标准、对象、理由、具体内容及实施细节应当准确明了

    D. 己方在某一方面给了对方优惠，那么在另一方面必须同等地甚至加倍地获取回报

三、简答题

1. 打破僵局的方法有哪些？

2. 先报价的利与弊分别是什么？

3. 什么是低价报价方式？其有什么特点？

四、案例分析题

李先生到某商店购买一台冰箱。营业员指着李先生要买的冰箱说："这种冰箱每台售价4 829.5元。"

李先生说："可是，这冰箱外表有一点小瑕疵！你看这儿。"

营业员："我看不出什么。"

李先生说："这似乎是一个小割痕。有瑕疵的货物通常不都要打折吗？"

"可以看看样品本吗？"李先生又问。"当然可以。"营业员说着，马上拿来样品本。

李先生边看边问："你们店里现货中有几种颜色？"

"共有5种。请问，您要哪一种？"

李先生指着店里现在没有的颜色说："样品本中只有这种颜色与我厨房的颜色相配，其他颜色同我厨房的颜色都不协调。颜色不好，价格还那么高，若不降价，我就得去别家了。"

李先生打开冰箱门，看了一会儿道："这款冰箱的内部设计不合理，连个放鸡蛋的地方都没有。"

营业员说："您可以自己买一个鸡蛋收纳盒。"

李先生说："总之，冰箱有瑕疵，设计还不人性化，要不降价，我就去别家。"

营业员最后没有办法，只好说："好吧，我就便宜你500元，这可是绝无先例的。"

思考：李先生是如何迫使营业员让步的？

模块八

拍板成交：商务谈判成交

学习目标

【知识目标】

- 掌握考察谈判结果和辨识对方释放成交信号的方法
- 掌握表达成交意图的方法
- 掌握促成成交的方法和策略

【能力目标】

- 能够准确把握成交时机
- 能够合理表达成交意图
- 能够有效促成成交

【素养目标】

- 在与他人交往的过程中学会观察、体会，增强辨识成交信号的能力
- 正确面对谈判的失败，不气馁，并保持礼貌的态度

　　家具厂总经理与外商经过讨价还价和相互让步，已经在主要问题上达成一致意见。此时，预定的谈判结束时间已经临近，家具厂总经理怕外商急着回国，而致使此前的谈判成果白费。因此，他想要把握时机促成成交。为此他考察了当前的谈判成果、辨识了对方释放的成交信号，并表达了己方的成交意图，但外商似乎不为所动，依然在一些细节问题上纠缠，下不了成交的决心。于是，家具厂总经理又果断采取了合适的方法和策略促成了成交。

　　总体来看，此部分谈判中，家具厂总经理完成的主要工作如图8-1所示。

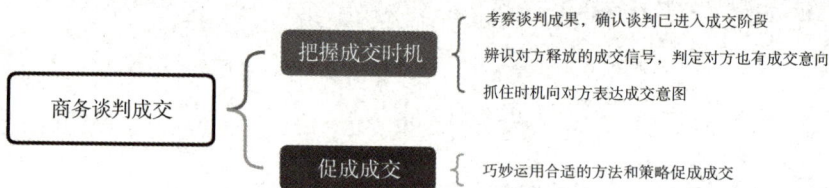

图8-1　商务谈判成交

任务一　把握成交时机

微课8-1

　　经过之前的谈判，双方达成一致的交易条件：单价为4900元，数量为两万套，付款方式为支付现款，运费由家具厂承担等。家具厂总经理将这些交易条件与谈判目标进行了比较，认为已经基本达成目标，便开始有意识地观察外商的言行，发现外商的表情由严肃变为放松，同时外商还询问起交货的具体事项，并要求到茶楼包间谈判。家具厂总经理确认外商也有意愿成交，于是把握时机向外商暗示自己的成交意图。

　　家具厂总经理之所以这样大费周章，是因为准确把握成交时机非常重要。一般而言，经验丰富的谈判人员能敏锐地觉察出成交的最佳时机，并在此基础上促成成交。而谈判新手往往把握不住稍纵即逝的成交时机，使己方在谈判中陷入被动甚至损害己方利益。要把握好成交时机，需要做好以下工作。

（一）考察谈判成果

　　商务谈判的目标是取得预期的收益，不能为了成交而使企业利益遭受损失。商务谈判的一项关键的工作是考察谈判成果是否达到预期，而谈判成果可以从谈判目标的实现情况和已达成的交易条件两个方面进行考察。

1. 考察谈判目标的实现情况

　　在开始商务谈判前，双方都会根据主客观因素确定此次谈判的目标。在谈判进行到一定阶段后，双方可以通过比较已达成的谈判成果与谈判目标的差距来判断是否已进入成交阶段，如己方的谈判目标是以200万元的价格购入5万件产品，而目前谈判成果是对方同意己方以210万元的价格购入5万件产品，此时谈判成果与谈判目标非常接近，可以判定谈判已进入成交阶段。

2．考察已达成的交易条件

有时谈判目标比较粗略、不易衡量实现程度，此时可以根据已达成的交易条件来判断谈判是否已进入成交阶段。一般而言，达到以下两条标准就说明谈判已进入成交阶段。

（1）双方在多数或关键交易条件上达成一致意见

从数量上看，如果双方已经在大多数的交易条件上达成一致意见，所剩的分歧很少，就可以认定谈判已进入成交阶段。

从质量上看，如果双方在非常关键、非常重要的交易条件上已经达成一致意见，只是在非实质性、无关大局的方面还存在分歧，也可以判定谈判已进入成交阶段。反之，如果仅在次要问题上达成一致意见，而在关键性交易条件上还存在较大分歧，那么就不能判定谈判进入成交阶段。

（2）对方认同的交易条件已经接近己方成交底线

成交底线是己方可以接受的最低交易条件，是达成交易的下限。如果对方认同的交易条件已经接近己方的成交底线，就可以认定谈判已经进入成交阶段。此时，双方可以在成交底线上达成交易，只需要及时抓住这个时机，就很可能会促成谈判成功。当然，己方可能还想争取更好的交易条件，但不能过于执着，以免再次形成僵局，错过成交的有利时机。

知识点拨

谈判人员还可以根据谈判时间来判定谈判是否进入成交阶段。在实际商务谈判中，谈判是否终结还需要考虑谈判时间。谈判时间常常是双方根据谈判内容共同商定的。预定的谈判结束时间快到了，就预示着谈判已进入收尾阶段。

（二）辨识对方释放的成交信号

成交信号是指谈判双方在谈判过程中所表现出来的各种成交意图，常常会通过谈判人员的行为、语言和表情等多种渠道表现出来。谈判人员要善于捕捉对方释放的成交信号，从而尽快促成成交，结束谈判。常见的成交信号有以下几种。

1．表情信号

表情信号是指从谈判人员的面部表情中表现出来的成交信号。一般而言，谈判人员应该重点关注对方的以下表情信号。

- 目光集中在己方的展示材料或产品上。
- 眼珠转动由慢变快，嘴角微翘，眉头舒展。
- 神情由冷静沉思转变为轻松、活泼、友好。
- 面带微笑、神情轻松，下意识点头表示认同己方的意见。
- 突然对产品的优点表现出非常赞许的神情。
- 神态自然地研究起产品及其说明书、报价单等材料。

知识点拨

眼睛是心灵的窗户，能传递丰富的信息。对方瞪大眼睛看着己方，表明对方对己方谈论的内容很感兴趣；对方下巴内收，视线上扬注视己方，表明对方有求于己方，对成交的期望程度比己方高；对方的眼神飘忽不定，表明对方可能在走神。

在辨识对方释放的表情信号时，要"听其言，观其行"，即既注意观察对方的表情，又要听取对方的言辞，综合分析判断对方的成交意图。

2．语言信号

语言信号是指在谈判过程中，通过谈判人员的语言表现出来的成交信号。语言信号是成交信号中较为直接、明显的一类，也较容易被察觉。通常情况下，如果对方在谈判中释放出以下语言信号，说明其很可能已产生成交意向。

- 询问具体的交货时间或询问是否可以提前交货。
- 对产品的质量和加工方法提出较为具体、细致的要求。
- 详细询问产品的使用方法和注意事项等。
- 要求试用产品。
- 多次询问交易方式、付款条件等。
- 详细询问产品的售后服务事项，包括安装、维修、退换以及零配件供应等。
- 提出产品使用培训的要求。
- 反复询问交易的部分条款。
- 对正在合作的其他企业表示不满。
- 询问有无促销活动或促销活动的截止期限，询问团购是否有优惠（实则是对方在变相地探明己方的价格底线）。
- 询问同行者的意见。
- 直接说"你介绍得真好""真说不过你了"等语言。

3．行为信号

行为信号是指在谈判过程中，通过谈判人员的某些行为表现出来的成交信号。有时，对方可能会在询问中采取声东击西的战术。例如，对方希望产品的价格能再降一些，并对产品的质量等提出怀疑。这时，谈判人员很难通过语言信号识别对方的成交意图。在这种情形下，行为信号的重要性就凸显出来。

在商务谈判中，对方的以下行为都可能暗示有成交意向。

- 身体由原来的拘谨状态（如双手交叉抱胸）转变成轻松状态（如双手分开）。
- 认真观看产品的视听材料，同时频繁点头。
- 反复阅读产品说明材料。
- 仔细触摸、观察、试用样品。
- 有签字动作倾向，如摸口袋找笔或拿出订货单看。
- 突然变得很热情。
- 主动出示收集的产品相关信息。

案例8-1

化肥公司的谈判代表小晨与客户谈判，小晨看得出，由于购买化肥事关一年作物的收成，客户比较慎重，也比较紧张，一直双手抱胸，呈现出一种很难决策的焦虑和不安状态，有时甚至显得有点茫然。小晨耐心地为客户介绍，一一打消客户的顾虑。客户逐渐认可了化肥公司的产品，并且身体姿态放松，情绪高涨，偶尔还会与小晨讲一些与农事有关的轻松话题。接着，客户开始在化肥公司展厅内走来走去，仔细观察起化肥的样品，并认真阅读说明书。

小晨一直在仔细观察客户的行为，认为客户已经产生成交意图，就抓紧机会推进交易的达成，最终双方顺利成交。

【点评】案例中，表明客户有成交意图的行为信号有：状态由原来的拘谨变得放松，情绪高涨，仔细观察样品、阅读说明书。小晨成功识别了客户的行为信号，最终促成了成交。

4. 事态信号

事态信号是指在谈判过程中，谈判人员对与谈判活动有关的事态发展变化所表现出来的成交信号。常见的事态信号如下。

- 提出增加会谈次数。
- 主动提出改变谈判的地点或环境，如由会议室、大办公室转移到小会议室或包间。
- 主动引荐企业有决策权的负责人。
- 主动介绍其他关键部门的负责人。

知识点拨

根据谈判环境、谈判对象、产品、谈判人员介绍能力等的不同，对手表现出来的成交信号也千差万别，没有固定的标准，大家需要通过实践积累经验。谈判人员在与他人交往的过程中要多观察他人的言行，体会他人为什么要这么说、这么做。这样不仅有助于辨识成交信号，也能提升自己的情商和共情能力。

（三）表达成交意图

成交意图，是指谈判双方在一定的交易条件下通过各种形式表现出来的成交倾向。表达成交意图在不同的谈判情形中可以使用不同的表达方法。

1. 明朗表达法

明朗表达法是指用明确完整的语言直截了当地向对方提出成交的建议或要求，如"既然没问题了，那我们签字吧"。这种方法适合在与老客户谈判时使用，还适用于以下情况。

- 辨识出对方有成交意图，但还没有下定决心时。
- 对方没有提出异议，也没明确反对时。
- 经过一番努力，各种主要问题已基本解决时。

使用明朗表达法时，谈判人员要注意抓住适当的成交机会，同时应表现得自然诚恳、不慌不忙、不卑不亢。

案例8-2

张岩是某公司的谈判人员，负责向客户推销公司的产品，谈判成功率很高。当同事问他成功的秘诀时，张岩说自己善于观察客户的表现，能够抓住时机向对方表达成交意图。接着，他举了两个例子。

一天，张岩与客户谈判，前期较顺利，他从客户的表情中识别出客户对公司的产品较满意，而且对自己提出的条件也没有提出异议。张岩感到时机已到，于是问对方："张经理，既然没什么不满意的地方，我们就可以达成协议了，请您在这里签个字。"这句话果然有效，对方思考一番就签字了。

又一天，张岩与客户进行了漫长的谈判，经过讨价还价，双方在各种基本成交条件上已经达成共识。此时客户突然说："这些条件自然是好的，不过半年才交货，时间太长了。"张岩立马说："我方可以把交货时间缩短为3个月，这样我们应该可以成交了吧？"这句话让客户打消了顾虑，双方很快就达成了协议。

【点评】案例中，张岩面对的是两种不同的情形：第一种情形是客户已经有成交意图，但还没有下定决心，而且也没有提出异议，此时张岩直接向客户表明成交的时机已到；第二种情形是其他条件都已成熟，只是客户就交货时间提出异议，此时张岩果断满足对方需求，同时表达了成交意图。张岩在这两种情形下都采用了明朗表达法，简单直接，效果很好。

2. 含蓄表达法

含蓄表达法指不明确说明自己的成交意图，而是通过委婉语句或其他间接方式启发对方领悟，并提示对方采取成交行动。含蓄表达法主要适用于以下情况。

- 在对对方的成交意图把握不准的前提下，既想表达己方的成交意图，又想确保己方顾全颜面。
- 交易的内容是复杂的产品、贵重的产品或新产品，对方拿不定主意时。

含蓄表达法一般有3种形式：语言的暗示，即通过含蓄的语言引导提示；行为的暗示，包括通过姿态、面部表情、眼神、动作等引导提示；媒介物、情景的暗示，如通过物品的摆设位置、座位的安排等引导提示。

通常情况下，使用含蓄表达法时可采取以下方式。

- 向对方强调现在成交对其有哪些好处。
- 做出欲结束谈判的行动，如收拾资料、主谈人换座到靠近门的座位等。
- 反复说明现在不签约对方可能遭受的损失。

谈判人员在使用含蓄表达法时，要注意掌握好含蓄的分寸，不能过于直白，也不能故意制造理解障碍，在与反应迟钝或特别敏感的对手谈判时不宜使用该方法。

知识点拨

谈判人员在表达成交意图时，对方可能还在犹豫，此时需要消除对方的戒备心理。谈判人员一方面可以重申双方已经达成的共识；另一方面可以阐明双方的共同利益，展望此次交易给双方带来的发展机遇，创造更加和谐的成交氛围。

任务二 促成成交

微课8-2

家具厂总经理向外商表达成交意图后，外商没有明确反应，而是继续询问关于家具提货、运输的问题。于是，家具厂总经理以简单直接的语言告诉外商："主要问题已经解决了，我们抓紧时间成交吧！"外商不说话，家具厂总经理又说："我们不会一直为您保留优惠价格，您再不同意成交，就不能享受这样的价格了。"这一次，外商没有推脱，双方很快达成初步协议。由此可见，促成成交不是一件简单的事情，需要一定的方法和策略。

知识点拨

除了成交外，商务谈判还有其他两种结束方式，分别是中止和破裂。中止是谈判双方未能达成全部或部分成交协议，双方约定或单方要求暂时终结谈判。破裂是指双方经过最后的努力仍然不能达成共识和签订协议，未完成交易，或友好告别，或愤然离去，从而结束谈判。

（一）促成成交的方法

促成成交是促使对方下定决心成交的过程。在不同的谈判情形下，面对不同的谈判对象，谈判人员需要灵活使用不同的方法促成成交，常用的方法有以下几种。

1．直接请求成交法

直接请求成交法是指用明确的语言向对方直接提出成交，是一种较简单、常用的促成成交方法，如告诉对方："这批产品既实用又有技术含量，买下它吧，贵公司一定会满意的。"采用该方法可以促使对方做出反应，从而节省谈判时间，尽快达成交易。

（1）直接请求成交法的适用范围

直接请求成交法主要适用于以下情况。

- 双方此前已建立起较好的合作关系。
- 对方已明确释放出成交信号。
- 在多轮磋商后，对方对主要的交易条件不再提出异议。
- 对方对最后的成交仍十分犹豫。
- 对方是比较理智的谈判人员。

（2）直接请求成交法的局限性

直接请求成交法的局限性体现在以下两个方面。

- 迫使对方立刻做出反应，容易给对方带来较大的压力，并可能使谈判氛围变得紧张或尴尬。
- 易给对方留下急于求成的印象，使对方对己方的产品或成交意图产生疑惑，甚至引起对方的反感，并可能使己方丧失谈判主动权。

（3）采用直接请求成交法的要求

直接请求成交法要求谈判人员拥有较丰富的谈判经验和较强的观察能力，能够准确辨识对方的成交意图。谈判人员使用该方法时要态度诚恳、用词得当，而时机最好选择双方在各主要问题上已达成共识时，这样显得顺理成章，成效也最好。

2．假定成交法

假定成交法，又称假设成交法，是指在假定对方已经有成交意图的基础上，通过故意提出一些具体的成交问题，来促使对方做出成交决定。这里的成交问题应是一些枝节问题或后续问题，如"什么时候给您送货""您需要多少"等。该方法绕过了是否同意成交这一问题，直接将谈判带入成交后如何交货、需要哪些货等细节问题的磋商阶段，若对方遵循己方的问话思路进行回答，如回答"半个月内送货上门""需要500件"等，实质上就已经做出了成交决定。

该方法适用于依赖性强、性格较随和的客户以及老客户，而且一定要在辨识出对方释放的成交信号，确信对方有成交意图时才能使用。同时，使用时要尽量使用自然、温和的语气，营造一个轻松的氛围，避免给对方造成过大的成交压力而引起对方的抵触。

案例8-3

甲公司与乙公司进行产品购销谈判，由于双方已经有过多次合作，谈判进行得较顺利。甲公司谈判代表发现，乙公司谈判代表总是将目光集中在样品上，并反复询问产品的售后事项，而且身体姿态也由拘谨变为放松，他认定这些都是乙公司谈判代表释放出的成交信号。虽然乙公司谈判代表没有明说想要成交，但甲公司谈判代表还是果断地以温和的口吻问道："您看什么时候把货给您送去？"看到乙公司谈判代表对这句话没有表示反感，他就进一步试探性地说："麻烦您给一个收货地址。"乙公司谈判代表愣了一下，想到也没什么多余的顾虑，就回答了这两个问题。商定完细节问题，双方很快达成协议。

【点评】案例中，甲公司谈判代表辨识出对方有成交意图，而且两家公司有过多次合作，因此果断采用假定成交法，直接询问成交后的细节问题，成功地促成了成交。

3．从众成交法

很多人在交易时，不仅会考虑自身的需要，还会以他人的行为作为自己行为的参照。从众成交法是指利用这种从众心理，促使对方做出成交决定，如对对方（商场采购员）说："这款保暖内衣是我公司卖得最好的一款，很多商场都进了货，如××购物中心、××广场等与贵商场定位类似的商场。您可别错过这个机会。"谈判人员采用从众成交法可以增强说服力，有助于给对方营造一种紧迫感。

4．选择成交法

选择成交法是指当谈判陷入僵局或双方存在较大分歧时，谈判人员根据交易条件向对方提供几种成交方案，要求对方从中做出选择，如"李先生，您是要大包装的还是小包装的？大包装的40天发货，小包装的30天发货。"该方法可使对方将思考重心从决定是否成交转移到确定数量、质量、价格、包装、交货期、售后服务等交易条件上。

（1）选择成交法的优点

选择成交法使对方在己方提供的几种成交方案中进行比较、选择，能让对方感到自己拥有一定的选择主动权，并让对方避开成交与否的敏感问题，有利于促成成交。但实际上，在使用选择成交法时，真正掌握成交主动权的仍是制定成交方案一方。无论对方选择哪一个方案，结局都是成交，都在制定成交方案一方的掌控之中。因此，选择成交法是一种十分高明的促进成交方法，是应对谈判细节久拖不决的有效方式。

（2）运用选择成交法的注意事项

运用选择成交法需要注意以下3个方面。

- 制定各成交方案时要以互惠互利为原则，尽量保证平等公正、不偏不倚。
- 可供选择的成交方案不能过多也不能太少，太多会加大对方选择的难度，太少则会使对方缺乏选择余地，通常3个左右为宜。
- 要让对方做出肯定的回答，不让对方有拒绝的机会，如不能问"要还是不要"，而要问"要哪个"。

5．机会成交法

机会成交法是指谈判人员向对方提示最后的有利机会，促使对方下定决心成交。谈判人员可利用对方担心错失成交机会的心理，提醒对方目前是最后的有利机会，以引起对方的高度重视，激发对方产生立刻成交的想法，从而促成成交。

在商务谈判中，机会成交法的具体运用方式有以下几种。

- 通知对方当前产品的价格最优惠，不久后就要调高价格，如"我们的优惠将于下周一（5月1日）截止"。
- 通知对方当前产品的售后服务保障最好，如设备的主要部件售后服务期限最长。
- 通知对方当前执行最优惠的付款方式，多为首付比例最小的分期付款，如"如果你现在购买，我们提供首付10%、两年分期付清的付款方式"。
- 通知对方当前的交货方式最优，如"如果你立马同意签订协议，我们将承担产品的所有运费"。

采用该方法时，十分忌讳的一点是欺骗对方，如提出虚假的优惠成交条件诱骗对方成交，这无疑会严重损害双方将来的友好合作关系。此外，由于该方法是通过给对方让利促成交易的，因此不宜频繁地使用，否则会促使对方进一步索取更多优惠条件，并怀疑己方产品的质量。

知识点拨

机会成交法的核心是制造紧迫感，即要让对方知道此时下决心成交最为明智、风险最小，而且获益最多。

6．保证成交法

保证成交法是指谈判人员针对对方的主要需求，向对方提供相应的成交保证，以消除对方的成交心理障碍，从而尽快促成成交。该方法在说服对方、处理对方异议方面有不错的效果。通常情况下，使用保证成交法时，保证的主要内容涉及产品的质量、产品的价格、产品的交货期、产品的售后服务、操作人员的技术培训等。

使用保证成交法时，一定要做到言而有信，不能为牟取一时的利益而做出虚假保证，这样必然会失去对方的信任，影响双方长期合作关系的建立。

案例8-4

机械厂宋厂长与客户就设备交易事宜展开谈判。客户对这种设备的性能、质量不太放心，因此在成交问题上迟迟做不了决定。此时，宋厂长对客户说："您不必担心设备的质量问题，该设备有一年的保修期，保修期内因设备质量问题导致的维修是不收取任何费用的。我们还会为客户提供终身的技术服务和使用咨询服务。"客户听了宋厂长的话，消除了相关的顾虑，交易随之顺利达成。

【点评】案例中，宋厂长运用了保证成交法，承诺向客户提供设备保修和相关技术服务，以此打消了客户的顾虑，有效促成了成交。

7．渐进成交法

渐进成交法也被称为分阶段成交法，是指首先强调双方一致的观点，引导对方在容易解决的议题上达成共识，然后再分阶段协商其他有分歧的议题，最终达成协议。

采用渐进成交法时要切记，面对分歧时不可急于求成，要逐步引导对方同意己方的观点。此外，谈判小组成员也可以适当分工，由一般谈判人员负责简单议题和辅助事项的谈判，而关键性议题和重大分歧议题的谈判则由主谈人负责，这样更有利于提高谈判效率。

8. 天平利益倾斜成交法

很多人在交易前会比较利益和付出，就像将两个砝码放在天平上看孰轻孰重。天平利益倾斜成交法就是加大利益的砝码，即列出成交的好处，让天平向利益方倾斜，从而促成成交。该方法适用于对方较犹豫的情况，一旦对方同意成交，就尽快办理相关手续。

案例8-5

一天，传真机公司的李磊与客户陈总谈判。陈总的公司目前使用的老传真机存在各种问题，让陈总本人对传真机是否实用产生了怀疑，担心花了钱却得不到实际的好处。李磊收集了困扰陈总的各种问题，然后进行了以下陈述："陈总，购买这台传真机有很多好处。首先，它能让您在收到的传真文件上轻松地写下各种意见，解决了以往在热敏纸上书写不便的困扰；其次，它输出的纸张是固定的A4或B4规格，这样就不会出现纸张规格不一导致的存档不便问题；最后，它还拥有40页A4纸的记忆存档装置，您完全不用担心出现因纸张用完而收不到重要信息的情况。至于价格，您也是非常清楚的，3 000元这个价格与同类产品相比是非常优惠的，而且用了它可以大大提高工作效率，带来的经济效益是远远超过3 000元的。能否请陈总在这份装机确认书上签下您的大名，好让我们安排装机工作？"

【点评】案例中，李磊使用的正是天平利益倾斜成交法。他面对犹豫的对方，针对对方目前所受的困扰，罗列自家传真机能带来的好处，并提醒对方传真机带来的经济收益远高于成本。

素养小课堂

在商务谈判中，不是每次都能按预想成交。当谈判失败时，谈判人员要能正确面对，不要气馁。在这种情况下，与对方告辞时，应该以平静的表情真诚、礼貌地表示歉意，如"百忙之中打扰您，谢谢"，争取给对方留下良好的印象，为今后的成功合作奠定基础。

（二）促成成交的策略

在商务谈判过程中，为了尽快促成成交，谈判人员可以采用一些策略给对方施加压力，使其作出决定。促成成交的策略有期限策略、折中策略、总体条件交换策略等。

1. 期限策略

期限策略是指己方在拥有谈判优势的前提下，规定谈判截止时间，给对方施加心理压力。在很多商务谈判中，对方在期限将至的时候会觉得机不可失，失不再来，从而达成成交。期限策略不是延长或缩短谈判时间，而是设置了不可改变的时间期限，例如"如果明天之内还不能成交，我们将终止谈判""如果你们不能在下周之前签约付款，我们就无法为你们保留这批货物了"。

使用期限策略需要注意，不能毫无根据地随便制定一个谈判截止时间，并且在通知对方谈判截止时间时要使用平和的语气。

2．折中策略

折中策略是指根据双方对某项交易条件的差距，以折中的方式，各自退一步并向对方靠拢，以消除谈判的最后分歧，但双方不一定以相等的幅度进行让步。该策略适用于双方实力相当，对分歧相持不下且没有其他选择，但又不愿意放弃谈判的情况。

3．总体条件交换策略

总体条件交换策略是指谈判临近预定结束时间或阶段时，双方以各自的条件做一揽子的进退交换，以求达成成交。通常情况下，双方的谈判内容涉及许多细分项目，并已在每一细分项目上进行了多次磋商。在多回合的谈判之后，双方可以站在宏观的视角，将所有条件通盘考虑，展开一场全局性磋商，做"一揽子交易"，促使谈判快速进入成交阶段。例如，在谈判中将涉及多个内容的项目（或多种技术服务、多种货物买卖）视作整体，打包以500万元售出。

案例8-6

建筑公司与房地产开发公司就A、B、C这3个工地的承包问题展开谈判。谈判开始后，双方分别就3个工地的承包问题展开磋商，经过多轮磋商，双方均同意B工地报价1200万元。但对于A、C工地，建筑公司坚持分别报价1500万元和1400万元，而房地产开发公司则坚持分别报价1000万元和1200万元。

眼看之前约定的谈判结束时间就快到了，建筑公司谈判代表提出将3个工地视为整体，报价3600万元，并强调只要对方同意这个价格，立马签订合同。房地产开发公司考量后认为这个价格可以接受，双方很快达成了合约。

【点评】案例中，双方在A、C工地的报价问题上无法达成共识。建筑公司提出将3个工地视为整体进行报价，做"一揽子交易"，成功地促成成交。

知识点拨

谈判取得成功，双方达成成交，谈判人员应善始善终，做好谈判记录整理工作，谈判记录模板如图8-2所示。每一次洽谈之后，双方离开前，谈判人员应将双方达成共识的议题拟一份简短的报告或纪要，并由双方草签认可，以确保达成的共识不被违反。这种文件具有一定的法律效力，在以后的纠纷处理中尤为重要。

谈判议题		谈判时间	年　月　日	谈判地点	
甲方代表					
乙方代表					
谈判内容					
谈判结果					
谈判人员签字				谈判记录人	

图8-2　谈判记录模板

实战演练　促成农机购销谈判成交

1．实训背景

贵州顺化农机公司（以下简称"顺化公司"）是一家老牌农机公司。近来，顺化公司想将一批农机出售给辉元农业种植公司（以下简称"辉元公司"），双方就这项交易在顺化公司展厅的洽谈区展开了谈判。

顺化公司谈判的最低目标是以每台15 000元的价格向辉元公司出售小麦收割机3万台，交货时间是2个月内，货款在半年内分期付清；最高目标是以每台20 000元的价格向辉元公司出售小麦收割机5万台，交货时间是半年内，货款现付。目前，双方达成共识的交易条件为：每台14 000元，购买数量为3万台，交货时间是3个月内，货款在半年内分期付清。

2．实训要求

请同学们自行组队，并分为两个小组组成谈判双方（每组3～5人），从顺化公司的角度出发（辉元公司一方负责配合），模拟促成成交的过程，然后交换角色，再模拟一次。模拟的具体要求如下。

（1）顺化公司考察当前谈判成果，判定谈判已进入成交阶段。

（2）顺化公司辨识对方释放的成交信号，认为对方已有成交意图。

（3）顺化公司表明己方的成交意图，但对方仍有一定顾虑。

（4）顺化公司运用合适的方法促成成交。

3．实训步骤

（1）考察谈判成果。顺化公司要根据自身谈判目标和当前的谈判情况判定是否进入成交阶段。根据顺化公司的谈判目标，当前的谈判成果已经与最低谈判目标十分接近，此时顺化公司可以做最后努力争取达到自己的最低目标，然后判定谈判进入成交阶段。参考的谈判情形如下。

顺化公司主动在交货时间上做出让步：将交货时间从3个月缩短到2个月，同时要求对方在价格上让步，将价格升至15 000元。

辉元公司见顺化公司十分有诚意，因此就接受了这一让步要求。此时，顺化公司已达成最低谈判目标，出于稳妥的考虑，顺化公司判定谈判正式进入成交阶段。

（2）辨识对方释放的成交信号。顺化公司通过仔细观察对方的表现辨识对方的表情信号、语言信号、行为信号等，谈判双方可以根据情景自由发挥。参考的谈判情形如下。

在顺化公司判定谈判进入成交阶段后，顺化公司观察到辉元公司谈判人员出现了以下表现。

辉元公司主谈人开始仔细询问农机的使用方法，并对自己公司的工作人员能否熟练操作表示担忧，然后顺势提出要求顺化公司提供相关培训。此外，辉元公司主谈人还详细询问了农机的售后事项，要求顺化公司提供安装、维护和零配件供应服务。顺化公司从这些语言信号可以看出，辉元公司基本已经做出购买决定，开始关注购买后的具体事项。

而辉元公司的两位辅谈人则仔细阅读起农机的说明材料，并不时点头，还起身触摸农机样品。顺化公司从这些行为信号看出，辉元公司对农机十分满意，兴趣也很大。

在表情方面，辉元公司的各位谈判人员一改之前严肃、冷静的神态，变得活泼、友好，嘴角微微上扬，不时露出微笑。顺化公司从这些表情信号可以看出，辉元公司谈判人员也从内心认为谈判大局基本已定，可以稍微放松一些了。

顺化公司综合各种成交信号后，认为辉元公司谈判人员已经有明显的成交意图。

（3）表明成交意图。顺化公司需要抓住时机表达成交意图，由于对方的成交意图很明显，顺化公司直接采用明朗表达法。但辉元公司并没有立刻同意成交，表示仍有顾虑。参考的谈判情形如下。

顺化公司主谈人直接说："我看我们双方对此次谈判都很满意，不如我们干脆利落地达成协议。正好今天晚上××饭店有座位，待会儿我们订个包间，一起庆祝一下"。

辉元公司主谈人听后立马冷静下来，考虑了一番说："贵方确实有诚意，不过我方还有些顾虑。我公司以往的农机经常出问题，而原厂家离得远，只能找第三方维修，维修效果不好，维修费用也很高。这是我们不得不考虑的问题。"

（4）促成成交。顺化公司见对方还未下最后的决心，决定主动促成成交。由于对方对售后问题有顾虑，因此可以采用保证成交法促成成交。参考的谈判情形如下。

顺化公司主谈人向辉元公司主谈人保证说："这个问题贵方可以放心。首先我公司的农机质量过硬，很少出问题。即便由于操作人员操作不严谨或者地形等导致农机出问题，我公司也提供维修服务。我公司目前在全国各地有100多个维修网点，在大部分地区能做到上门维修。维修人员十分专业，而且维修使用的都是原厂配件，维修后还有半年的保修期。我方可以保证，贵公司如果使用我公司的农机，相关维修费用一定会在合理的范围内。"说着，他还出示了顺化公司的维修记录表，上面详细记录了维修情况和具体收费标准。

辉元公司主谈人听了顺化公司主谈人的一番保证后，打消了内心的顾虑，同意与顺化公司达成协议。

综合练习

一、单项选择题

1. 对方的成交意图会通过表情信号、语言信号和（　　）表现出来。
   A. 事态信号　　　　　　　　B. 报价信号
   C. 时间信号　　　　　　　　D. 行为信号

2. （　　）的局限性是易给对方留下急于求成的印象，使对方对己方的产品或成交意图产生疑惑，甚至引起对方的反感。
   A. 选择成交法　　　　　　　B. 机会成交法
   C. 直接请求成交法　　　　　D. 保证成交法

3. （　　）是指用明确的语言向对方直接提出成交，是一种较简单、常用的成交方法。
   A. 选择成交法　　　　　　　B. 直接请求成交法
   C. 机会成交法　　　　　　　D. 保证成交法

4. （　　）是指根据双方对某项交易条件的差距，以折中的方式，各自退一步并向对方靠拢，以消除谈判的最后分歧，但双方不一定以相等的幅度进行让步。
   A. 折中策略　　　　　　　　B. 总体条件交换策略
   C. 期限策略　　　　　　　　D. 反悔策略

5. （　　　）是指在假定对方已经同意成交的基础上，通过故意提出一些具体的成交问题，来促使对方做出成交决定。

    A. 从众成交法   B. 选择成交法

    C. 假定成交法   D. 机会成交法

二、多项选择题

1. 保证成交法中保证的主要内容涉及（　　　）。

    A. 产品的质量   B. 产品的价格

    C. 产品的交货期   D. 产品的售后服务

2. 下列关于促成成交方法的说法正确的有（　　　）。

    A. 采用渐进成交法时要逐步引导对方同意己方的观点

    B. 如有必要可以频繁使用机会成交法

    C. 运用选择成交法，可供选择的成交方案不能过多也不能太少

    D. 直接请求成交法迫使对方要立刻做出反应，从而容易给对方带来较大的压力，并可能使谈判氛围变得紧张或尴尬

3. 常见的表情信号有（　　　）。

    A. 目光集中在己方的展示材料或产品上

    B. 突然对产品的优点表现出非常赞许的神情

    C. 神态自然地研究起产品及其说明书、报价单等材料

    D. 眼珠转动由慢变快，嘴角微翘，眉头舒展

4. 常见的语言信号有（　　　）。

    A. 询问具体的交货时间或询问是否可以提前交货

    B. 详细询问产品的使用方法和注意事项等

    C. 反复询问交易的部分条款

    D. 多次询问交易方式、付款条件等

5. 使用含蓄表达法时可以采取的方式有（　　　）。

    A. 向对方强调现在成交对其有哪些好处

    B. 做出欲结束谈判的行动

    C. 反复说明对方如果现在不签约可能遭受的损失

    D. 再次向对方让步

三、简答题

1. 明朗表达法适用于哪些情况？

2. 直接请求成交法的局限性有哪些？

3. 机会成交法的具体运用方式有哪些？

4. 促成成交的策略有哪些？

5. 什么是假定成交法？适用于哪些情况？

四、案例分析题

杨非是工业密封制品公司的业务员，一天他与某石油公司的采购部经理刘林谈判，希望该石油公司能使用自己公司的密封制品防渗透。杨非向刘经理介绍了该密封制品的特色、优点，也说明了自己公司的业务开展情况，他感觉刘经理有较大的兴趣。接下来，他们二人发生了以下对话。

杨非："我来总结一下我们之前谈到的内容。您说过您对我公司修理速度快、维修费用低，以及提供3年保修服务很满意，对吧？"

刘经理："是的，大概是这样的。"

杨非："那这样吧，刘经理，我派人送一些货过来，您看是这个星期五送还是下星期一送来呢？"

刘经理："先别急！你们的产品到底可不可靠？"

杨非："非常可靠，刘经理。上年度，最大的石油公司××公司就购买了我们的产品，这是相关的交易凭证。至今为止，我们都没有接到返回修理的请求，您还怀疑我们的产品不可靠吗？"

刘经理："我想还行吧。"

杨非："既然如此，就让我安排人送些货过来吧。您看是这个星期五还是下星期来更方便？"

刘经理："我还是拿不定主意。"

杨非："刘经理，目前我们的价格属于促销价，下周三就要恢复原价，错过了就不是这个价格了。"

刘经理："真的吗？那我们尽快达成协议。"

杨非："没有问题，我们现在就把合同落实一下吧。"

思考：杨非采用了哪些方法促成成交？效果如何？

模块九

点指画字：商务谈判签约

9

学习目标

【知识目标】

- 掌握商务谈判合同的内容、要求和格式
- 掌握商务谈判合同的起草、审核和签字
- 掌握商务谈判合同的履行及维护

【能力目标】

- 能够起草、审核商务谈判合同，并完成签字
- 能够选择合适的方式解决商务谈判合同争议

【素养目标】

- 在签订合同时注意礼仪，表现大方得体
- 熟悉合同相关法律法规，增强法律意识

任务导入

家具厂与外商的谈判已经达成一致，双方形成了一系列口头约定。家具厂总经理知道，要让谈判结果真正落到实处，必须签订书面合同，将口头约定转化为书面条款，这样后续交货、付款等事项才有据可依，双方的合法权益才有保障。

家具厂作为主方，当仁不让地接下了这个任务，开始着手安排合同签订的相关工作。家具厂总经理先对谈判小组的成员强调了商务谈判合同的内容、要求、格式，然后带着他们起草了合同，并安排了合同审核和签字等环节。

合同成功签订不等于谈判结束了，家具厂和外商都要严格按照法律规定履行和维护合同。总体来看，家具厂在商务谈判签约方面完成的工作如图9-1所示。

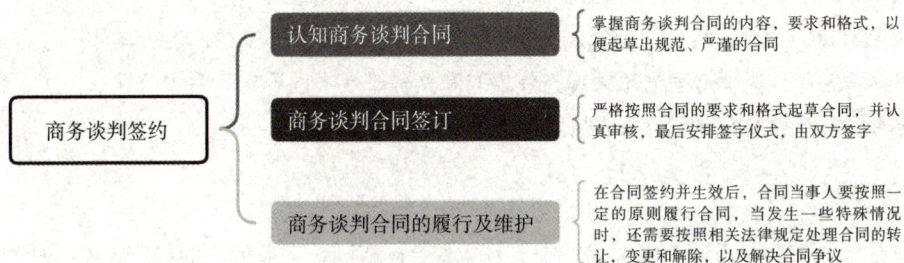

商务谈判签约	认知商务谈判合同	掌握商务谈判合同的内容、要求和格式，以便起草出规范、严谨的合同
	商务谈判合同签订	严格按照合同的要求和格式起草合同，并认真审核，最后安排签字仪式，由双方签字
	商务谈判合同的履行及维护	在合同签约并生效后，合同当事人要按照一定的原则履行合同，当发生一些特殊情况时，还需要按照相关法律规定处理合同的转让、变更和解除，以及解决合同争议

图9-1 商务谈判签约

任务一 认识商务谈判合同

微课9-1

家具厂总经理签过很多合同，也遇到过因合同不规范、不完整而导致双方发生争议的情况，因此他要求谈判小组成员："口说无凭，立字为据。即使谈判中双方达成了共识，但如果不签订合同，双方的权利、义务关系无法固定下来，在以后的执行过程中就可能出问题。"为了从法律上保障谈判双方所达成交易的合法性，促使双方切实履行各自的义务，谈判双方应签订商务谈判合同。

（一）商务谈判合同的内容

商务谈判的交易内容不同，合同的内容自然也不同，但各种合同都有一些共同的条款，即主要条款，这些主要条款可以保障合同的效力，具体包括以下几个方面。

1．谈判方的基本情况

谈判方的基本情况包括姓名（自然人）或名称（经济组织）、法定代表人（负责人）、电话、传真等。

2．标的

标的是整个商务谈判的中心内容，是合同当事人权利和义务共同指向的对象。没有标的，合同就不能成立。标的可以是货物、货币、行为（如运输合同中运送旅客或货物的行为），也可以是工程项目、智力成果（如技术转让合同中的专利权）等。无论是何种标的，都必须符合国家法律法规的规定，国家限制流通的物品不能作为标的。合同中的标的条款必须清楚地写明标的名称，以使标的特定化，从而能够界定合同当事人的权利和义务。

案例9-1

农产品公司与餐饮公司订立了一份合同，约定由农产品公司在10天内向餐饮公司提供新鲜蔬菜5 000千克，每千克蔬菜的单价为2元。农产品公司在约定的时间内向餐饮公司提供了小白菜5 000千克，但餐饮公司拒绝接受，认为小白菜不是合同所规定的蔬菜。

双方为此发生争议，争议的焦点在于合同标的。餐饮公司认为自己与农产品公司是长期合作关系，经常向其购买蔬菜，每次买的都是土豆、萝卜等容易保存的蔬菜，自己从来没有买过小白菜，农产品公司应该知道这种情况，但是其仍然送来了自己不需要的小白菜，这是曲解了合同标的。农产品公司则称合同标的是新鲜蔬菜，餐饮公司并没有说清楚要哪种新鲜蔬菜，小白菜是当季新鲜蔬菜，所以送小白菜并没有违反合同的规定。

【点评】双方之所以会产生争议，是因为合同标的写得过于笼统，没有具体到某种或某几种蔬菜的名称，这样合同当事人在行使权利和义务时就难以界定。餐饮公司认为可以凭借双方合作的惯例约束农产品公司的想法是无法受到法律保护的。

3. 数量

数量是标的在量的方面的具体化要求，是衡量合同权利、义务大小的尺度，如物品的数量、劳务的数量（如工作多少天、多少小时）等。在确定合同的数量条款时，应注意明确合同标的的计量单位，数量必须清楚、准确，不能使用"大约""左右"等。此外，还应当考虑可能产生的误差和自然损耗等问题。数量条款不得违反有关法律、法规的规定。

知识点拨

计量单位的选择不仅要符合法定标准，而且要适应未来交货时的实际计量要求。例如，淀粉多为纸箱装，每箱若干袋，每袋若干克。在"箱""袋""克"这些单位中，应该选择"箱"作为计量单位，因为在实际交货时以"箱"为单位进行清点会更方便。

4. 质量

质量是对标的品质的内在要求，包括标的的品种、规格、型号、等级、标准、技术要求、物理和化学成分、款式、感觉要素、性能等。质量条款能够按国家或行业的质量标准进行约定的，则按国家或行业的质量标准进行约定；否则可由双方协商约定，具体可约定按样品规定质量。需要注意的是，合同标的质量条款必须具体、明确，如明确为"执行 GB/T 29679—2013《洗发液、洗发膏》"而不是"执行国家有关标准"。

知识点拨

若双方需要约定质量标准，需要在合同中写明具体的要求或技术条件，有的可能还需辅以图样和说明文字，内容必须详尽。若内容较多，可以以合同附件的形式呈现，在质量条款中只写"质量要求按附件 × 的规定执行"即可。

5. 合同履行期限、地点和方式

合同履行期限是指合同中确定的合同当事人履行各自义务的时间界限，是确认合同当事人是否按期履行的客观依据。因此，合同履行期限条款应当明确、具体，或者明确规定计算期限的方法。对于合同当事人而言，合同履行期限可以有先有后，也可以同时履行；经双方协商，还可以延期履行。

合同履行地点是指合同一方当事人履行义务而另一方当事人享受权利的地点，即交付或提取标的的地方。合同履行地点是确定运费或风险由谁负担，以及所有权是否转移、何时转移的依据，也是在发生争议后确定由哪个法院管辖的依据。对于买卖合同，由买方提货的，合同履行地点是提货地；由卖方送货的，合同履行地点是买方收货地。对于工程建设合同，合同履行地点是建设项目所在地。

合同履行方式主要包括两方面内容：一是标的的交付方式，包括自提、送货上门、包工包料、代运、分期分批、一次性缴付、代销、上门服务等；二是价款或酬金的结算方式，包括托收承付、支票支付、现金支付、信用证支付、按月结算、预支（多退少补）、存单、实物补偿等。合同履行方式与合同当事人的利益密切相关，在确定合同履行方式时应当考虑方便、快捷和防止欺诈等方面的问题，并且在合同中做出明确说明。

6. 价款或酬金

价款是根据合同的规定，取得财产的一方当事人向另一方当事人支付的以货币表示的代价，通常是指标本身的价款，有时还包括运费、保险费、保管费等额外费用。酬金是根据合同取得劳务、智力成果的一方当事人向另一方当事人支付的货币，如保管合同中的保管费、运输合同中的运费等。

价款或酬金是有偿合同的必备条款。合同中必须具体、明确规定价款或酬金的数额及计算标准、结算时间、结算方式和程序等，不能使用含糊的词语。价款或酬金除必须执行国家定价的以外，由合同当事人约定。

7. 违约责任

违约责任是指当一方或双方未履行合同或没有完全履行合同时，违约方应当对守约方承担的相应赔偿或责任。合同规定违约责任的目的是维护合同的严肃性，有利于督促当事人自觉履行合同，发生争议时也有利于确定违约方所承担的责任，是合同履行的保障性条款。为了更加及时地解决合同争议，合同当事人应该在合同中详尽约定违约责任，如约定违约金或赔偿金金额，以及违约金或赔偿金的计算方法等。

8. 解决争议的方法

解决争议的方法是指合同争议的解决途径，对合同条款发生争议时的解释以及法律适用等。发生合同争议时，其解决方法包括4种，分别是双方自行协商解决、由第三方介入进行调解、提交仲裁机构解决、向人民法院提起诉讼。

> **知识点拨**
>
> 除了主要条款外，其他合同条款可在确保合同严谨、合法的前提下，由当事人双方自行约定。

（二）商务谈判合同的要求

合同条款包括主要条款和普通条款，无论是主要条款还是普通条款，都是合同当事人约定的结果，是一种静态的具有法律意义的条文。总体来说，拟定的商务谈判合同条款应当符合如下要求。

1. 合同条款内容合法

合同条款内容合法是指合同条款要符合国家法律、法规的规定，符合国家利益和社会公共利益，这样才能得到国家的承认和保护，从而对合同当事人形成约束力。合同的主要条款必须合法，否则会导致整个合同无效。

2．合同条款是合同当事人真实意思的表示

合同是合同当事人意思表示一致的协议，只有意思表示真实的合同才具有法律效力。因此，谈判双方在商定合同条款时，应当平等地进行充分协商，任何一方不得利用自己的优势或其他手段将自己的意志强加给对方，迫使对方接受某些条款，也不得通过欺骗的方式诱导对方签订合同。

3．合同条款应当尽量完备

合同条款要尽量完备，特别是合同的主要条款，一定要逐条详细协商，考虑周全，否则会导致合同难以履行，而且也容易导致争议，甚至给他人"钻空子"的机会。例如，合同中注明了针织衫的克重、针数、颜色等要求，而对辅料（如拉链、纽扣、洗水标、成分标）、包装（塑料袋、纸盒）等未做规定，这就容易在交货时引起争议。又如，合同中只规定了从生产利润中提取一定比例的资金作为设备维修金，但其中的"一定比例"究竟是多少没写清楚，这就会导致合同无法执行。

4．合同条款的行文要规范，文字表述要准确

作为法律文书，合同的一字一句都有其特定的含义，因此，合同条款的写作要求较高。首先，合同条款要前后一致、前后呼应，不能自相矛盾，如相关联的条款的描述中，对多次提到的规定必须前后一致；其次，合同要做到行文规范、结构完整、层次分明；最后，合同的用词要准确无误，不能含糊不清、模棱两可，尤其不能使用虚词和弹性词语，如"争取""以最大努力""尽可能"等。

案例9-2

两家公司经过谈判签订了合同。甲公司认为，按照合同约定，自己最迟应该在合同生效后的两个月内收到对方缴纳的保证金。但两个月后甲公司没有收到。甲公司试图联系对方，没想到对方说自己并没有违约，并以合同条款作为依据。

原来，合同中的相关条款是："合同生效后45天内，乙方应向甲方缴纳××万美元的履约保证金……超过两个月如未能如期缴纳，则合同自动失效。"甲公司咨询了律师，律师指出，条款中的"两个月"究竟从哪天算起没有明确规定，可以理解为从生效之日算起，也可以理解为合同生效45天后算起。

【点评】该合同之所以会产生争议，是因为合同条款表述不明确，出现了歧义，有多种理解方法。

（三）商务谈判合同的格式

合同具有较固定的格式，一般由首部、正文、尾部和附件（不是必需的）4部分构成。

1．首部

首部是合同的开头部分，由标题、当事人基本情况，合同签订时间、地点以及序文构成。

- 标题。标题体现了合同的性质、内容、种类，不能出现标题与合同内容不一致的情况，如合同标的是货物，标题却是"维修合同"。

- 当事人基本情况。当事人基本情况是指当事人的名称（或姓名）和地址，以及双方在合同中的关系，如"买方""卖方"等。

- **合同签订时间、地点**。合同签订时间通常是合同当事人达成交易的日期，并不是合同生效日期。合同签订地点详细写明即可。
- **序文**。序文的作用是简要介绍合同规范内容的人、事、时、地、物等背景，对合同正文起到辅助描述的作用。

2. 正文

正文是合同的核心部分，也是篇幅最大的部分，双方的权利、义务、责任等均在正文部分加以约定。

正文由合同条款组成。合同条款一般包括特殊条款和格式条款。特殊条款是合同的个性条款，其内容因合同而异，主要包括合同标的、标的的数量和质量、价款或酬金、期限、履行地点及方式、违约责任与解决争议的方法等。格式条款是所有的合同中都会记载的条款（也可视具体情形做相应调整），包括不可抗力、争议解决、法律适用、合同转让、合同生效等方面。

3. 尾部

尾部即合同结尾，其内容一般包括双方当事人的签名、盖章、通信地址、邮政编码、银行账号、开户银行名称等。

4. 附件

附件是附在合同后的文件（不是必需的），一般是一些不便在合同正文中说明但有必要说明的书面材料。附件是合同的组成部分，同样具有法律效力。常见的合同附件包括合同当事人的主体信息证明材料（如身份证复印件、营业执照复印件）、经营资格的信息证明材料（如行政许可证复印件、资格证复印件）、授权信息证明材料（如授权委托书、授权代表的身份证复印件）、交易细节说明材料（如产品的技术说明、质量说明、设备操作细则）等。

知识点拨

需要注意的是，合同的格式虽然大同小异，但在实际运用中要根据双方的协商结果对合同条款进行修订，不可完全照搬照抄。

任务二 商务谈判合同签订

微课9-2

家具厂总经理带领谈判小组成员开始合同的起草工作。他们根据谈判记录，参照合同的格式，逐条起草合同条款，并反复斟酌合同条款的叙述，看是否存在歧义、不严谨、自相矛盾之处。同时，他们还将合同翻译为外商国家语言版本。起草完成后，家具厂总经理邀请外商对合同进行审核。审核通过后，家具厂安排了简单的签约仪式，双方正式在合同上签字。

（一）合同的起草

当谈判双方达成一致意见后，就进入合同签订阶段，此时就产生了由谁起草合同的问题。合同由哪一方起草，没有统一规定。通常而言，起草合同的一方会掌握主动权。这是因为在将口头商议的内容转变为文字的过程中，文字的表述会对合同的效力产生影响，有时仅一字之差就能使意思有很大不同。起草合同的一方可以根据双方协商的内容，仔细斟酌合同条款，而另一方则毫无准备，只能被动审核合同条款，但由于个人理解上的差异，有时会难以发现于己不利之处。因此，在商务谈判中，己方应尽力争取合同起草权，或者争取与对方共同起草合同。

（二）合同的审核

起草合同后，不要急着签字，而是要认真审核合同。一般来讲，合同是对谈判结果的记录和确认，合同内容与谈判结果应该完全一致。但不排除起草一方会有意或无意出现错误，尤其在数字、日期、关键性的概念上出错。因此，审核合同时必须特别警惕，以免影响合同的实际履行，甚至对己方造成损失。

在审核合同时，应该重点关注以下问题。

- 审核合同条款之间是否协调：各个条款之间是否相互对应、没有冲突。例如，在国际货物买卖合同中，价格条件按照CIF（Cost Insurance and Freight，成本加保险费及运费）确定，那么运输条款和保险条款等中的相关描述也要与此保持一致。
- 审核合同条款的准确性、全面性：条款内容是否合法、具体，责任是否明确；用词、概念是否确切、无歧义；中文与外文对照是否一致等。

知识点拨

起草涉外合同时，合同文本要同时使用双方法定的官方语言，或国际通用语言。

- 审核各种批件：审核项目批文、许可证、用汇证明、订货卡等批件是否完备，以及合同内容与各种批件的内容是否一致。
- 审核合同是否合法：合同必须合法且不得损害社会公共利益及社会公共道德，任何违背这一原则的合同均无效。例如，买卖违禁品的进出口合同不会受到法律保护。在审核国际贸易合同时，还需要参照谈判双方国家（地区）的有关法律法规，如该国（地区）关于进出口许可证管理、外汇管理、国家（地区）安全、外交政策、税收等方面的法律法规。

知识点拨

除了合同本身要合法外，合同的签订过程也必须合法，即合同的签订过程必须具有合法的形式和完备的手续。凡是依法须由主管部门批准或者履行必要的手续才能签订的合同，必须报经批准或者履行必要手续后才能签订。

- 审核合同当事人的签约资格：审查合同当事人证明其合法资格的法律文件，如"经营许可证""委托书""授权书"等。

审核合同时，必须对照谈判记录，不能凭记忆"阅读式"审核，必须做到一字不漏。若在审核中发现问题，应及时相互通知，简单问题（如内容不全面、表述不严谨等）可以当场解决，复杂问题（如出现谈判中没有一致结论的内容）还需经过双方谈判解决，并相应推迟签约时间。当然，在提出问题时要注意态度。

案例9-3

某大型建材超市与商户谈判后准备签订合同。谈判中，双方达成的共识是对商户的销售额不做硬性要求，但在由建材超市起草的合同里，规定商户必须完成50万元的销售额，如果未完成，需要扣除一定的分红。由于商户有一笔款项压在建材超市手中，建材超市主导了合同签订环节。在建材超市的催促下，商户没有机会认真审核合同，再加上商户以为谈判达成共识就没问题了，因此匆忙签订了合同。事后，商户自然不承认这个合同，找到建材超市，双方发生了激烈的争执。

【点评】合同当事人在正式签约之前一定要认真审核合同，将合同与谈判记录进行认真比对，不要因为一方是大企业就听之任之，否则可能损害己方利益。

（三）合同

合同起草并审核完成后，就进入谈判的最终环节——合同签字。主方需要安排和准备签字仪式。

1．选择恰当的签字仪式

对于不同分量的合同，签字的仪式也不同。

- 一般性合同。一般性合同的签字地点可以设在谈判间或宴请的场所，若双方一致同意，可拍照留念。
- 较重要的合同。较重要的合同应由领导出面签字时，仪式要隆重一些。此时要专门做一些签字仪式的准备工作，如专门准备签字用的桌子（桌上要盖装饰布，应放好待签的合同文本以及签字笔、墨水、吸水纸等文具），选择合适的签字场所（如谈判间或宴请的场所）。通常需要安排宴请，席间最好安排简单的祝酒仪式。

知识点拨

各国（地区）的风俗不同，签字仪式的安排也就不同。我国的通常做法是在签约厅内放置一张长桌，桌面覆盖绿色台布，桌后放两把椅子作为双方签字人的座位。

- 特别重要的合同。对于特别重要的合同，应选择较高级的饭店或较隆重的会堂作为签字仪式的地点，应专设签字桌并邀请记者参加。宴会前，双方代表应简单致辞，席间应祝酒。

2．合同文本的准备

合同文本一经签字，便具有法律效力，签约双方都必须无条件按合同条款履行职责，否则将受到法律制裁。因此，合同文本的准备一定要细致、慎重，符合规范要求。

具体来说，当合同起草、审查完成后，在正式签订合同前，举行签字仪式的主方应准备正式合同文本，即正式的、不再进行任何更改的标准文本。双方应指定专人共同监督合同文本的定稿、校对、印刷与装订等工作。一般来说，有几个单位在合同上签字，就要为签字仪式提供几份正式合同文本。如有必要，还应为各方提供一份副本。合同文本应使用精美的白纸印制，以大八开的规格装订成册，必要时还应以真皮等高档材料制作封面。

3．签字人员的安排

举行签字仪式前，谈判双方要确定参加签字仪式的人员，并将出席签字仪式的人数提前通报给主方，以便其做好安排。

- 主签。主签是指在合同文本上签字的人员，双方主签的身份应大致相当。主签的人选因合同性质不同而不同，有的由部门负责人担任主签，有的由企业法定代表人担任主签。
- 助签。助签是指协助签字的人员，通常由熟悉签字仪式程序的人员担任，其职责是给合同文本翻页，同时指明签字处，防止主签漏签。助签的人数一般与主签的人数相等。
- 陪签。陪签是指其他陪同出席签字仪式的人员，一般是参加谈判的全体人员。有些高规格合同的签约时，双方也可能对等邀请更高级别的领导出席签字仪式。双方陪签的人数应相等。

在出席签字仪式时，签字人员应当身着深色西装套装或套裙，并搭配白色衬衫与深色皮鞋。男士还必须系上单色领带。

4．签字的座位安排

签字时双方代表的座位应由主方事先排定。通常情况下，以右为尊，客方主签应在签字桌右侧就座，主方主签在签字桌左侧就座。双方各自的助签应分别站在己方主签的外侧，以便随时为主签提供帮助。双方其他签字人员可按照一定的顺序在己方签字人的正对面就座，也可按照职位高低排成一排，站在己方主签身后。若一排站不完，可按照"前高后低"的原则排成两排、三排或四排。

> **案例9-4**
>
> 经过长期洽谈，北京某公司终于同广州某跨国公司谈妥了一笔生意。在达成交易后，双方决定举行签字仪式，由主方北京公司负责安排。然而，在签字仪式正式举行的当天，跨国公司差点要在正式签字前"临场变卦"。原来，北京公司在安排座位时，将对方安排到签字桌的左侧，而将己方安排到签字桌的右侧。这让跨国公司的签字人员十分恼火，他们拒绝参加签字仪式，直到主方调换了座位。
>
> 【点评】跨国公司之所以不满，是因为主方将座位安排错了。按照"以右为尊"的惯例，主方应将作为客方的跨国公司安排到签字桌的右侧。

5．签字仪式的程序

签字仪式虽短暂，但要求庄重、规范，因此应尽量按一定程序进行。

（1）签字仪式正式开始

签约各方有关人员进入签约厅，在既定的位置依次落座。

（2）签字人正式签署合同文本

通常情况下，合同文本的签字采用"轮换制"，即每一位主签首先在己方保存的合同文本的首位签字，然后交由对方主签签字。"轮换制"的意义在于，在签字位次上，轮流使双方均有机会居于首位一次，以表示双方平等。

（3）交换合同文本

主签起立，正式交换已由双方签字的合同文本。此时，双方主签应相互握手，互致祝贺，同时交换各自刚才使用的签字笔作为纪念。全场人员应鼓掌以示祝贺。

（4）庆贺仪式

在场签字人员（尤其是主签）应当场以各种方式庆贺签字仪式圆满成功。

（5）礼毕退场

主方宣布签字仪式结束，礼送特邀嘉宾和客方先退场，然后主方再退场。必要时，还可安排文娱活动或宴请。

> **知识点拨**
>
> 签约时，谈判人员不能过分喜形于色，最好能当着对方主谈人上司或同事的面称赞主谈人的才干；也不能只为自己庆祝，应注意为双方庆贺。此外，签约后还要注意维护双方之间的关系，最好安排专人负责同对方保持联系，谈判人员个人也应和对方谈判人员保持私下联系。例如，在中秋节、春节等传统节日发送祝福的邮件、微信消息等，也可以提前购买一些精美的贺卡，写上祝福的语句寄给对方。

任务三　商务谈判合同的履行及维护

微课9-3

签订合同后，家具厂开始按照合同的内容准备交付家具。外商也在合同约定的时间将款项支付给家具厂，双方都严格按照合同履行自己的义务。这属于十分顺利的情况，但在合同履行过程中，会有各种情况发生，不仅会出现当事人违约，也可能出现一些意想不到的情况导致合同需要转让、变更、解除，以及解决争议等，此时需要按照法律规定对合同进行维护。

（一）商务谈判合同的履行

合同的履行是指合同生效后，双方当事人按照合同的约定或法律的规定，全面地、正确地履行自己所承担的义务。双方当事人在履行合同的过程中需要遵守一定的原则，包括实际履行原则、适当履行原则、协作履行原则、经济合理原则和情势变更原则。

1．实际履行原则

实际履行原则是指严格按合同规定的标的履行，不能用其他标的代替，也不能用支付违约金或赔偿金的方式代替。

2．适当履行原则

适当履行原则是指当事人应按照合同约定的标的、质量、数量，由适当的主体在适当的期限、地点，以适当的方式，全面履行合同义务。遵循该原则时应注意以下几点。

- **履行主体适当**：合同的履行必须由当事人亲自完成，不得擅自转让合同义务或权利。
- **履行标的及其数量和质量适当**：当事人必须按合同约定的标的履行义务，而且标的的数量和质量应符合合同的约定。
- **履行期限适当**：当事人必须在合同约定的时间内履行合同，不得延迟；若合同未约定履行时间，双方当事人可随时履行或要求对方履行，但必须给对方必要的准备时间。
- **履行地点适当**：当事人必须在合同约定的地点履行合同。
- **履行方式适当**：履行方式包括标的的交付方式以及价款或酬金的支付方式，当事人必须严格按照合同约定的方式完成标的的交付和价款或酬金的支付。

3．协作履行原则

协作履行原则是指当事人不仅应适当履行自己的合同义务，而且应基于诚实信用的原则协助对方当事人履行其义务。合同的履行，只有交付方的努力是不够的，还需要接收方的配合。在合同履行过程中，双方当事人要相互配合、相互协作。

在合同履行过程中，协作履行的具体要求如下。

- 一方履行合同义务，另一方应尽量为其创造便利条件，使其得以实际履行合同义务。
- 一方因客观情况发生改变需变更合同时，应及时通知对方，对方也要及时回复，双方就合同的变更办法共同进行协商。
- 一方确实不能履行合同时，应及时告知对方并说明情况，对方也应积极采取补救措施，争取减少损失。
- 一方发生过错而出现违约时，对方应尽快协助其纠正，并尽力减少损失。
- 在合同履行过程中发生争议时，双方应坚持实事求是的原则，及时协商解决问题。

4．经济合理原则

经济合理原则是指在合同履行过程中，当事人应讲求经济效益，以最低的成本取得最佳的合同效益。在合同履行过程中，贯彻经济合理原则主要体现在以下方面。

- 交付方应选择最经济的履行期。
- 交付方应选择最经济的履行方式。
- 接收方应选择最经济的提取标的的方式。

5．情势变更原则

情势变更原则是指合同有效成立后，因不可归责于双方当事人的客观变化（包括自然灾害或意外事故的发生、国家经济政策及社会经济环境的巨变等），致使合同基础动摇或丧失，若继续维持合同原有效力，会给一方当事人造成显失公平的结果，此时允许当事人变更合同内容或者解除合同。

（二）商务谈判合同的转让、变更和解除

合同生效后便具有法律约束力，但在合同履行期间，当事人的主客观情况都处在变化中，合同的转让、变更和解除也是经常发生的。

1．合同的转让

合同的转让是指一方当事人将合同的权利、义务全部或部分转让给第三人，其只是合同主体发生变更，合同规定的权利、义务不变。当然，合同转让必须事先征得另一方当事人的同意。法律、法规规定应当由国家批准成立的合同，其权利和义务的转让应当经原批准机关批准。

2．合同的变更

通常来说，合同成立后，当事人必须严格履行，不得擅自变更。但在实际履行过程中，当事人常常需要对合同内容进行修改或补充，这就需要对合同进行变更。合同变更一般涉及合同内容的变更。

合同的变更需要注意以下问题。

- 合同的变更必须经过双方协商同意，擅自变更合同是违法的，应负法律责任。
- 合同的变更应采取书面形式。
- 在变更合同时，如果一方当事人给另一方当事人造成了损失，受损失的一方当事人有权利要求另一方当事人赔偿损失。

3．合同的解除

合同的解除是指合同一方或者双方当事人依照法律规定或者当事人的约定，依法解除合同效力的行为。在合同成立后、未完全履行前，因各种意外致使合同的履行已成为不可能或不必要，当事人可解除合同。根据有关规定，有下列情形之一的，一方当事人有权通知另一方当事人解除合同。

- 因不可抗力致使不能实现合同目的，如自然灾害、瘟疫等。
- 在履行期限届满前，一方当事人明确表示或者以自己的行为表明不履行主要义务。
- 一方当事人迟延履行主要义务，经催告后在合理期限内仍未履行。
- 一方当事人迟延履行义务或者有其他违约行为致使不能实现合同目的，如羽绒服等季节性很强的产品，由于供方延期交货而错过销售季节，继续履行合同必然使需方的产品形成积压，这将导致需方不仅无法赢利，反而会造成损失。

知识点拨

合同目的即合同当事人通过合同的订立和履行最终期望得到的东西或者达到的状态。

（三）商务谈判合同争议的解决

合同争议是指因合同的生效、解释、履行、变更、终止等行为而引起合同当事人的所有争议，其范围涵盖了合同从成立到终止的整个过程。合同争议的内容主要表现在争议主体对导致合同法律关系产生、变更与消灭的法律事实以及法律关系的内容有着不同的观点与看法。对于合同争议，双方当事人可以通过以下途径解决。

1．和解

和解是指由争议双方在自愿、互谅的基础上，按照《民法典》以及合同条款的有关规定，就已经发生的争议进行协商并达成协议，自行解决合同争议的一种方式。双方通过和解解决合同争议，不必经过第三方，不仅可以避免双方关系恶化，防止事态进一步扩大，还可以节约时间和成本，有利于双方继续保持合作关系。

和解是当事人在自愿原则下自由选择的解决合同争议的方式，但不是合同争议解决的必要程序。当事人也可以选择不和解而直接使用其他解决争议的途径。

2．调解

调解是指在争议双方选择的第三方的主持下，通过运用说服教育等方法解决双方合同争议的一种方式。调解以双方自愿达成一致意见为先决条件，以双方互谅互让为原则。调解主要有以下方式。

- **人民调解**。人民调解指人民调解委员会对争议的调解。
- **行政调解**。行政调解指工商行政管理机关居中对合同当事人的争议进行的调解。
- **法院调解**。法院调解指人民法院对受理的部分案件进行的调解。

3．仲裁

仲裁是指合同双方在争议发生之前或之后，签订书面协议，自愿将争议提交双方均认可的第三者予以裁决，以解决争议的一种方式。仲裁具有强制性，仲裁机构做出的仲裁裁决具有法律效力，当事人应当履行。

案例9-5

我国一进出口公司与某英国公司签订了一份合同，合同中规定，某英国公司应分5批装运货物，共计5 000吨，若发生争议，可以找中国国际经济贸易仲裁委员会仲裁。

某英国公司未能按期装运第一批1 000吨货物，中方公司便向中国国际经济贸易仲裁委员会提出仲裁申请，要求该英国公司赔偿。中国国际经济贸易仲裁委员会对该案进行了审理，最后裁定该英国公司向中方公司赔偿10万元。

【点评】在本案例中，中方公司与英国公司发生了合同争议。由于合同中有仲裁条款，而且约定了仲裁机构，因此可以采取仲裁的方式解决合同争议。

4．诉讼

诉讼是指争议双方依民事诉讼程序向人民法院起诉，请求人民法院运用审判程序解决合同争议的一种方式。诉讼是解决合同争议的最终手段，当事人没有在合同中订立仲裁条款，争议发生后又没有达成书面仲裁协议的，可以向人民法院提起诉讼。合同争议经人民法院审理并做出判决后，当事人必须履行人民法院做出的判决，拒不履行的，另一方可以向人民法院申请强制执行。

实战演练　起草货物买卖合同并安排签字仪式

1．实训背景

北京宇辉伞业有限公司（卖方；地址：北京市朝阳区××路×号；开户行：中国工商银行正阳门支行；银行账号：62×××××××××）与广州市华容贸易有限公司（买方；地址：广东省广州市番禺区××路×号）在北京举行了关于伞骨买卖的谈判。双方经过激烈的谈判，于2023年2月28日就以下内容达成一致意见。

产品名称、型号：伞骨QJ-2032。

数量：6 000把。

规格：进口1寸折叠伞骨。

单价：8.5元。

支付：买方通过银行转账方式支付，在2023年6月30日前全部付清。

交货时间：自合同签订之日起，一个月内。

运输：由卖方代办公路运输（卖方承担运费），交货地点为买方2号仓库。

包装：纸箱包装，每箱50把。

质量标准：符合GB/T 23147—2018《晴雨伞》的要求。

违约责任：买方中途退货，应向卖方偿付违约金，金额为退货部分货款的10%；卖方不能交货，应向买方偿付违约金，金额为不能交货部分货款的10%；买方不能按时付清货款，应向卖方赔偿违约金，金额按日计算，每日为所欠款的3‰。

争议解决办法：由北京市市场监督管理部门调解，若不能解决，由北京仲裁委员会仲裁。

2．实训要求

假设你是卖方代表（同时也是主方），请完成以下工作。

（1）就双方达成一致意见的内容起草一份合同。

（2）安排合同签字仪式。

3．实训步骤

（1）起草合同。该合同包括首部、正文和尾部（无附件），其中，正文特殊条款应包括的内容有标的、数量、质量，合同履行期限、地点和方式，价款或酬金，违约责任等，参照谈判结果叙述即可，注意表述要连贯、严谨、规范、无歧义。此外，正文还应包括不可抗力、争议解决、合同生效等相关格式条款，在起草时可以参考同类合同的范本。起草好的合同如下所示。

卖方：北京宇辉伞业有限公司（以下简称甲方）

地址：北京市朝阳区××路×号

买方：广州市华容贸易有限公司（以下简称乙方）

地址：广东省广州市番禺区××路×号

甲乙双方经友好协商，就伞骨的买卖问题达成以下协议，并共同遵守执行。

第一条　产品的名称、型号、规格和质量

1. 产品的名称：伞骨。

2. 产品的型号：QJ-2032。

3. 产品的规格：进口1寸折叠伞骨。

4. 产品的技术标准：按照GB/T 23147—2018《晴雨伞》执行。

第二条　产品的数量和计量单位

1. 产品的数量：6 000。

2. 计量单位：把。

第三条　产品的交货方法、运输方式、到货地点、交货日期、包装

1. 产品的交货方法：甲方代办运输。

2. 产品的运输方式：公路运输。

3. 产品的到货地点：乙方2号仓库（广东省广州市番禺区××路×号2号仓库）。

4. 产品的交货日期：自合同签订之日起，一个月内。

5. 产品的包装：纸箱包装，每箱50把。

第四条　产品的价格和货款的支付方式及支付时间

1. 产品的价格：单价为8.5元，总价为51 000元。

2. 货款的支付方式：乙方向甲方指定银行账户转账，银行账号为62×××××××××，开户行为中国工商银行正阳门支行。

3. 货款的支付时间：在2023年6月30日前全部付清。

第五条　违约责任

1. 乙方中途退货，应向甲方偿付退货部分货款10%的违约金。

2. 乙方在指定期限内不能如数付清货款，乙方应向甲方赔偿所欠款的日计3‰的违约金，直至全部货款付清为止。

3. 甲方不能交货，应向乙方偿付不能交货部分货款的10%的违约金。

第六条　合同争议的解决

本合同在履行过程中发生的争议，由北京市市场监督管理部门调解；调解不成的，提交北京仲裁委员会仲裁。

第七条　不可抗力

当事人一方因不可抗力不能履行合同的，根据不可抗力的影响，部分或者全部免除责任，法律另有规定的除外。因不可抗力不能履行合同的，应当及时通知对方，以减轻可能给对方造成的损失，并应当在合理期限内提供证明。

第八条　合同生效和补充规定

本合同自双方代表签字盖章之日生效。合同如有未尽事宜，须经双方协商，做出补充规定，补充规定与本合同具有同等效力。

本合同正本一式两份，双方各执一份。

甲方：　　　　　　　　　　　　　　　　乙方：

（盖章）　　　　　　　　　　　　　　　（盖章）

年　月　日　　　　　　　　　　　　　　年　月　日

（2）安排合同签字仪式。由于该合同属于一般性合同，签字仪式可以简单一点，可以安排在谈判间签字，在其中设置一张长方形桌作为签字桌，桌面上覆盖深色台布，桌上分别摆放座签，并写上双方企业的名称。桌后放置两把座椅，座前桌上摆放由各方保存的合同文本，文本前分别放置签字用的文具。至于签字的座位，应安排对方（客方）主签坐在签字桌右侧，己方（主方）主签坐在签字桌左侧。

综合练习

一、单项选择题

1. （　　）是合同的开头部分，是合同的重要组成部分。

　A. 要约　　　　　　　　　　　　　B. 约首

　C. 首部　　　　　　　　　　　　　D. 意约

2. （　　）是整个谈判的中心内容，是合同当事人权利和义务共同指向的对象。

　A. 标的　　　　　　　　　　　　　B. 质量

　C. 数量　　　　　　　　　　　　　D. 价款

3. 下列关于合同审核的说法不正确的是（　　）。

　A. 需要审核合同条款之间是否矛盾、冲突

　B. 需要审核合同是否合法

　C. 不需要审核合同的批件

　D. 需要审核合同条款的准确性

4. 不属于适当履行原则的是（　　）。

　A. 履行主体适当　　　　　　　　　B. 履行标的及其数量和质量适当

　C. 履行地点适当　　　　　　　　　D. 履行金额适当

5. （　　）是指在合同履行过程中，当事人应讲求经济效益，以最低的成本取得最佳的合同效益。

　A. 经济合理原则　　　　　　　　　B. 情势变更原则

　C. 协作履行原则　　　　　　　　　D. 实际履行原则

二、多项选择题

1. 合同具有较为固定的格式，一般由（　　）构成。

　A. 首部　　　　　　B. 正文　　　　　　C. 附件　　　　　　D. 尾部

2. 对合同争议，当事人可以通过（　　）途径解决。

　A. 和解　　　　　　B. 调解　　　　　　C. 仲裁　　　　　　D. 诉讼

3. 签字仪式的程序包括（　　）。

　A. 签字仪式正式开始

　B. 签字人正式签署合同

　C. 交换合同文本

　D. 庆贺仪式

4. 商务谈判合同的基本要求有（　　　）。

    A. 合同条款内容合法

    B. 合同条款是合同当事人真实意思的表示

    C. 合同条款应当尽量完备

    D. 合同必须使用双语

5. 发生（　　　）情形时，一方当事人有权通知另一方当事人解除合同。

    A. 因不可抗力致使不能实现合同目的

    B. 在履行期限届满前，一方当事人明确表示或者以自己的行为表明不履行主要义务

    C. 一方当事人迟延履行主要义务，经催告后在合理期限内仍未履行

    D. 一方当事人迟延履行义务或者有其他违约行为致使不能实现合同目的

三、简答题

1. 什么是情势变更原则？

2. 商务谈判合同争议可以通过哪些途径解决？

3. 商务谈判合同的主要条款包括哪些内容？

四、案例分析题

两家公司经过漫长的谈判，终于达成一致意见，双方共同起草了合同，合同示例如图9-2所示。

货物买卖合同

卖方：重庆森元织品有限公司（以下简称甲方）
地址：重庆市××路××号
买方：深圳市华容贸易有限公司（以下简称乙方）
地址：广东省深圳市龙华区××路××号
甲乙双方经友好协商，就毛巾的买卖问题达成以下协议，并共同遵守执行：
1. 产品名称：全棉毛巾；
2. 数量：2800 打；
3. 包装：每5 打装一纸箱，共 560 纸箱，每箱毛重30千克，每箱净重28千克；
4. 价格：45 元/打；
5. 总金额：126000 元；
6. 验收办法：2023 年 3 月 31 日，甲乙双方代表到甲方仓库验收；
7. 付款办法：甲方在 2023 年第二季度内至少付 50%，第三季度全部付清（货款按甲方实际发出数结算）；
8. 运输：自合同签订之日起，一个月内由甲方代办运输至深圳火车站，由乙方自行运回；
9. 乙方在指定限期内不能如数付清货款，乙方应向甲方赔偿所欠款的日计4‰的违约金，直至全部货款付清为止；
10. 本协议自双方代表签字盖章之日生效。

甲方：　　　　　　　　　　　　　　乙方：
（盖章）　　　　　　　　　　　　　　（盖章）

2023 年 3 月 27 日　　　　　　　　　2023 年 3 月 27 日

图9-2　合同示例

思考：该合同存在哪些纰漏？

模块十

能言巧辩：商务谈判沟通技巧

10

学习目标

【知识目标】

- 熟悉倾听障碍和倾听的注意事项
- 掌握提问、陈述、回答、说服的技巧或要点
- 掌握人体语言表达的相关知识

【能力目标】

- 能够选择合适的提问方式，并巧妙地进行回答
- 能够使用技巧说服他人
- 能够灵活使用人体语言辅助表达

【素养目标】

- 摒弃个人偏见，认真倾听他人的发言
- 在说服对方时要以理服人，以情动人，不可以势压人

任务导入

　　家具厂与外商的谈判已经完满结束。家具厂总经理认为，总体来看，这次谈判比较成功，家具厂以理想的价格售出了一批产品，不仅获得了不错的收益，而且迈出了走向国际市场的第一步。然而，家具厂总经理深知，谈判小组成员的表现还有提升的空间，尤其是在沟通方面，各成员都不同程度地出现口齿不清，表述不连贯、重复，提问和回答缺乏技巧等问题。因此，家具厂总经理决定开展谈判沟通复盘，安排所有成员观看谈判录像，仔细分析各成员在沟通方面的表现，找出问题并学习各种沟通技巧，具体内容如图10-1所示。

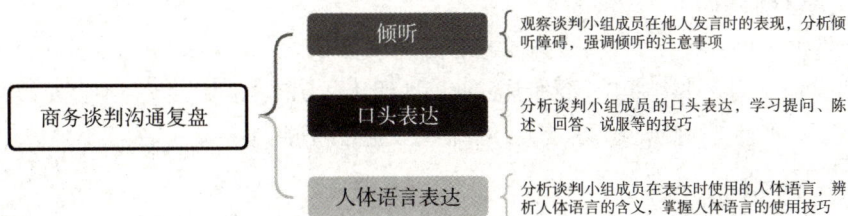

图10-1 商务谈判复盘内容

任务一　倾听

微课10-1

　　家具厂总经理要求大家首先观察谈判小组各成员在他人发言时的表现，结果发现，有人偷偷看手机，有人被窗外的说话声吸引，有人一边听一边小声自言自语。家具厂总经理看出大家不重视倾听，而且倾听时也存在很多障碍，这些障碍有主观的也有客观的，需要加以克服。

　　于是，他对大家说，沟通中有"说话"的一方，就必然存在"倾听"的一方，倾听在沟通中占有重要的地位。倾听不是单纯地"听"，倾听是以听为基础，主动参与的一种情感活动。它不仅是耳朵听到相应的声音，还需要通过面部表情、肢体语言和口头语言回应对方，传递给对方一种你很想听他说话的感觉，给对方充分的尊重、情感的关注和积极的回应。这样有助于谈判人员获取更多的信息，同时也可以向对方传递一定的信息，如认真倾听表明你对对方的陈述十分感兴趣。

案例10-1

　　小孙是某企业的销售经理。一次，他把目标锁定在一家化工公司，希望与其合作。该化工公司知名度很高，供应商众多，小孙希望与对方谈判，然而只获得了与其总监非正式洽谈的机会。

　　在此次短暂的洽谈中，该总监无意中说起一件事：最近他的女儿一直缠着他要某品牌的儿童玩具，该玩具价格不高，但每天库存有限，先到先得。总监说自己因为工作忙脱不开身，没法满足女儿的心愿。

　　一段寻常的家事在小孙听来却绝非寻常。第二天一早，他就到玩具店排队买到了玩具。仅隔一天，小孙再次来到化工公司，亲手将排队买到的玩具送到前台请求转交，并没有惊动那位总监。几天后，小孙接到了总监秘书的通知，邀请小孙与总监进行正式谈判，并转告了总监的谢意。

　　【点评】小孙之所以能获得谈判机会，很大程度上在于他善于倾听，抓住了总监因工作忙无法帮女儿买玩具的细节，帮助总监买到了玩具。这个小小的举动打动了总监，也让总监看到小孙非常严谨，善于倾听、把握细节。可见，在沟通交流时，认真倾听是十分重要的。

（一）倾听障碍

　　在倾听的过程中，人们如果不能集中自己的注意力，没有真诚地接受信息并主动进行理解，就会产生倾听障碍。在沟通中，要完整且准确地理解对方的含义和意图并不容易，人们面临多种倾听障碍。一般而言，倾听障碍来自环境、信息发送者和倾听者。

1. 环境障碍

　　环境对人的听觉与心理活动有重要影响，环境中的声音、气味、光线、色彩、布局等都会影响人的注意力与感知。杂乱、嘈杂的环境将会导致信息接收的缺失。

　　环境障碍主要表现在两方面：一方面是干扰信息，造成信息信号消减或歪曲；另一方面是影响倾听者的心境。有一个常见的现象：通常在会议上领导者不能获取下属的真实意见和感受，但是在饭桌上，员工往往能畅所欲言，随心所欲地谈自己的切身感受。这是因为饭桌上的环境更加舒适随意，而不像会议室给人逼迫、拘束的感觉。

2. 信息发送者障碍

　　信息发送者障碍主要表现为信息发送者本身传递的信息质量不高。双方在试图说服、影响对方时，并不一定总能发出有效信息，有时会有一些过激的言辞、过度的抱怨，甚至出现对抗性的态度。现实中，我们可能会遇到情绪激动的信息发送者，他们很难发出有效的信息，从而影响倾听的效果。

　　信息发送者障碍还表现为信息发送者不善于表达或缺乏表达的愿望。例如，当人们面对比自己优越或地位高的人时，害怕"言多必失"，因此不愿意发表意见，或选择尽量少说。

3. 倾听者障碍

　　倾听者的理解能力和态度可能使其产生倾听障碍，主要表现为以下方面。

- **个人偏见**。人们难免心存偏见。例如，有的人以貌取人，对自己不喜欢的人心存偏见，不信任对方，就不会认真倾听；有的人则会对不同性别、不同地区的人群心存偏见，对他们的能力、知识等产生怀疑。
- **先入为主**。先入为主在行为学中被称为"首因效应"，是指交往双方第一次见面时相互形成的第一印象对今后交往的影响。人们在倾听过程中，对对方最先提出的观点会有非常深刻的印象。如果对方最先提出的观点与倾听者的观点大相径庭，倾听者可能会产生抵触的情绪，而不愿意继续认真倾听下去。
- **以自我为中心**。人们习惯于关注自我，总认为自己的观点、思想才是对的。在倾听过程中过于注意自己的观点，喜欢听与自己观点一致或相近的意见，对不同的意见置若罔闻，这样往往会错过倾听他人观点的机会。

（二）倾听的注意事项

为了克服倾听障碍，提升倾听的效果，获得高质量的信息，我们在倾听时需要注意以下事项。

- **创造有利的倾听环境**：尽量选择安静的环境，使信息发送者处于身心放松的状态，这样才能减少信息传播过程中的阻碍。

- **专心倾听**：关注中心问题，不要使思维混乱；通过非语言行为，如眼睛接触、某个放松的姿势、某种友好的脸部表情和恰当的语调，建立起一种积极倾听的氛围。

- **以关心的态度倾听**：以关心的态度倾听，让信息发送者能够了解你的意见和情感，同时觉得你是以一种非裁决的、非评判的姿态出现的；不要马上提出许多问题，不停地提问给人的感觉像是受到"拷问"。

- **不宜过早得出结论或判断**：人们往往容易立即得出结论，当你已对某事做出判断时，就很难再倾听他人的意见，沟通就会被迫停止；保留对他人的判断，直到事情清楚、证据确凿，否则会远离你的真正目标；要保持耐心，让对方完整讲述，不要打断对方，并且抑制自己争论的念头；注意你们只是在交流信息而非辩论，争论对沟通没有好处，只会引起不必要的冲突。

- **避免先入为主**：避免先入为主，不要以自我为中心；以个人态度投入一个问题时往往会导致自己有意地筛选信息，无法获得完整和客观的实际信息，或者使自己过早得出结论，显得武断。

- **积极反馈**：反馈你认为对方正在考虑的内容，总结对方的内容以确认你完全理解他说的话。

- **善于使用口语**：使用简单的语句，如"噢""我明白""是的""有意思"等认同对方的陈述；通过"说来听听""我们讨论讨论""我想听听你的想法""我对你所说的很感兴趣"等，以鼓励信息发送者谈论更多内容。

- **学会做笔记**：做笔记有助于集中精力，可以帮助自己记忆，加深对对方讲话内容的理解，还有助于在对方发言结束后就某些问题向对方提出疑问；此外，记笔记可以给对方留下自己受重视的印象，会对对方产生鼓励作用；尤其是对于商务谈判这种信息量较大的活动，倾听时一定要做好详尽的记录，用于在休会期间分析对方。

任务二　口头表达

微课10-2

接着，家具厂总经理开始带领大家观看一个谈判视频片段，片段中发言的成员陈述啰唆、缺少逻辑，提问方式单一，无法获取较多有用信息，而且面对对方探测己方底线的问题也老老实实回答。家具厂总经理分析了其中存在的问题，并要求各成员都要努力提升自己的口头表达能力。

在商务谈判中，口头表达十分重要，叙述清晰、观点明确、证据充分的口头表达，能够有力地说服对方，有助于协调双方的目标和利益，进而取得谈判的成功。商务谈判中的口头表达包括提问、陈述、回答、说服等方式。

（一）提问

提问是谈判过程中的一项重要活动，谈判人员可以通过提问加深对对方的了解，有助于找到双方的利益共同点，发现双方的分歧。

1．提问的方式

提问的方式有很多，谈判人员需要根据实际情况灵活选择。

（1）封闭式提问

封闭式提问是指发问者提出的问题带有预设的答案，回答者的回答不需要展开，如"贵方能否在15天之内发货？""针对安装费这个问题，贵方是否愿意做出让步？""您愿意就这项业务与我们进行合作吗？"对方一般只需要回答"对""不对""是""不是""能""不能"等。这种提问方式单刀直入、直指要害，答案明确、简单，容易控制问题的讨论方向、制造紧张气氛和快节奏，能给对方较大压力。

（2）开放式提问

开放式提问是指提出比较概括、范围较大的问题，对回答的内容限制不严格，给对方自由发挥的余地，其主要目的是收集更多信息，如"您对这个问题有何建议？""您觉得哪些方面需要进一步协商呢？""您为什么会有这种想法呢？"对方需要做出详细回答，而不是以"是"或"不是"等简单的词作答。因此开放式提问可以使对方说出自己的想法和顾虑，有助于谈判人员获得深层次信息。开放式提问的特点是随意性强，节奏较慢，难以把控对方回答问题的方向，能使气氛缓和。

案例10-2

一天，甲保险公司销售员小陈与某企业代表刘先生谈判。小陈问："刘先生，贵公司目前与哪家保险公司合作呢？"刘先生皱了皱眉，回答说："这个我不方便透露。"小陈一看对方不愿意回答，就换了个提问方式："刘先生，贵公司规模这么大，一定经常跟各种保险公司打交道吧？您对之前的合作伙伴评价如何？"刘先生回答："还不错，服务比较周到，理赔比较及时。"小陈听出对方非常重视服务质量和理赔速度，于是就从这两点入手介绍自己公司的保险产品。

【点评】在本案例中，小陈开始时直接询问对方与哪家保险公司合作，虽然很直截了当，但遭到了对方的反感和拒绝。接着，他采用开放式提问，从对方的回答中获取到更丰富的信息，进而找到介绍产品的切入点。

（3）试探式提问

试探式提问指在没有摸清对方虚实的情况下，采用试探的语气或方法，在适宜的场所或时机向对方提问。这种方式的提问就像投石问路，能探出对方的虚实。例如，谈判人员想把产品推销出去，但不好直接问对方要不要购买，于是便试探性地问："我们产品的功能挺齐全的吧？能不能请您评价一下？"如果对方有意，自然会做出肯定答复；如果对方不满意，他的拒绝也不会使发问者难堪。

（4）澄清式提问

澄清式提问是针对对方的回答，重新提出问题以使对方进一步解释或补充其原先回答的一种提问方式。例如："您刚才说这一宗买卖的价格可以重新考虑，这是不是说您可以全权跟我们进行谈判？""您刚才说目前正在谈判的这宗生意已得到董事会的批准，您的意思是我们可以签订合同了吗？"澄清式提问有助于己方从对方处得到进一步的反馈，能确保双方在同一层面进行沟通。

（5）探索式提问

探索式提问是针对对方的答复，要求引申或举例说明，以便探索新问题、找出新方法的一种提问方式，如"您说能保证如期交货，有什么事实可以证明吗？""假设我们运用这种方案会怎样？"探索式提问有助于进一步发掘对方信息，还可以表现出发问者对对方答复的重视。

（6）借助式提问

借助式提问指借助权威人士的观点、意见影响对方，如"某先生对贵公司能否如期交货关注吗？""某先生对此是什么态度呢？"应当注意的是，这里选择的权威人士必须是对方熟悉且十分尊重的人，否则会引起对方的反感。使用这种提问方式时务必要慎重。

（7）引导式提问

引导式提问是指使用具有强烈暗示性或诱导性的问题，使对方只能按发问者所设计的方式作答，使对方的回答符合己方的预期，如"谈到现在，我看设备的价格可以定为12万元，贵方一定会同意的，是吗？"

2．提问的技巧

提问不是简单地表达自己的疑问，需要讲究方式、方法，提问提得好，可以起到意想不到的效果。在提问时，谈判人员可以采用以下技巧。

- **提前准备问题。** 提问前可以先准备好问题，最好是对方疏于准备的问题，以获得意想不到的效果。
- **提问后闭口不言。** 提问后闭口不言相当于把打破沉默的责任抛给对方，对方必须回答问题才能打破沉默，这会无形中给对方施加压力。
- **明知故问。** 在适当的时候，可以将一个已经发生并且自己知道答案的问题提出来，以验证对方的诚实程度以及处理事情的态度。
- **等对方发言结束再提问。** 在对方发言时，若产生疑问，就立刻打断对方并提问，这样不仅会影响对方发言，而且会暴露己方意图，可能促使对方及时调整发言策略，如对方在报价时，己方打断并追问对方的发货时间，那么对方很可能会猜到己方急于收货，因此会以此作为谈判筹码要求己方让步。正确的做法是先把问题记录下来，待对方讲完后再找合适的时机提问。
- **运用提问模式。** 提问时可以使用"陈述语气＋疑问语缀"的提问模式，即先将有疑问的内容用陈述语气表述，然后在陈述语气之后附加一些疑问语缀，与此同时配以赞许的一笑。这种提问模式能给对方留下一种真诚的印象，使其在平和从容的感受中回答问题，以达到更好的效果，如"你能提出一个可行性强的方案，这很好，能先说一说吗？""这是刚到的货，对吗？"
- **使用简短的句式提问。** 在商务谈判中，要争取使用较短的提问引出对方较长的回答，这样才能占据主动，因此应尽量用简短的句式向对方提问。

知识点拨

在商务谈判中，不应提出有敌意的问题，以避免损害双方关系，也不能为了表现自己而提出复杂的问题，如提出十分专业的问题显示自己的学问。

（二）陈述

在商务谈判中，陈述就是谈判人员阐述自己的立场、观点和要求，指明对方的立场、观点和要求，提出合作的可能性，明确双方的共同利益的述说过程。

1．陈述的方式

常见的陈述的方式有以下几种，谈判人员可以根据谈判的需要进行单独或综合运用。

（1）对比陈述

对比陈述是指在陈述时把两种相互对立的事物放在一起，使之形成鲜明的对比，从而强化陈述效果，使自己的观点更加鲜明、突出，以引起对方的注意。

（2）提炼陈述

提炼陈述是指把陈述的内容提炼为言简意赅、朗朗上口的句子，让对方感到新鲜，形成深刻印象。提炼陈述能够提高内容的可听性和清晰度，从而引起对方的好奇心和注意，具有较好效果。

（3）情理陈述

情理陈述是指在陈述时将理性论证和制造情感共鸣结合起来，使对方深受感染而产生共鸣，从而取得不错的效果。

（4）顺序陈述

顺序陈述是指按照客观事物之间自然的联系或发展变化的过程进行述说，如按事情的时间发展顺序，从过去到现在、未来陈述，或按空间的顺序，从上到下、从外到里陈述等。这种陈述内容的条理性很强，容易被对方理解和接受。

（5）实物陈述

实物陈述是指在陈述的过程中辅助展示实物，以增强说服的效果。俗话说"耳听为虚，眼见为实"，实物陈述能更加形象地进行表达，容易获得较好的效果。在商务谈判中，实物陈述十分常用，如介绍产品时边陈述边展示给对方看，以增强真实感，更容易让对方信服。

（6）事例陈述

事例陈述就是通过典型的事例说明自己的观点，即"摆事实"。其原理是通过个别了解一般，可以把抽象、深奥、枯燥的内容变得具体、浅显、生动，使其更容易被接受。运用这种方式时，要注意所选择的事例要真实、有代表性、能说明问题，使对方能从该事例中得出有利于己方的结论。

（7）细节陈述

细节陈述是指在陈述过程中对人物、景物、事件、场面的某些细节做出具体和细致的描述，让对方身临其境。细节陈述有助于己方真切、具体地表达感受，让对方深刻理解己方的意图。需要注意的是，在使用此方式时，对于细节的描述要真实，不能随意夸大和编造，否则会产生相反的效果，一旦被识破，会失去对方的信任。

（8）递进陈述

递进陈述是指先提出问题，然后对问题进行逐层分析，最后得出结论。该陈述方式注重说理，层层深入，具有逻辑严密、说服力强的特点。

案例 10-3

一天，一位老太太去菜市场买水果。她走到一个小贩面前，问道："你的李子怎么卖？"

小贩说："这边紫色的10元一斤，特别甜。这边绿色的8元一斤，甜里带点酸。"

老太太说："酸一点儿的李子能不能便宜点？大家都爱吃甜的，你看都没卖出去多少。"

小贩问："7.5元一斤，不能少了。"

老太太说："要是7元一斤我就多买点，我女儿怀孕了，天天想吃酸的。"

小贩说："您对女儿真体贴，还是当妈的对孩子好。"

接着，小贩一边给老太太展示李子一边说："你看这个李子，个头不算大，但是它们都没打过激素，买回去放心吃。而且放久一点也不会坏，要不来3斤？"

老太太说："太多了，我买2斤吧。"

小贩说："你知道吗？猕猴桃富含维生素，对身体好。"

老太太说："好啊！那我就再来1斤猕猴桃。"

【点评】 在本案例中，小贩先采用情理陈述，赞扬老太太对女儿好，又通过李子没打激素、存放时间长来理性论证李子值得多买。其次，在推荐猕猴桃时又采用事例陈述，以对身体好为例说明猕猴桃的好处，成功说服老太太又购买了猕猴桃。

2．陈述的要点

要使陈述获得良好的效果，谈判人员在进行陈述时要注意以下几点。

（1）陈述要生动形象

陈述时要避免乏味的平铺直叙和空洞的说教，最好能运用生动的语言具体而形象地说明问题，必要时可以运用抑扬顿挫的声调吸引对方的注意，使对方集中精神，全神贯注地倾听。

（2）陈述应主次分明、层次清楚

商务谈判中的陈述与日常生活中的闲聊有很大不同，应该紧扣主线、突出重点。同时，最好能分点陈述，这样能确保层次清楚，让对方清楚地了解己方表达的意思。

（3）陈述应力求准确、客观

在陈述时，应力求准确无误，避免表意不清、前后矛盾，否则会给对方可乘之机，让对方找到进攻的突破口。此外，陈述基本事实时要秉承客观、真实的原则，不要夸大，也不要刻意隐瞒，否则只要被对方发现，就会大大降低己方的可信度，从而削弱己方陈述的说服力。

（4）随时纠正陈述中的错误

谈判人员在陈述中常因为各种原因出现错误。此时，谈判人员要及时纠正错误，不能碍于颜面而将错就错，否则容易使对方产生误解，更不能事后文过饰非，强行自圆其说。

（5）要注意陈述的速度

在陈述过程中不要自顾自地说，要从对方的表情中观察对方有没有理解、听懂，是否有疑问。如果有，谈判人员就要对对方暂时不理解的问题进行耐心解释，必要时要展开陈述。此外，陈述的速度不宜过快或过慢。过快会使对方难以跟上节奏、无法领会陈述的内容，有时还会使对方认为你在敷衍了事；过慢则易使谈判显得沉闷、拖沓。谈判人员要根据谈判的需要控制陈述速度，如在陈述重点问题时或在对方需要记录时适当放慢速度。

（6）要适当重复

陈述时，可以适当重复己方重要的观点和论据，让对方加以重视。此外，对于容易引起对方误解的地方也要重复讲解，以免引起分歧。

（三）回答

有问必有答，人们的沟通就是这样进行的，商务谈判也不例外。回答问题不仅能与对方进行沟通，而且也是表述或强调己方观点和立场的一种方法。通常情况下，谈判人员在谈判中应当实事求是地正面回答对方提出的问题。但是，由于谈判中的问题往往千奇百怪，且多是对方精心设计后提出的，如果老老实实地回答，很可能暴露己方的底线，让己方陷入被动，因此回答也必须运用一定的技巧。

1．选择性回答

不要对方问什么就答什么，要认真回答那些应该让对方了解或者需要表明己方态度的问题，而对于那些无意义的，可能会损害己方形象或者泄露己方商业机密的问题，可以选择性回答，也可以不予理会，用"无可奉告"一词拒绝回答。例如，若对方询问己方产品质量如何，己方只需回答其中主要的几个指标，给对方一种质量很好的印象。

2．顾左右而言他

对于那些很难或不适合从正面确切地回答的问题，可以"顾左右而言他"，即在回答时故意避开问题的实质，跟对方讲一些与该问题关联不紧密的话。这样似乎回答了问题，但其实没有回答，还巧妙地引开了话题。例如，对方直接询问某产品的价格，但此时不便透露，可以这样回答："我想我们的产品价格一定会令贵方满意的。请允许我先对产品的功能做一下详细介绍，我相信贵方一定会对我们的产品感兴趣。"

3．不回答并要求对方补充说明

对于没有弄清真正含义的模糊问题，不要立即回答，可以要求对方引申、补充、举例说明，直到弄清问题的确切含义再回答。

4．拖延回答

对于暂时不知道如何回答的问题，可以采取暂时拖延策略，如说："对不起，我还不大明白您的意思。请您再说一遍好吗？"在对方复述时思考应答的方法。

知识点拨

有人习惯在对方提问话音刚落时就急着回答，其实这种做法不仅不慎重，而且不礼貌。根据实际谈判经验，在对方提问后，谈判人员可以通过喝一口茶，或调整坐姿、整理桌子上的资料、翻一翻笔记本等动作稍作停顿，这样做会显得更自然、得体，而且也给自己一定的思考时间。

5．婉言回答

不同意对方观点时，不应针锋相对地直接反驳，而应先表示尊重对方的意见，然后提出不同意见，这样可避免因语气的生硬而引起对方的不快。例如针对对方提出的己方产品提价的问题，可以这样回答："是的，您说得不错，我们的产品确实提价了15%，但我们这次用的是升级后的材料，产品的品质比以往更好，成本也相应提高了。"

6．以问代答

这是一种应对那些一时难以回答或不想回答的问题的方法，类似于把对方抛出的问题又抛回去，请对方在自己的领域内反思后寻找答案。例如，在谈判进展不顺利的情况下，如果对方问："你对合作的前景怎样看？"己方可以采取以问代答的方式回应："那你对我们合作的前景又是怎样看的呢？"这时对方也会对这个问题加以思考，很可能被问住，进而主动转换话题。

7．采用不肯定的语气回答

对于没有把握或者不愿意回答的问题，可以采用不肯定的语气进行回答，如回答"对于这个问题，我虽没有亲自调查过，但曾经听说过"或"贵方的问题提得很好，我曾经在某份资料上看过有关这一问题的记载，根据我的记忆，大概是……"。

（四）说服

说服是指在一定的情境中，个人或群体运用一定的战术，通过信息的传递影响他人的观念、行为，从而达到预期目的的一种交际表达方式。在商务谈判中，说服的立足点是承认冲突，包括双方认识、观念、目标上的冲突，只有清楚地认识并承认冲突，才能更好地实施说服行为。而说服的目的是让对方接受己方的观点，即通过"说"使人"信服"。

1. 说服的原则

在谈判中，要想有效说服对方，谈判人员要遵循以下原则。

（1）明确说服的目标

在说服前，首先要明确说服的目标，即己方希望达成什么样的协议，哪些问题必须达成一致，哪些问题争取达成一致，哪些问题即使无法达成一致也不会有太大影响。这样才能有的放矢，有针对性地说服对方。

（2）在积极、肯定的氛围中说服对方

在说服时，谈话的氛围是很重要的，要创造一个积极良好的氛围，有意识地说一些积极肯定的话来启发对方、鼓励对方，如"我知道贵公司一定能把这件事做好，只是暂时不愿意做而已。"如果步步紧逼，迫使对方坚守不同意、不愿意的立场，然后又去批驳、劝说对方，如对对方说："我知道你会反对……可是事情已经到这一步了，还能怎样呢？"这样就会激起对方的逆反心理，增大说服的难度。

> **素养小课堂**
>
> 在说服的过程中，谈判人员应当做到以理服人，以情动人，切忌以盛气凌人的姿态压服对方，更不能进行人身攻击。

（3）站在他人的角度谈问题

要说服对方，就要站在对方的角度思考怎样才会让对方接受己方的条件，争取设计出令双方都满意的方案并诚恳地表达出来。这样不仅能增强己方意见的说服力，还能让对方感觉到己方不是对手，而更像朋友，从而对方就会更加信任己方，使说服的效果更加理想。

> **知识点拨**
>
> 说服要建立在了解对方的基础上，包括对方的喜好、弱点等，其中喜好可以作为谈话的切入点，以拉近彼此的心理距离。而了解对方的弱点则有助于选择说服技巧。

（4）使用恰当的说服用语

在商务谈判中，说服他人时选择的用语不同，说服的效果也会截然不同。通常情况下，在说服他人时可以多使用委婉、客气的用语，避免直言不讳的表达，如"我理解您的观点，但……""您可能是对的，但……"。

2. 说服的技巧

说服不应口若悬河、巧舌如簧，也不是单纯依靠渊博的知识，而是靠准确地掌握对方的心理，并施以适当的技巧，这样才能更好达到说服的效果。

（1）坦诚分析

谈判双方通常会相互防备，但坦诚往往能够获取对方的信任，因此谈判人员在说服时可以坦诚地把利害关系分析清楚，向对方诚恳地说明接受己方意见的充分理由，以及接受己方意见将获得的收益，同时坦率地承认己方将会由此获得的利益。这样做会让对方觉得己方的说法真实可信、客观、符合情理。

（2）迂回性说服

当正面解释很难说服对方时，不必执着于和对方辩论，可以采取迂回的办法，暂时避开主题，转而谈论一些容易被对方认同的看法，获取对方的信任，然后再把话题转回之前的主题，适时地强调其中的利害关系，让对方更加慎重地考虑己方的意见，提高对方被说服的概率。

知识点拨

除了转换话题外，还可以采用等待的策略，即当己方的说法确实有道理，但对方还是难以被说服时，通过保持沉默或者主动提出休会，给对方一些思考时间，让对方回忆和思考己方所讲的话，对方就有可能在经过一定时间的反思后认同己方的说法。

案例10-4

一家技术公司急需引进精密元器件，因此派出代表陈经理与一家科技公司谈判。陈经理来到科技公司，对其谈判代表宋经理说明来意，但宋经理十分冷淡地说："我们两家公司之前没有合作过，我不太清楚你们的情况，而且我们的精密元器件产量有限，一旦给你们供货，那么其他客户的供货可能就无法保证了。"

陈经理赶忙说："我们可以给出比他们更高的价格。"但宋经理却回复说："我们与这些客户都是签了合同的，总不能因为贵公司给出的价格高就不顾商业信用吧。"

听到这里，陈经理果断转换话题方向，说："贵公司的客户都是国内厂家，而我们公司的客户主要是国外厂家，贵公司是否想过开拓国际市场呢？我想开拓国际市场应该能对贵公司的发展起到极大的促进作用。如果这次双方能达成合作，那么我们肯定能给贵公司提供相关帮助，而我们也将获得更好的发展机会。"说完，陈经理便不再说话，给宋经理时间思考。

宋经理心想，这的确是个很好的机会，看来对方确实是有诚意的，以前公司就考虑过这个问题，但缺少机会。考虑再三，宋经理同意与陈经理所在的技术公司合作。

【点评】案例中，陈经理见宋经理无法被更高的报价所说服，就及时转换话题，坦诚地分析了这次合作对双方的好处，让宋经理感受到自己的诚意，同时给宋经理一定的思考时间，让宋经理自己反思其中的利害关系，最终宋经理被成功说服。

（3）给对方一个台阶

有时对方迟迟不愿被说服，是由于不愿意承认自己的错误。此时谈判人员不妨给对方一个台阶，首先说出对方正确的地方，然后给出对方存在错误的客观依据，并强调出现这种错误是情有可原的，让对方有机会进行自我安慰，从而逐渐放下较强的自尊心，接受己方的说法。

知识点拨

除了自尊心外，对方的防范心理也是己方进行说服的障碍。从心理学角度来说，防范心理的产生是一种自卫机制，即人们把对方当作假想敌而进行防御，那么消除防范心理最有效的方法之一就是反复给对方暗示，表示己方是朋友。这种暗示可以采用多种方法进行，如嘘寒问暖、给予关心等。

（4）比较说明

比较说明是比直接反驳效果更好的一种方式，可以通过列举对方比较熟悉的资料和例子说服对方。例如，买卖双方针对冰箱的供货问题展开谈判，当买方对卖方产品的质量、价格、维修服务等提出怀疑时，卖方可以就这几方面将本品牌冰箱与买方熟知品牌的冰箱进行具体的比较，以说明本品牌冰箱并不逊于其他品牌的冰箱，从而打消买方的相关顾虑。

（5）以弱克强，以刚克刚

以弱克强的实质就是争取同情。有同情心是人的天性，如果想说服比较强大的对手，可采用这种争取同情的技巧。以刚克刚则是用"威胁"的方法增强说服力，这种威胁可以使对方产生恐惧感，从而达到说服的目的。在具体运用时态度要友善，要讲清后果、说明道理，如用一句话阐明"如果你不接受这个意见，我方将考虑终止与贵公司的合作"。切记"威胁"不能过分，否则会弄巧成拙。

知识点拨

在口头表达中，人们经常会出现语速失调、语音不清、语言阻滞、语调沉闷、语态呆板等问题，这些问题可以通过"读、写、看"克服。"读"是指阅读和朗读，通过阅读书籍、报刊等扩大自己的词汇量，通过字正腔圆的朗读克服说话不流畅的问题；"写"主要是指记录，在讲话前养成记录的习惯；"看"包括观察自己和观察别人，观察别人讲话可以学习别人的表情和肢体动作，观察自己则是在练习朗读时，通过照镜子看自己的表情和肢体动作有哪些不足，从而加以纠正。

任务三 人体语言表达

微课10-3

在分析完口头表达后，家具厂总经理还安排大家观察谈判中各谈判人员的人体语言，并说："人与人之间的沟通，除了利用语言和文字，还会利用大量的人体语言。"因此，谈判人员在谈判中要善于观察对方的人体语言，识别其含义，同时自己也可以使用人体语言传递某种信息，达成一定目的。

（一）观察对方的人体语言

人体语言是一种非言语行为，即通过肢体动作、面部表情等传递信息。心理学家研究发现，在人类交流中，55%的信息来自人体语言。也就是说，人体语言能传达出非常多有价值的信息。相对于口头语言，人体语言很难被人的主观意识所控制，可以呈现出大量的信息和人们深层次的想法。在商务谈判的沟通过程中，人体语言总是伴随着口头语言而出现，包括手势语言、姿态语言、表情语言、肢体接触等形式，谈判人员要认真观察，识别其含义。

1. 手势语言

手势是人们相互沟通的有效手段之一，主要包括以下几种。

- **手掌语。**常见的手掌语有两种，分别是掌心向上和掌心向下。前者表示诚实、谦逊和屈从，不带任何威胁性；后者则表示压制、指示，带有强制性，容易使人产生抵触情绪。

- **背手。**有地位的人大多有手握手的背手习惯，这是一种表示自信态度的手势语言。若双手背在身后，不是手握手，而是一手握另一手的腕、肘、臂，则是一种表示沮丧不安并竭力进行控制的手势语言，暗示了当事者心绪不宁的状态。握的部位越高，沮丧的程度也越高。

- **搓手。**搓手表示人们对某一事情一种急切期待的心情。

- **挠头。**沟通中出现挠头的手势语言，说明对方犹豫不决、感到为难。

- **食指伸出。**食指伸出，其余手指紧握，呈指点状，表示训斥、镇压，带有极大威胁性，这种手势语言容易让人生厌。

2. 姿态语言

姿态语言是指传递出信息的姿态动作。常见的姿态语言有如下几种。

- **点头。**点头可以表示多种意思，有表示赞成、肯定的意思，有表示理解的意思，有表示承认的意思，还有表示事先约定好的特定暗号等。在某些场合，点头还表示礼貌、问候，是一种优雅的社交动作。

- **摇头。**摇头一般表示拒绝、否定。在一些特定背景下，轻微摇头还有沉思的含义。

- **双手搂头。**将双手交叉，十指并拢，搂在脑后，这是一种典型的表示高傲的动作，表示当事者有权威、占优势或对某事抱有信心。这也是一种暗示所有权的动作，表明当事者对某地某物的所有权。

- **耸肩。**耸肩的动作在国外使用得较普遍。由于受到惊吓，一个人会紧张地耸肩，这是一种生理反应。另外，耸肩还有随便、无可奈何、不理解等含义。

- **抖腿和跺脚。**抖腿表示轻松、愉快；跺脚表示焦躁或愤怒，有时候人在兴奋时也会跺脚。

- **并腿和分腿。**交谈中，经常保持并腿直立或前倾的姿势，表示谦恭、尊敬，自觉地位低下；双腿分开，并不时上身后仰，表示充满信心，或自觉地位优越。

- **综合体态。**综合体态不仅有身体的动作，还伴随其他道具的使用动作，如戴眼镜、整理服饰等。例如，有些人在某种场合摘下眼镜，很快或有意地把眼镜抛在桌子上，充分表达了他难以抑制的不满情绪。

3. 表情语言

沟通中，面部表情是十分丰富的，表达的意思也是多种多样的。

（1）眼睛

眼睛的表情语言包括注视、瞥视和眨眼。

- **注视。**交谈中，眼睛看着对方额上的三角区（以双眼的连线为底边，上角顶到前额），表示严肃认真、有诚意，能够把握谈话的主动权和控制权。

- **瞥视。**瞥视常用来表达感兴趣或有敌意。若加上轻轻地扬起眉毛或露出笑容，就表示感兴趣；若加上皱眉或压低嘴角，就表示疑虑、敌意或批评的态度。

- 眨眼。在一秒内连眨几次眼，是神情活跃、对某物感兴趣的意思，有时也可以理解为由于怯懦羞涩、不敢正眼直视而不停眨眼；时间超过一秒的闭眼则表示厌恶、不感兴趣，或表示自己比对方优越，有蔑视或藐视的意思。

（2）嘴

嘴的表情语言是通过口型变化体现的，如鄙视时嘴巴一撇、惊愕时张口结舌、忍耐时紧咬下唇、微笑时嘴角上翘、气急时嘴唇发抖等。

（3）眉毛

虽然眉毛在交流的过程中容易被忽略，但在沟通过程中也起着重要的作用。如果眉毛稍稍向下，那就表示陷入沉思；眉毛扬起，可以表示怀疑，也可以表示兴奋。

4．肢体接触

肢体接触是指沟通双方通过身体某一部分的接触传达信息的行为。它的应用形式多样，并且富有强烈的感情色彩及文化特色，最常见和典型的是握手、拍肩膀和拥抱等。由于肢体接触行为亲密，并且在不同的文化中有不同的含义，因此在沟通中要谨慎对待。例如，外国人通过拥抱表示礼貌、好感，而部分中国人却不习惯这样；在国内，拍肩膀表示亲密、友好，而在有些国家则是一种不礼貌的行为。

（二）使用人体语言的技巧

谈判人员合理使用人体语言可以提高商务谈判的效率和成功率。谈判人员可以使用以下技巧。

1．加大与对方的空间距离

加大与对方的空间距离表示主动疏远对方，可以传达出对对方的不满，给对方一种心理压力。加大与对方的空间距离的方式有很多，如佯装伸脚，自然地把椅子向后挪一些；或者在中途休息后，回到座位时把椅子向后拉一点；如果与对方并肩而坐，也可以把包或上衣放在自己与对方之间，营造不让对方接近的气氛。

2．模仿对方的姿势

模仿对方的姿势的做法在心理学上叫作"镜子连环"，如模仿对方把胳膊抱在胸前，这样做可以赢得对方的好感，引起对方强烈的共鸣，从而获得信任，有助于提高说服对方的概率。

3．以大幅度动作吸引对方的注意力

在商务谈判中，大幅度的手势动作容易实现，谈判人员可以借此吸引对方的注意。例如，手臂和手掌从上往下压，表现有力和权威性，适用于表示强硬态度或者想让优柔寡断的对方作出决定的情形；手臂和手掌从下往上抬，表现温和与友善，适用于想营造和谐氛围的情形。

4．引导对方与自己进行视线交流

视线交流有助于彼此建立好感，但有时对方会刻意回避己方的视线，这时可以使用笔、小册子等道具吸引对方的注意，慢慢引导对方与自己进行视线交流。例如，谈判人员可以先让对方看一份记录产品信息的书面材料，用笔尖指着说明书上的文字，将对方的注意力吸引到笔尖上，然后慢慢抬起笔，让对方的视线跟着笔尖转到自己的脸上。

实战演练　模拟护眼灯销售场景对话

1．实训背景

胡女士来到某灯具卖场——光明专卖店，想为自己的女儿买一台护眼灯，要求是护眼功能好、价格在150元以下，至少能保修一年。销售员接待了胡女士，为其推荐了商场热销的A牌儿童护眼灯，特点是无蓝光危害、照明范围大、光线柔和，不同款式的灯上印有不同的卡通动物图案（如牛、兔子、老虎、猫等），保修时间为半年，正常价格为199元，但销售员有打折权限（最低可到7折）。

2．实训要求

请同学们两两组队，分别扮演胡女士和销售员，模拟护眼灯销售场景对话，具体要求如下。

（1）灵活使用各种提问方式、陈述方式、回答技巧和说服技巧。

（2）灵活使用人体语言。

3．实训步骤

（1）设计对话的大致思路。模拟销售场景对话虽然可以自由发挥，但为了保证对话质量，避免对话跑题，需要设计对话的大致思路。对话中需要灵活使用提问、陈述、回答、说服等口头表达方式，并设计一定的情节转折，展现一位顾客在销售员的说服下，从不接受到接受的合理变化过程，具体可以参考以下内容。

销售员首先询问胡女士的需求，然后为其推荐了A牌护眼灯，介绍了该护眼灯的功能和价格。胡女士认为价格太高，销售员试图借护眼的重要性进行说服。胡女士警惕地从保修时间这一点发问，销售员委婉回答并转移话题，询问胡女士女儿喜欢的动物，并介绍、展示护眼灯上的卡通动物图案。胡女士态度转为温和，销售员趁机引导胡女士接受以8折优惠购买。

（2）撰写对话脚本。脚本以文字形式展现，需要明确对话内容，以及说话者的目的、采用的口头表达方式，并在必要处加上合适的人体语言。在设计具体的提问、回答、说服等口头表达方式时，要有意识地使用各种技巧。参考的对话脚本如下。

销售员：女士您好，欢迎光临光明专卖店，请问您想选一款什么样的灯？（以开放式提问询问对方的需求）

胡女士：我想买一款护眼灯。

销售员：是您自己用，还是给小孩用？（以封闭式提问询问护眼灯的使用者，以明确下一步的推荐策略）

胡女士：是给我女儿用的。

销售员：好的，您可以看一下我们这款199元的儿童护眼灯。这款灯主打的是无蓝光危害、照明范围大。您看开灯之后，这些边缘都能看得很清楚（同时打开灯进行展示，进行实物陈述）。它的光线是那种很柔和的光线，不刺眼。前段时间我给我姐家小孩买了一台，我姐反馈说孩子用了眼睛不累（事例陈述，形象地说明护眼效果）。

胡女士：听起来不错，但你这款灯价格有点高（摇头、皱眉）。我看你们店好多款都在打折，这款怎么还是原价呢？（采用试探性提问，探测销售员是否有降价的可能）

销售员：买护眼灯不能只看价格，要看质量和功能（顾左右而言他）。我们这款灯质量过硬、保修半年，而且真的对眼睛有保护作用（恳切地注视着胡女士的双眼，表现自己的真诚）。对于家长来说，为了保护孩子的眼睛，花多少钱都是值得的，不是吗？（站在对方的角度谈问题，不谈价格，而是迂回地通过护眼的重要性说服对方）

胡女士：话是这么说（主动站远了一些，表示警惕），但……（沉默片刻、挠头）你刚刚说保修半年，那么半年后坏了就得自己花钱维修了，对吗？（澄清式提问，要求对方进一步说明保修时间问题）

销售员：对的，是半年（避重就轻的回答）。对了（突然快速眨眼），女士，您女儿喜欢什么动物？（转移话题）

胡女士：她喜欢猫（表情突然松弛下来）。

销售员：我们的灯有很多款式，每款上都印有可爱的卡通动物图案。您看这款灯上印的小猫多可爱啊！你看它歪着头坐在那儿，脸圆圆的，两只大大的眼睛盯着你，就像在吸引人摸摸它。（采用生动的细节陈述，旨在打动胡女士）。

胡女士：哇，很像我家以前养的那只小猫。可惜小猫走丢了，孩子伤心了好久（以弱克强，博取销售员同情）。这灯她肯定喜欢，但还是贵了，不能打折的话，就麻烦您收起来吧。（做出离开的姿势，欲擒故纵）

销售员：女士，我看您也是诚心买，我给您打8折，这个价格您必须得拿下这款商品了吧？（引导式提问，引导对方以8折优惠购买）

胡女士：好吧，请给我包个好看的包装。

（3）按照脚本模拟对话。在对话时，不要照着脚本念，要尽量进入角色，以生动的表情、动作进行演绎，注意使用恰当的语气和腔调，演绎时要认真观察对方的各种口头表达方式和人体语言。

综合练习

一、单项选择题

1. 倾听中，声音、气味、光线以及色彩、布局等属于（　　　）。

　　A. 环境障碍　　　　　　　　　　　B. 信息障碍

　　C. 发送者障碍　　　　　　　　　　D. 接收者障碍

2. 一般而言，掌心向上表示（　　　）。

　　A. 诚实、谦逊　　　　　　　　　　B. 威胁性

　　C. 压制　　　　　　　　　　　　　D. 强制性

3. 一般而言，交谈中经常保持并腿直立或前倾的姿势，表示（　　　）。

　　A. 傲慢、无礼　　　　　　　　　　B. 谦恭、尊敬

　　C. 自以为是　　　　　　　　　　　D. 紧张

4. 下列各项中不属于提问注意要点的是（　　　）。

　　A. 等对方发言结束再提问　　　　　B. 提前准备问题

　　C. 不可以明知故问　　　　　　　　D. 提问的句式尽量简短

二、多项选择题

1. 一般而言，倾听障碍来自（　　　）。

    A. 环境障碍　　　　　　　　　　　　B. 信息发送者障碍

    C. 倾听者主观障碍　　　　　　　　　D. 心理障碍

2. 陈述的方式有（　　　）。

    A. 对比陈述　　　　　　　　　　　　B. 情理陈述

    C. 细节陈述　　　　　　　　　　　　D. 递进陈述

3. 下列关于说服的说法正确的有（　　　）。

    A. 在说服前，首先要明确说服的目标

    B. 要说服对方，就要站在对方的立场思考

    C. 在说服他人时可以多使用委婉、客气的用语

    D. 在说服对方时应该客观指出对方错误，不必顾及对方的颜面

4. 下列关于姿态语言的说法正确的有（　　　）。

    A. 将双手交叉，十指并拢，搂在脑后，这是一种典型的高傲动作

    B. 经常保持并腿直立或前倾的姿势，表示谦恭、尊敬

    C. 双腿分开，并不时上身后仰，表示谦恭、不自信

    D. 抖腿表明紧张、焦虑

三、简答题

1. 说服的技巧有哪些？

2. 倾听者主观的障碍表现在哪些方面？

3. 回答对方的问题有哪些技巧？

四、案例分析题

小李想到一家公司应聘某一职务，希望月薪2万元，而该公司最多能给出的月薪是1.8万元。

该公司人力资源经理对小李说："给你开出的薪水是非常合理的。按照公司的规定，在这个等级，公司只能给你1万元到1.5万元的月薪，你想要多少？"

小李脱口而出："1.5万元。"

人力资源经理假装不同意，说："1.3万元如何？"

小李继续坚持1.5万元，终于让人力资源经理做出让步。表面上，小李好像占了上风，实际上小李放弃了争取更高薪水的机会。

思考：人力资源经理是如何让小李在不经意间放弃争取更高薪水的？

附录

全国大学生商务谈判大赛案例赏析

（一）谈判案例背景

A方（总承包商）：江西南昌电力设计研究院（简称南昌院），创立于1958年，注册资金10.533亿元，是具有国家工程设计综合甲级资质、工程勘察综合类甲级资质、工程咨询甲级资质的国际工程公司，可在能源和基础设施建设领域为客户提供综合解决方案。南昌院积极践行国家"一带一路"倡议，已与国际著名专业服务商、设备供应商、国内外金融机构和大型投资企业建立了良好的商业伙伴关系。

B方（业主）：埃及Al Subh太阳能公司位于埃及阿斯旺附近的本班太阳能工业园，正在筹备一个太阳能发电站项目。该项目取得了亚洲基础设施投资银行（简称亚投行）的2亿美元支持。亚投行对相关设备供应商的资质要求非常高，对发电站的安全性、工程设计等方面也有较高的要求。

2021年2月，B方采用邀请招标的方式向A方等几家公司发出招标邀请书，邀请他们投标。2021年6月，B方又邀请A方就光伏发电项目的总包价格、工期、支付方式等条款进行磋商。B方派出由埃及公司总经理、埃及公司聘请的咨询公司代表、埃及电力传输公司代表以及亚投行代表组成的谈判小组。A方派出由南昌院总经理、设计总监、施工总监、法律顾问组成的4人谈判小组。

此次谈判的目标是双方就项目工程承包进行一次投标前谈判。

（二）谈判过程

此次谈判属于投标前谈判，不涉及最后的成交与签约，所以主要谈判过程只有开局阶段和报价与磋商阶段。

1. 开局阶段

谈判开局比较简单，双方未做过多寒暄，只是由主谈人分别介绍了各自谈判小组的成员，然后A方主谈人提议先就一个分歧不大的问题——确定工程合作模式和交易币种进行谈判。双方在交易币种上有小分歧，但很快达成共识：使用美元交易。

2. 报价与磋商阶段

在报价与磋商阶段，双方的谈判主要分为以下部分。

（1）报价以及组件采购费用的讨价还价

A方介绍设计方案并报价8.04亿美元。B方对价格提出异议，要求A方对价格做出解释。A方一一介绍了价格的明细项目，其中的重点是组件采购费用34亿元（按谈判日汇率换算为5.23亿美元）。B方就该费用进行还价，A方以该费用在总价中的占比符合行业规律为由进行解释。B方直接提出让A方在该费用上做出让步，并承诺为A方找到成本更低的组件采购渠道。A方以组件质量好为由委婉地拒绝让步。

B方提出可以在非核心部件上节约成本，就组件采购费用还价4亿美元。A方认为非核心部件占比并不多，4亿美元的价格太低。B方再次还价4.5亿美元。A方同意此价格，但提出既然压缩了组件采购费用，就应该减少己方的质量违约责任。B方在质量方面让步，提出质量满足亚投行标准即可。

（2）对项目年发电量的磋商

A方提出项目的年发电量是9亿千瓦时，并对其计算方法做出解释。B方以同类项目发电量作为参照，要求年发电量应该在15.3亿千瓦时以上。双方就这个问题进行细节磋商，很快A方就承诺年发电量可以超过15.3亿千瓦时，B方要求在合同中追加相关保证条款。

（3）对工期的磋商

A方介绍己方的工期是11个月。B方认为这个工期有些短，担心A方赶工影响质量。A方设计总监做出解释，并承诺可以签工期违约、质量违约条款。

（4）对支付方式的磋商

双方就预付款和付款期限进行了细节性的磋商，达成共识：B方预付款15%（用于A方的前期准备，相当于无息贷款，需要A方返还），预付款的10%作为质保金，剩下90%要求A方按月返给B方。在竣工时A方返还一半质保金，6个月责任期后A方再返还一半，A方的工程款按月支付。

（5）对质量保证期限的磋商

A方承诺3年保修期，即在缺陷责任期外提供了3年保修服务，B方要求保修期延长到5年。A方不同意延长保修期，只是承诺在保修期外依然可以派人维修，但要收取费用，费用可以按正常价格的70%计算。

此外，在雇佣当地工人、在合同中明确提前竣工奖金的计算方式等议题上，双方都很快达成共识。

（三）谈判评析

就双方的表现而言，作为大学生，能够较为专业地完成一场商务谈判，将报价以及讨价还价环节完成得有声有色，已经十分难得。

其中，A方的准备比较充分，报价、工程设计方案等都使用了图表等进行展现，主谈人表达清晰、口齿清楚、逻辑性强，在介绍己方谈判小组成员时用简短的话语突出了各成员的专业能力，显示了己方谈判实力。不足之处在于A方对于工期的承诺过于轻率，工期过短不符合实际；此外，谈判中的谈判小组内部成员经常抢话，导致局面有些混乱。

B方也做出了一定的准备，如对工程项目、埃及本地的情况十分了解，因此能在谈判中对A方提出怀疑。然而B方没有抓住A方出现错误的机会进行"反击"，始终被A方牵着走，A方要求谈什么议题就谈什么议题，因此显得相对被动。而且B方主谈人对于谈判小组成员的介绍也比较敷衍。

就整个谈判进程而言，整体来说没有较大的冲突，双方在很多问题上能很快达成共识，但让步做得有些快，彼此似乎都很容易满足，没有进一步为己方争取更多的利益。此外，双方在磋商付款方式时，各成员对付款方式的表述都比较混乱，显示出表达能力的欠缺，使彼此无法准确理解表述，影响了谈判进程。

参考文献

[1] 北京市商业委员会. 商业谈判手册 [M]. 北京：中国国际广播出版社，1993.

[2] 蔡玉秋，张宇慧，郝文艺. 商务谈判 [M]. 北京：中国电力出版社，2011.

[3] 陈文汉. 商务谈判实务 [M]. 2版. 北京：电子工业出版社，2009.

[4] 丁建忠. 国际商业谈判 [M]. 北京：中信出版社，1992.

[5] 杜慕群，朱仁宏. 管理沟通 [M]. 2版. 北京：清华大学出版社，2014.

[6] 冯华亚，张锡东，马干朝，等. 商务谈判 [M]. 北京：清华大学出版社，2006.

[7] 龚荒. 商务谈判与沟通：理论、技巧、实务 [M]. 北京：人民邮电出版社，2014.

[8] 郝红. 管理沟通 [M]. 北京：科学出版社，2010.

[9] 胡文仲. 文化与交际 [M]. 北京：外语教学与研究出版社，1994.

[10] 胡文仲. 跨文化交际学概论 [M]. 北京：外语教学与研究出版社，1999.

[11] 黄漫宇. 商务沟通 [M]. 2版. 北京：机械工业出版社，2010.

[12] 胡介埙. 商务沟通：原理与技巧 [M]. 大连：东北财经大学出版社，2011.

[13] 何国松. 66招搞定商务谈判 [M]. 哈尔滨：黑龙江人民出版社，2004.

[14] 贾书章. 现代商务谈判理论与实务 [M]. 武汉：武汉理工大学出版社，2007.

[15] 姜桂娟. 公关与商务礼仪 [M]. 2版. 北京：北京大学出版社，2010.

[16] 康青. 管理沟通 [M]. 北京：中国人民大学出版社，2006.

[17] 李昆益. 商务谈判技巧 [M]. 北京：对外经济贸易出版社，2007.

[18] 李品媛. 现代商务谈判 [M]. 大连：东北财经大学出版社，2005.

[19] 刘志强. 哈佛商务谈判 [M]. 长春：吉林摄影出版社，2002.

[20] 罗宇. 商务礼仪实用手册 [M]. 北京：人民邮电出版社，2008.

[21] 韦宏，陈家闯. 商务谈判与沟通技巧 [M]. 3版. 北京：高等教育出版社，2022.

[22] 龚荒. 商务谈判与沟通：理论、技巧、案例 [M]. 3版. 北京：人民邮电出版社，2022.

[23] 彭凯平，王伊兰. 跨文化沟通心理学 [M]. 北京：北京师范大学出版社，2009.

[24] 潘肖珏，谢承志. 商务谈判与沟通技巧 [M]. 上海：复旦大学出版社，2000.

[25] 钱焱，张卓. 商务沟通 [M]. 上海：立信会计出版社，2006.

[26] 乔淑英，王爱晶，陈新华，等. 商务谈判 [M]. 北京：北京师范大学出版社，2007.

[27] 宋超英. 组织行为学 [M]. 兰州：甘肃人民出版社，2002.

[28] 苏勇，罗殿军. 管理沟通 [M]. 上海：复旦大学出版社，1999.

[29] 孙健敏，吴铮. 会说会听会沟通 [M]. 北京：企业管理出版社，2007.

[30] 魏江，严进. 管理沟通 [M]. 北京：机械工业出版社，2010.

[31] 王德海，周圣坤. 传播与沟通 [M]. 北京：中国农业大学出版社，2002.

[32] 王爱国，高中玖，刘增田. 商务谈判与沟通 [M]. 北京：中国经济出版社，2008.

[33] 王慧敏. 商务沟通教程 [M]. 北京：中国发展出版社，2006.

[34] 王建明. 商务谈判实战经验和技巧：对五十位商务谈判人员的深度访谈 [M]. 北京：机械工业出版社，2015.

[35] 王绍军，刘增田. 商务谈判 [M]. 北京：北京大学出版社，2009.

[36] 吴建伟，谢尔曼. 商务谈判策略 [M]. 北京：中国人民大学出版社，2006.

[37] 姚凤云，龙凌云，张海南. 商务谈判与管理沟通 [M]. 2版. 北京：清华大学出版社，2016.

[38] 袁其刚. 国际商务谈判 [M]. 北京：高等教育出版社，2007.

[39] 张守刚. 商务沟通与谈判 [M]. 2版. 北京：人民邮电出版社，2016.

[40] 谢群英，何艳萍. 商务沟通与谈判 [M]. 3版. 大连：东北财经大学出版社，2022.

[41] 张煜. 商务谈判 [M]. 成都：四川大学出版社，2005.

[42] 张华容. 商务谈判理论与实务 [M]. 长沙：湖南人民出版社，2000.

[43] 张韬. 沟通与演讲 [M]. 沈阳：东北大学出版社，2006.

[44] 周贺来. 商务谈判实务 [M]. 北京：机械工业出版社，2010.

[45] 周庆. 商务谈判实训教程 [M]. 武汉：华中科技大学出版社，2007.

[46] 朱凤仙. 商务谈判与实务 [M]. 北京：清华大学出版社，2006.

[47] 谷静敏. 商务沟通 [M]. 北京：国家行政学院出版社，2013.

[48] 杜海玲，许彩霞. 商务谈判实务 [M]. 3版. 北京：清华大学出版社，2019.